中等职业教育课程改革创新示范精品教材

二手车交易与评估

主　编　吴永强　赵学斌　谢承丹
副主编　廖晓俊　郑　杰　郎少成
参　编　王五义　张泽容　苏　畅
　　　　高天均

北京理工大学出版社
BEIJING INSTITUTE OF TECHNOLOGY PRESS

内 容 简 介

本书基于二手车鉴定、评估与交易的工作流程，涵盖所涉及的专业知识与技能，系统地阐述了汽车的基础知识、二手车的鉴定与评估知识及二手车的交易等内容，具有较强的理论性、实践性、针对性和可操作性。

本书图文并茂、实用性强，充分考虑到职业教育的需要，注重理论联系实际，精选了二手车鉴定、评估与交易实践的最新信息和案例，内容精练而又实用，既可作为汽车运用与维修、汽车服务与营销等专业的专业课教材或汽车各专业的选修课教材，也可作为各类汽车职业培训用书以及汽车流通领域的管理和技术人员，特别是从事车辆交易、抵押、典当、保险、定损、担保、司法鉴定、法律诉讼、价格咨询等业务人员的参考书。

版权专有 侵权必究

图书在版编目（CIP）数据

二手车交易与评估 / 吴永强，赵学斌，谢承丹主编. -- 北京：北京理工大学出版社，2021.11
ISBN 978-7-5763-0599-9

Ⅰ. ①二… Ⅱ. ①吴… ②赵… ③谢… Ⅲ. ①汽车 – 商品交易 – 职业教育 – 教材②汽车 – 评估 – 职业教育 – 教材 Ⅳ. ①F766

中国版本图书馆 CIP 数据核字（2021）第 220399 号

出版发行 / 北京理工大学出版社有限责任公司	
社　　址 / 北京市海淀区中关村南大街5号	
邮　　编 / 100081	
电　　话 /（010）68914775（总编室）	
（010）82562903（教材售后服务热线）	
（010）68944723（其他图书服务热线）	
网　　址 / http://www.bitpress.com.cn	
经　　销 / 全国各地新华书店	
印　　刷 / 定州启航印刷有限公司	
开　　本 / 889 毫米 × 1194 毫米　1/16	责任编辑 / 陆世立
印　　张 / 14	文案编辑 / 陆世立
字　　数 / 281 千字	责任校对 / 周瑞红
版　　次 / 2021年11月第1版　2021年11月第1次印刷	责任印制 / 边心超
定　　价 / 39.00 元	

图书出现印装质量问题，请拨打售后服务热线，本社负责调换

前言

"二手车鉴定、评估与交易"课程主要面向"二手车鉴定评估师"工作岗位，培养学生相关岗位的基本技能，强调二手车交易环节知识与能力的学习，是汽车服务与营销、汽车运用技术以及汽车检测与维修技术等专业的专业课程。该课程是以职业行动为导向，基于工作过程的项目化课程。

随着二手车鉴定、评估与交易的蓬勃发展，二手车消费队伍不断扩大，对于二手车从业人员的规格与标准更加规范和严格。二手车从业人员的教育培训、素质养成、技能提升需要借鉴和推陈出新，改革旧式，探索新法。

教材在内容选取上，贯彻专业教学标准。按照"工学结合"的思路，以生产企业的实际管理为主线，依据真实的实际工作过程进行编写。本教材由企业人员参与编写，专业高级工程师把关，以管理的核心知识与技能为目标，以实际管理案例分析为示范，将鉴定、评估与交易的知识和技能贯穿于全教材，使本教材突出指导性、实用性和可操作性，着重培养学生的动手能力，训练内容精典，达到培养具有关键能力的创新型技能人才目的。

基于二手车鉴定、评估与交易业务的实际工作过程，本书采用全新的教材体例，具有以下几个特点。

（1）专任教师和二手车企业专家共同编写教材，学习情境取材于企业真实业务流程和实际操作环境，能够体现"基于工作过程"的设计理念。

（2）学习情境和学习单元设计遵循"能力导向"原则，按"二手车鉴定、评估与交易"过程组织，相辅相成，由浅及深，循序渐进。

（3）例题、案例均是由专任教师设计和编排，由企业专家润色和加工，具有一定的创新性和亲和力。

（4）本教材革新传统教材编写模式，充分地运用互联网技术和手段，开发课件、视频等数字教学资源，极大满足了广大师生和技术人员的学习需要。

（5）本教材坚持立德树人为根本任务，有机融入课程思政元素，将知识传授和技术技能培养与工匠精神塑造、爱国情怀、法制教育等思政元素相融合，实现专业知识与思想政治教育的协调统一。

通过课程学习，学生能独立完成"二手车鉴定、二手车评估与二手车交易"的工作任务，以满足客户需求，实现公司与客户之间的良好沟通，并在学习过程中培养与客户、同事沟通的能力，养成安全、环保与质量意识等。

本书由吴永强、赵学斌、谢承丹担任主编，廖晓俊、郑杰、郎少成担任副主编，王五义、张泽容、苏畅、高天均参与编写。

具体编写分工如下：吴永强编写学习情境1单元1.1，并负责全书编写的统筹工作；赵学斌编写学习情境1单元1.2；谢承丹编写学习情境1单元1.3、学习情境3单元3.2，负责校对工作；廖晓俊编写学习情境2单元2.1；郑杰编写学习情境2单元2.3；郎少成编写学习情境2单元2.2、学习情境4单元4.1；王五义编写学习情境2单元2.4；张泽容编写学习情境3单元3.3；苏畅编写学习情境3单元3.1；高天均编写学习情境4单元4.2，负责资料及素材的提供。

编者对"二手车鉴定、评估与交易"典型工作任务进行归纳，按照"二手车鉴定、评估与交易"工作流程中经常出现的工作任务，设计学习情境，本书学习情境划分与内容组织如下表。

序号	学习情境	单元	参考学时
一	学习情境1 二手车认知	单元1.1 汽车参数与性能指标识读 单元1.2 二手车法律法规解析 单元1.3 二手车的风险识别	6
二	学习情境2 二手车鉴定	单元2.1 二手车手续检查 单元2.2 二手车静态检查 单元2.3 二手车动态检查 单元2.4 二手车仪器检测	14
三	学习情境3 二手车评估	单元3.1 二手车的价值评估 单元3.2 事故车的检查与损失评估 单元3.3 二手车鉴定评估报告书的撰写	14
四	学习情境4 二手车交易	单元4.1 二手车交易 单元4.2 二手车营销	14
总计			48

编者在编写本书的过程中，参考了一些国内同类教材及相关文献资料，在此向有关作者表示诚挚的谢意。

由于编者水平有限，加之时间仓促，书中难免存在不足之处，敬请谅解，欢迎广大读者批评指示，使本书更加完善。

目录

学习情境1　二手车认知 …………………………………………………… 1
单元1.1　汽车参数与性能指标识读 ……………………………………… 2
单元1.2　二手车法律法规解析 …………………………………………… 21
单元1.3　二手车的风险识别 ……………………………………………… 30

学习情境2　二手车鉴定 …………………………………………………… 43
单元2.1　二手车手续检查 ………………………………………………… 44
单元2.2　二手车静态检查 ………………………………………………… 60
单元2.3　二手车动态检查 ………………………………………………… 80
单元2.4　二手车仪器检测 ………………………………………………… 89

学习情境3　二手车评估 …………………………………………………… 103
单元3.1　二手车的价值评估 ……………………………………………… 104
单元3.2　事故车的检查与损失评估 ……………………………………… 132
单元3.3　二手车鉴定评估报告书的撰写 ………………………………… 146

学习情境 4　二手车交易 ··· 156

　　单元 4.1　二手车交易 ··· 157

　　单元 4.2　二手车营销 ··· 189

参考文献 ·· 217

学习情境 1

二手车认知

学习目标

通过本情境的学习,掌握汽车的基本类型、主要技术参数及总体布置形式等,以及汽车使用寿命和磨损特点、车辆经济性评价指标;掌握二手车相关的法律法规;熟悉二手车存在的风险。

能力目标

1. 具有识读汽车常见参数与性能指标的能力;
2. 具有解析二手车相关的法律法规的能力;
3. 具有识别二手车存在风险的能力。

学习引导

想成为一名合格的二手车评估师,首先应当掌握车型分类,能够区别不同车型(尤其是同品牌车中不同款式车型);掌握汽车(尤其是乘用车)的常见参数与性能指标;掌握车身识别代码的编制原则(特别是识别产地、出厂日期等重要数字标记);掌握二手车相关的法律法规,以及二手车存在的风险等。

相关知识及内容如下:

本学习情境包括三个单元:汽车参数与性能指标识读、二手车法律法规解析和二手车风险识别。

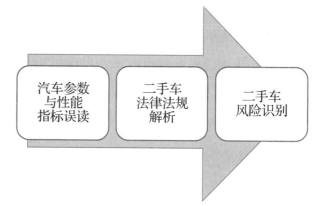

单元 1.1 汽车参数与性能指标识读

学习要点

1. 汽车的分类与主要性能指标；
2. 汽车识别代码；
3. 汽车使用寿命。

相关知识

1.1.1 汽车分类

汽车是指借助自身的动力装置驱动，且具有 4 个或 4 个以上车轮的非轨道承载的车辆。其主要用途是运载人员和（或）货物，牵引运载人和（或）货物的车辆，以及其他特殊的用途。

随着汽车用途的日趋广泛，汽车结构装置的不断改进，汽车的种类也越来越多。汽车的分类方法有多种，本单元选择几个与旧机动车鉴定评估相关的分类方法进行介绍。

1. 按汽车的动力装置分类

1）内燃机汽车

用内燃机作为动力装置的汽车。内燃机汽车的主要形式有以下几种。

（1）汽油机汽车：用汽油机作为动力装置的汽车。

（2）柴油机汽车：用柴油机作为动力装置的汽车。

（3）气体燃料发动机汽车：发动机用天然气、煤气等气体作为燃料的汽车。

（4）旋转活塞发动机汽车：用旋转活塞发动机作为动力装置的汽车。

2）电动汽车

用电能作为动力装置的汽车。

3）混合动力汽车

在传统发动机之外，加装了一套电力驱动系统，两者共同组合去推动汽车前进。

4）燃气涡轮机汽车

用燃气涡轮机作为动力装置的汽车。

2. 按用途分类

1）乘用车

乘用车是指在其设计和技术特性上主要用于载运乘客及其随身行李或临时物品的汽车，包括驾驶员座位在内最多不超过9个座位。它也可以牵引一辆挂车。乘用车共分为普通乘用车、活顶乘用车、高级乘用车、小型乘用车、敞篷车、舱背乘用车、旅行车、多用途乘用车、短头乘用车、越野乘用车和专用乘用车11种（图1-1-1）。其中，普通乘用车、活顶乘用车、高级乘用车、小型乘用车、敞篷车、舱背乘用车俗称轿车类。专用乘用车包括旅居车、防弹车、救护车和殡仪车。

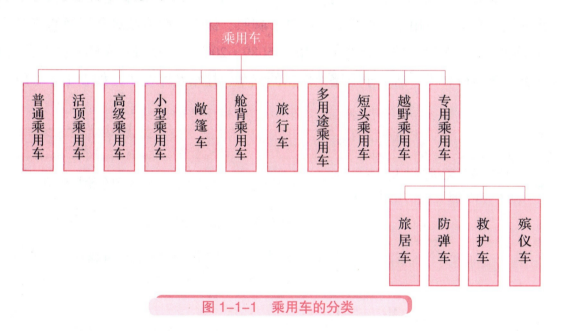

图1-1-1 乘用车的分类

2）商用车

商用车是指在设计和技术特性上用于运送乘员和货物的汽车，并且可以牵引挂车，乘用车不包括在内（图1-1-2）。

（1）客车：在设计和技术特性上用于载运乘客及其随身行李的商用车辆，包括驾驶员座位在内座位数超过9座。客车有单层的或双层的，也可牵引一辆挂车。客车分为小型客车、城市客车、长途客车、旅游客车、铰接客车、无轨电车、越野客车和专用客车8类。

（2）半挂牵引车：装备有特殊装置用于牵引半挂车的商用车辆。

（3）货车：一种主要为载运货物而设计和装备的商用车辆，可牵引一辆挂车。货车分为普通货车、多用途货车、全挂牵引车、越野货车、专用作业车、专用货车6种类型。

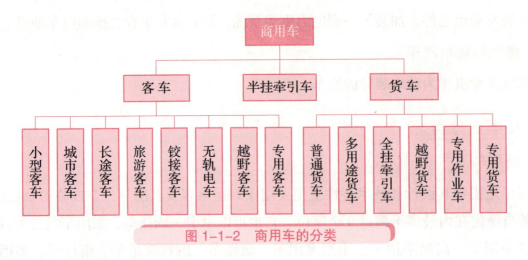

图 1-1-2　商用车的分类

3. 按机动车辆及挂车分类

国家标准《机动车辆及挂车分类》（GB/T 15089—2001）主要用于型式认证，是型式认证各技术法规适用范围的依据；国家标准《汽车和挂车类型的术语和定义》（GB/T 3730.1—2001）是通用性分类，适用于一般概念、统计、牌照、保险、政府政策和管理的依据。

国家标准《机动车辆及挂车分类》（GB/T 15089—2001）中将机动车辆和挂车分为L类、M类、N类、O类和G类，适用于道路上使用的汽车、挂车及摩托车，如表 1-1-1 所示。

表 1-1-1　汽车按国家标准《机动车辆及挂车分类》分类

字母代号	种类	分类		内容	
L 类车辆	两轮或三轮机动车辆	L_1、L_2、L_3、L_4、L_5		根据排量、驱动方式、车速和车轮数分类	
M 类车辆	四个车轮的载客机动车辆	M_1		座位数（包括驾驶员）< 9 座	
		M_2	A	最大设计总质量 < 5000 kg，可载乘员数（不包括驾驶员）< 22 人	允许站立
			B		不允许站立
			Ⅰ	最大设计总质量 < 5000 kg，可载乘员数（不包括驾驶员）> 22 人	①
			Ⅱ		②
			Ⅲ		不允许站立
		M_3	A	最大设计总质量 > 5000 kg，可载乘员数（不包括驾驶员）< 22 人	允许站立
			B		不允许站立
			Ⅰ	最大设计总质量 > 5000 kg，可载乘员数（不包括驾驶员）> 22 人	①
			Ⅱ		②
			Ⅲ		不允许站立

续表

字母代号	种类	分类	内容
N 类车辆	四个车轮载货机动车辆	N_1	最大设计总质量 < 3500 kg
		N_2	3500 kg < 最大设计总质量 < 12000 kg
		N_3	12000 kg < 最大设计总质量
O 类车辆	挂车（包括半挂车）	O_1、O_2、O_3、O_4	根据最大设计总质量分类
G 类车辆	越野车		满足要求的 M 类、N 类

说明：①允许乘员站立，并且乘员可以自由走动。
②只允许乘员站立在过道或提供不超过相当于两个双人座位的站立面积。

4. 按发动机位置和驱动方式进行分类

汽车传动系的布置形式取决于发动机的形式和性能、汽车的总体结构形式、汽车行驶系等因素。

（1）前置后驱（FR），是指发动机前置后轮驱动的汽车。此类车型整车的前后配重比可以接近或达到 50∶50 的完美比例，大大提升了车辆行驶的平顺性和稳定性，操控性优异；但存在牵引力不足、转向过度的不足。

（2）前置前驱（FF），是指发动机前置前轮驱动的汽车。此类车型动力系统结构紧凑，驱动轴短，动力输出损耗低；但前驱车存在转向不足的缺陷。

（3）后置后驱（RR），是指发动机后置后轮驱动的汽车。此类车型重量集中于汽车的后部，发动机距驱动轴很近，因而驱动轮负荷大，启动加速时牵引力大，且传动效率高，燃油经济性好；但存在前轮附着力小，高速时转向不稳定，影响了操纵稳定性的问题。

（4）中置后驱（MR），是指发动机中置后轮驱动的汽车。此类车型可获得最佳的轴荷分配，操纵稳定性和行驶平顺性较好；但由于发动机的布置占据了车厢和行李箱的一部分空间，并且发动机的隔音和绝热效果差，使乘坐舒适性有所降低。

（5）前置四驱（4WD），是指发动机前置四轮驱动的汽车。此类车型可以按照行驶路面状态的不同而将发动机输出扭矩分别分布在前后所有的轮子上，提高汽车的通过性。

四轮驱动又分分时四驱（Part-time 4WD）和全时四驱（Full-time 4WD）。分时四驱最显著的优点是可根据实际情况来选取驱动模式，比较经济。全时四驱这种传动系统不需要驾驶人选择操作，前后车轮永远维持四轮驱动模式，行驶时将发动机输出扭矩按 50∶50 设定在前后轮上，使前后排车轮保持等量的扭矩。全时驱动系统具有良好的驾驶操控性和行驶循迹性，提高汽车的通过能力，但也存在比较耗油、经济性不够好的缺点。

根据不同的使用要求，几种布置形式如表 1-1-2 所示。

表1-1-2 汽车布置形式

布置形式		特点
发动机前置后轮驱动（FR方式）	front engine rear drive	传统布置方式，货车、部分中高级乘用车、客车大多是这种布置
发动机前置前轮驱动（FF方式）	front engine front drive	结构紧凑，整车质量小，底板低，高速时操纵稳定性好，越来越多的乘用车采用这种结构形式
发动机后置后轮驱动（RR方式）	rear engine rear drive	大、中型客车常采用的布置形式，发动机的振动、噪声、油气味对乘员影响小，空间利用率高
发动机中置后轮驱动（MR方式）	middle engine rear drive	F1赛车、跑车的布置形式，轴荷分配均匀，具有很中性的操控特性。但是发动机占用了座舱的空间，降低了空间利用率和实用性
发动机前置四轮驱动（4WD方式）	four-wheel drive	越野车、高性能跑车上应用得最多，四个车轮均有动力，地面附着力最大，通过性和动力性好

5. 按公安机关管理分类

1）大型汽车

总质量≥4500kg，或车长≥6m，或乘坐人数（不含驾驶员）≥20人的汽车称为大型汽车。

（1）大型客车，可分为普通大客车、铰连式大客车及其他大客车。

（2）大型货车。

（3）大型特种车。

（4）大型专用载货车。

（5）大型其他专用车，可分为大型起重车、大型牵引车、大型仪器车及其他大型专用车。

2）小型汽车

（1）小型客车，可分为吉普型小客车、旅行型小客车、轿车型小客车及其他小客车。

（2）小型货车，可分为栏板式小货车、厢式小货车、倾卸小货车及其他小货车。

（3）小型特种车，可分为小型消防车、小型救护车、小型警车、小型工程救险车及其他小型特种车。

（4）小型专用载货车，可分为小型专用罐车、小型冷藏保温车、小型邮政车及其他小型专用载货车。

（5）小型其他专用车。

1.1.2 汽车产品型号的编制

汽车产品型号是各国政府为管理机动车辆而实施的一项强制性规定。有了汽车产品型号，便于对车辆进行检索管理，并对处理交通事故、开展交通事故保险赔偿、破获被盗车辆等起重要作用。各国政府都制定了这方面的专门技术法规，强制要求汽车厂在汽车上使用汽车产品型号。

汽车产品型号是指汽车上安装的一块标牌上的由汉语拼音字母和阿拉伯数字组成的编号，该编号的每位符号代表着某一方面的信息。各国对汽车型号的制定方法既有相同之处又有不同之处。

我国用简单的汉语拼音字母和阿拉伯数字编号来表示国产汽车的企业名称代号、车辆类型代号、主参数代号、产品序号和企业自定代号等（图1-1-3）。

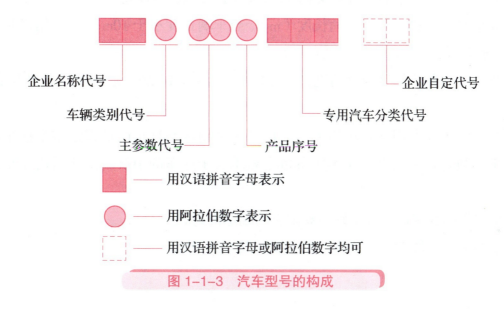

图1-1-3 汽车型号的构成

1. 企业名称代号

企业名称代号是识别车辆制造企业的代号，位于产品型号的第一部分，用代表企业名称的两个或三个汉语拼音字母表示。例如，CA：长春一汽；EQ：第二汽车；FV：一汽大众；SGM：上海通用；SVW：上海大众；DC：东风雪铁龙；HG：广州本田；CAF：长安福特；XMQ：厦门汽车（金龙）。

2. 车辆类别代号

车辆类别代号是表明车辆附属分类的代号。各类汽车的类别代号位于产品型号的第二部分，按表1-1-3所示的规定用一位阿拉伯数字表示。

表 1-1-3 车辆类别代号

车辆类别代号	车辆种类	车辆类别代号	车辆种类	车辆类别代号	车辆种类
1	载货汽车	4	牵引汽车	7	轿车
2	越野汽车	5	专用汽车	8	—
3	自卸汽车	6	客车	9	半挂车及专用半挂车

3. 主参数代号

主参数代号是表明车辆主要特性的代号，各类汽车的主参数代号位于产品型号的第三部分，按下列规定用两位阿拉伯数字表示。

（1）载货汽车、越野汽车、自卸汽车、牵引汽车、专用汽车与半挂车的主参数代号为车辆的总质量（t）。当总质量在 100t 以上时，允许用三位数字表示。

（2）客车的主参数代号为车辆长度（m）。当车辆长度小于 10m 时，应精确到小数点后一位，并以长度（m）值的 10 倍数值表示。

（3）轿车的主参数代号为发动机排量（L）。应精确到小数点后一位，并以其值的 10 倍数值表示。

（4）专用汽车及专用半挂车的主参数代号在采用定型汽车底盘或定型半挂车底盘改装时，若其主参数与定型底盘原车的主参数之差不大于原车的 10%，则应沿用原车的主参数代号。

（5）主参数的数字按《数字修约规则》的规定修约。

（6）主参数不是规定的位数时，在参数前以"0"补位。

4. 产品序号

产品序号表示一个企业的类别代号和主参数代号相同的车辆的投产顺序，产品序号位于产品型号的第四部分，用阿拉伯数字表示，数字由 0，1，2，……依次使用。

5. 企业自定代号

企业自定代号是企业根据需要自行规定的补充代号，一般位于产品型号的最后部分。同一种汽车结构略有变化而需要区别时（如汽油、柴油发动机，长、短轴距，单、双排座驾驶室，平、凸头驾驶室，左、右置转向盘等），可用汉语拼音字母或者阿拉伯数字表示，位数也由企业自定。供用户选择的零部件（如暖风装置、收音机、地毯、绞盘等）不属结构特征变化，应不予企业自定代号。编制型号举例如下。

例 1：CA1091 是中国第一汽车制造厂生产的第二代载货汽车，总质量为 9310kg。

例 2：EQ2080 是中国第二汽车制造厂生产的越野汽车，总质量为 7720kg。

例 3：SH3600 是中国上海重型汽车厂生产的第一代自卸汽车，总质量为 59538kg。

例4：HY4300是中国汉阳特种汽车制造厂生产的第一代公路上行驶总质量为30000kg的牵引汽车。

例5：TJ6481是中国天津客车厂生产的第二代车长为4750mm的客车。

例6：SC7081C是中国长安铃木汽车制造厂生产的第二代奥拓快乐王子，发动机排量为0.8L。

例7：TJ7131U是天津汽车制造厂生产的第二代夏利轿车，排气量为1.3L。

1.1.3 车辆识别代号

车辆识别代号（Vehicle Identification Number，VIN）是汽车制造厂为了识别而给一辆车指定的一组字码，国际标准化组织（International Organization for Standardization，ISO）将车辆识别方案推向世界，并制定了完善的车辆识别代号系列标准，使世界各国的车辆识别代号建立在统一的理论基础上。我国GB 16735—2019《道路车辆　车辆识别代号（VIN）》规定了车辆识别代号的内容与构成，同时给出了车辆识别代号的标示要求和变更要求，适用范围为汽车及其非完整车辆、挂车、摩托车和轻便摩托车。

车辆识别代号每车一号，彼此不同，应保证在30年内不产生重号现象。车辆识别代号就像人们的身份证号码，是某一车辆的身份识别标志。

在汽车上使用车辆识别代号，是各国政府为管理机动车辆实施的一项强制性规定。各国政府都制定了这方面的专门技术法规，强制要求汽车厂在汽车上使用车辆识别代号。

1. 术语定义

（1）车辆识别代号：为了识别某一辆车，由车辆制造厂为该车辆指定的一组字码。

（2）世界制造厂识别代号：车辆识别代号的第一部分，用以标识车辆的制造厂。当此代号被指定给某个车辆制造厂时，就能作为该厂的识别标志。世界制造厂识别代号在与车辆识别代号的其余部分一起使用时，足以保证30年之内在世界范围内制造的所有车辆的车辆识别代号具有唯一性。

（3）车辆说明部分：车辆识别代号，用以说明车辆的一般特征信息。

（4）车辆指示部分：车辆识别代号的最后部分，车辆制造厂为区别不同车辆而指定的一组代码。这组代码连同VDS部分一起，足以保证每个车辆制造厂在30年之内生产的每个车辆的车辆识别代号具有唯一性。

（5）完整车辆：已具有设计功能，无须再进行制造作业的车辆。

（6）非完整车辆：至少由车架、动力系统、传动系统、行驶系统、转向系统和制动系统组成的车辆，但仍需要进行制造作业才能成为完整车辆。

（7）车辆制造厂：颁发机动车出厂合格证或产品一致性证明并承担车辆产品责任和VIN

的唯一性责任,且与装配厂所在位置无关的厂商或公司。

(8)非完整车辆制造厂:将部件装配起来制造成为非完整车辆的车辆制造厂,这些部件没有一件能单独构成一辆非完整车辆。

(9)最后阶段制造厂:在非完整车辆上进行制造作业使之成为完整车辆,或在完整车辆上继续进行制造作业的车辆制造厂。

(10)中间阶段制造厂:在两阶段或多阶段制造的车辆上进行制造作业的车辆制造厂,它既不是非完整车辆制造厂,也不是最后阶段制造厂。

(11)年份:制造车辆的历法年份或车辆制造厂决定的车型年份。

(12)车型年份:由车辆制造厂为某个单独车型指定的年份,只要实际生产周期不超过24个月,可以和历法年份不一致。若实际生产周期不跨年,车型年份应与历法年份一致;若实际生产周期跨年,车型年份应包含且仅包含其指定年份代码对应的历法年份的1月1日。

(13)装配厂:车辆制造厂标示VIN的生产厂或生产线。

(14)分隔符:用以分隔车辆识别代号的各个部分或用以规定车辆识别代号的界线(开始和终止)的符号、字码或实际界线。

(15)重新标示或变更标识符:用以甄别车辆识别代号发生重新标示或变更的标识符。

(16)检验位:单独的一位数字或字母X,用以检验车辆识别代号誊写的准确性。

2. 车辆识别代号的组成

车辆识别代号是正确识别汽车必不可少的信息参数,它由17位数码和字母组合而成,故又被称为"汽车17位编码"。通过车辆识别代号,人们可以识别汽车的产地、制造厂商、种类型式、品牌、系列、装载质量、轴距、驱动方式、生产日期、出厂日期,车身及驾驶室的种类、结构、形式,发动机种类、型号及排量,变速器种类、型号,以及汽车生产出厂顺序号码等。

车辆识别代号一般由四部分组成,如图1-1-4和图1-1-5所示。

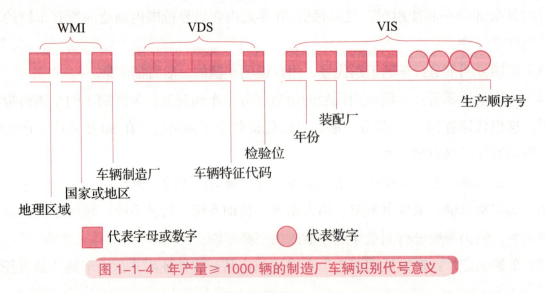

图1-1-4 年产量≥1000辆的制造厂车辆识别代号意义

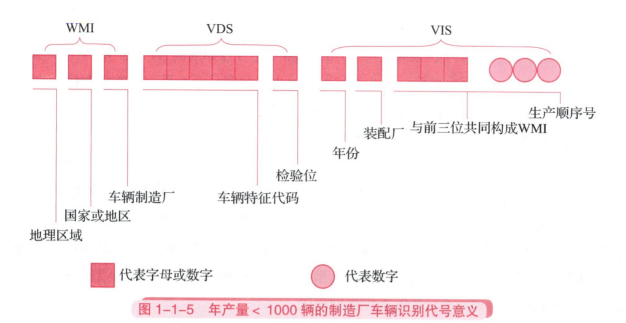

图1-1-5　年产量＜1000辆的制造厂车辆识别代号意义

（1）世界制造厂识别代码（World Manufacturer Identifier，WMI）。

由第一至第三位三个字码组成，是为识别世界上每一个制造厂而指定给该制造厂的一个代号。其中第一位和第二位字码组成的双字码块，由国际标准化组织的国际代理机构——美国汽车工程师学会（Socicty of Automotive Engineers，SAE）预先分配给世界各个国家和地区，如日本为JA~JZ及J0~J9；美国为1A~1Z及10~19，4A~4Z及40~49，5A~5Z及50~59；中国为LA~LZ及L0~L9。第二位、第三位组成的双字码块，则由美国汽车工程师学会授权的国家机构指定给制造厂家。第一位字码是标明一个地理区域的字母或数字；第二位是标明一个特定地区内的一个国家的字母或数字；第三位字码是标明某个特定的制造厂的字母或数字。第一、二、三位字码的组合能保证制造厂识别标志的唯一性。

（2）车辆说明部分（Vehicle Descriptive Section，VDS）。

由六位字码组成，用以说明和反映车辆一般特征，如品牌、种类、系列、车身类型、底盘类型、发动机类型、约束系统、制动系统和额定总质量等。前五位字码是由各企业自行规定的，但是不允许空位或缺位，最后一位为检验位。

（3）检验位。

车辆识别代号的第九位，在该位置应填入一个用来指示车辆识别代号书写准确性的"检验数字"（一个数字或一个字母X），美国车辆制造厂的VIN在第九位都有1个检验位，这是美国联邦法规规定的。与身份证号码中的校验位一样，校验位的目的是提供校验车辆识别代号正确性的方式，通过它就可以核定整个车辆识别代号正确与否。它是其他16位字码对应数值乘以其所占位置权数的和除以11所得的余数，当余数为0~9时，余数就是检验数字；当余数是10时，使用字母"X"作为检验数字。

（4）车辆指示部分（VIS）。

由第10至第17位8个字码组成，是表示车辆个性特征的，如制造年份、装配地点和生产顺序号等。其中，第10位为年份代号，世界统一，如表1-1-4所示；第11位为装配厂代号；第12至第17位为某年份某装配厂生产的产品顺序号。如果制造厂生产的某种类型的车辆年产量≥500辆，该部分的第三至八位字码表示生产顺序号。如果制造的年产量＜500辆，则该部分第三至第五位字码应与第一部分的3位字码一起来表示一个世界制造厂识别代码，机械工业部汽车工业司是美国汽车工程师学会授权负责我国境内（包括香港、澳门、台湾地区）的世界制造厂识别代码的分配和管理机构。制造厂首先必须向其申请世界制造厂识别代码。由于国际代理机构分配给我国的世界制造厂识别代码容量只有1089个（33×33），这对于目前已有汽车制造企业的我国来说，虽然够用但也没有多少余地。因此，每个企业每类产品或每个品牌都希望得到一个世界制造厂识别代码是不大可能的，只有那些大型企业集团，如第一、第二汽车制造厂等国家重点大型企业才有这种可能。广大中小型企业极大可能是一个企业只获准得到一个世界制造厂识别代码。

表1-1-4 车型年份表

年份		代码	年份		代码
1980	2010	A	1995	2025	S
1981	2011	B	1996	2026	T
1982	2012	C	1997	2027	V
1983	2013	D	1998	2028	W
1984	2014	E	1999	2029	X
1985	2015	F	2000	2020	Y
1986	2016	G	2001	2021	1
1987	2017	H	2002	2022	2
1988	2018	J	2003	2023	3
1989	2019	K	2004	2024	4
1990	2020	L	2005	2025	5
1991	2021	M	2006	2026	6
1992	2022	N	2007	2027	7
1993	2023	P	2008	2028	8
1994	2024	R	2009	2029	9

每辆车都必须具有车辆识别代号，并标记在车辆上。此外，车辆在销售时，随车文件要对标准位置和方式应加以说明（非完整车辆还应对车辆识别代号内容进行解释），以便使用者发现、了解和利用它。

对于车辆识别代号的标记方式等要求，《道路车辆 车辆识别代号（VIN）》（GB 16735—2019）和《机动车运行安全技术条件》（GB 7258—2017）都有规定，但又不尽相同，故应综合考虑同时满足两者的要求。

3. 车辆识别代号标记方式

车辆识别代号有两种标记方式：一种是标示在车辆主要部件上；另一种是标示在永久性地固定在车辆主要部件的一块标牌上。两者择其一或均采用亦可。通常，如将其打印在车架上不仅能满足上述要求，而且能满足《机动车运行安全技术条件》（GB 7258—2017）的要求，也可省略打印整车型号和出厂编号。

车辆识别代号的标记位置应尽量位于车辆的前半部分，易于看到，且能防止磨损。《车辆识别代号（VIN）管理规则》对其车辆识别代号的位置规定得更为具体，即"9人座或9人座以下的车辆和最大总质量小于或等于3.5t的载货汽车的车辆识别代号，应位于仪表板上，在白天日光照射下，观察者不需移动任一部件，即可从车外分辨出车辆识别代号"（图1-1-6）。

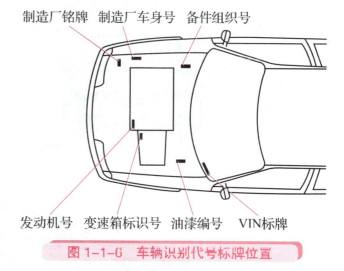

图1-1-6　车辆识别代号标牌位置

4. 车辆识别代号的应用

车辆识别代号的具体应用示例如下。

VIN：LSVHJ133022221761，该VIN的含义是：2002年，上海大众汽车有限公司生产的桑塔纳2000型轿车，配备AYJ发动机，FNV（01N.A）自动变速器，出厂编号221761。

1.1.4 汽车性能与技术参数指标

1. 汽车的主要技术参数

1）质量参数

（1）汽车总质量。汽车总质量是指装备齐全的汽车自身质量与按规定装满客（包括驾驶员）或载货时的载质量之和，也称满载质量。

（2）载质量。汽车载质量是指在硬质良好路面上行驶时所允许的额定载质量。当汽车在碎石路面上行驶时，载质量应有所减少（为良好路面的75%~80%）。越野汽车的载质量是指越野行驶或土路上行驶的载质量。轿车的装载量是以座位数表示。城市公交车的装载量等于座位数并包括站立乘客数（一般按8~10人/m^2计）。长途客车和旅游客车的装载量以座位数表示。

（3）轴荷。轴荷是指汽车满载时各车轴对地面的垂直载荷。

2）尺寸参数

汽车一般需要提供以下尺寸参数。

（1）车长（图1-1-7）。车长是指垂直于车辆纵向对称平面，并分别抵靠在汽车前、后最外端突出部位的两垂面之间的距离。我国公路车辆的极限尺寸规定的汽车总长：货车（包括越野车）不大于12m，一般客车不大于12m，铰接式客车不大于18m，牵引车拖带半挂车不大于16.5m，汽车拖带挂车不大于20m。

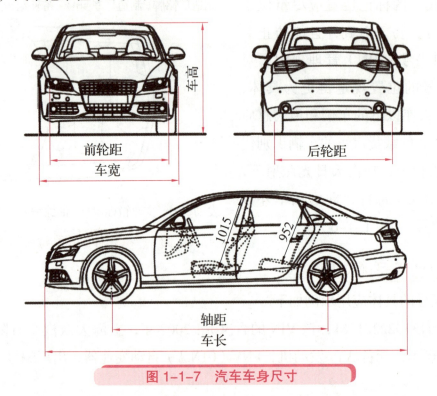

图1-1-7 汽车车身尺寸

（2）车宽。车宽是指平行于车辆纵向对称平面，并分别抵靠车辆两侧固定突出部位（除后视镜、侧面标志灯、转向指示灯、挠性挡泥板、折叠式踏板、防滑链及轮胎与地面接触部分的变形外）的两个面之间的距离。我国公路车辆的极限尺寸规定车辆总宽不大于2.5m。

（3）车高。车高是指车辆没有装载并处于可运行状态时，车辆支撑平面与车辆最高突出部位相抵靠的水平面之间的距离。我国公路车辆的极限尺寸规定车辆总高不大于4m。

（4）轴距。轴距是指通过车辆同一侧相邻的车轮的中点，并垂直于车辆纵向对称平面的两垂线之间的距离。对于三轴以上的车辆，其轴距由从最前面至最后面的相邻两车轮之间的轴距分别表示，总轴距则为各轴距之和。

（5）轮距。汽车车轴的两端为单车轮时，轮距为车轮在车辆支撑平面上留下的轨迹中心线之间的距离。汽车车轴的两端为双车轮时，轮距为车轮中心平面（双轮车车轮中心平面为外车轮轮辋内缘和内车轮轮辋外缘等距的平面）之间的距离。

（6）前悬（图1-1-8）。前悬是指通过两前轮中心的垂面与抵靠在车辆最前端（包括前拖钩、车牌及任何固定在车辆前部的刚性部件）并且垂直于车辆纵向对称平面的垂面之间的距离。

（7）后悬。后悬是指通过车辆最后车轮轴线的垂面与抵靠在车辆最后端（包括牵引装置、车牌及固定在车辆后部的任何刚性部件）并垂直于车辆纵向对称平面的垂面之间的距离。

图 1-1-8　前悬与后悬

（8）最小离地间隙。最小离地间隙是指车辆支撑平面与车辆上的中间区域内最低点之间的距离。中间区域为平行于车辆纵向对称平面且与其等距离的两个面之间所包含的部分，两平面之间的距离为同一轴上两端车轮内缘最小距离的80%。

（9）接近角。接近角是指车辆静载时，水平面与切于前轮外缘的平面之间的最大夹角，前轴前面任何固定在车辆上的刚性部件不得在此平面的下方。

（10）离去角。离去角是指车辆静载时，水平面与切于车辆最后车轮轮胎外缘的平面之间的最大夹角，位于最后车轴后面的任何固定在车辆上的零部件不得在此平面的下方。

（11）转弯直径。转弯直径是指当转向盘转到极限位置时，内、外转向轮的中心平面在车辆支撑平面上的轨迹圆直径。由于转向轮的左右极限转角一般不相等，有左转弯直径与右转弯直径之别。

非转向内轮的中心平面在车辆支撑平面上的轨迹圆直径有实际意义，称为非转向内轮转弯直径。

2. 汽车的主要性能指标

汽车的主要性能包括动力性、燃油经济性、制动性、操纵稳定性、行驶平顺性、排放污染及噪声等。

1）汽车的动力性

从获得尽可能高的平均行驶速度的观点出发，汽车的动力性可用以下三个指标来评定。

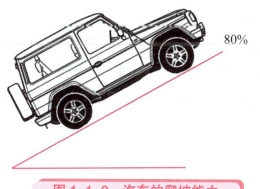

图 1-1-9　汽车的爬坡能力

（1）汽车的最高车速。汽车的最高车速是指在平直良好的路面上（混凝土和沥青路面）汽车所能达到的最高行驶速度。

（2）汽车的加速能力。汽车的加速能力是指汽车在行驶中迅速增加行驶速度的能力。这一能力对平均车速有很大影响，也与行驶的安全性有关，常用汽车的原地起步加速时间和超车加速时间来评价。

（3）汽车的爬坡能力（图1-1-9）。汽车的爬坡能力是指汽车满载时在良好的路面上以最低前进挡所能爬行的最大坡度。坡度值一般用坡道倾斜角的正切表示，而不是倾斜角的度数。此外，也有的用比功率（发动机最大功率与汽车总质量之比）和比转矩（发动机最大转矩与汽车总质量之比）作为评价汽车动力性的指标。

2）汽车的燃油经济性

汽车在一定的使用条件下，以最小的燃油消耗量完成单位运输工作的能力称为汽车的燃油经济性。常用一定运行工况下汽车行驶100km的燃油消耗量或一定燃油量的汽车行驶里程来衡量。

在我国及欧洲，燃油经济性指标的单位为L/100km，即行驶100km里程所消耗燃油的升数。可见，其数值越大，汽车的燃油经济性越差。在美国，汽车燃油经济性的单位为mile/USgal，即每加仑燃油能行驶的英里数。可见，其数值越大，表明燃油经济性越好。这项指标是用作比较相同载质量汽车的燃油经济性或分析同一汽车的燃油经济性的。

对于不同载质量的汽车在相同的运行条件下完成单位运输工作量的燃油经济性的评价，则常用完成单位货物周转量的平均燃油消耗量来衡量，其单位为L/（100t·km）。

3）汽车的制动性

汽车的制动性直接关系汽车的行车安全。只有在保证行车安全的前提下才能充分利用汽车的其他使用性能，诸如提高汽车的行驶速度、提高汽车的机动性能等。

汽车的制动性主要由制动效能、制动抗热衰退性能和制动时汽车的方向稳定性来评价。

4）汽车的操纵稳定性

汽车的操纵稳定性包含着互相联系的两部分内容，一是操纵性，二是稳定性。操纵性是指汽车能够及时而准确地执行驾驶员的转向指令的能力；稳定性是指汽车受到外界扰动（路面扰动或突然阵风扰动）后，能自行尽快地恢复正常行驶状态和方向而不发生失控，以及抵抗倾覆、侧滑的能力。

5）汽车的行驶平顺性

汽车行驶时，对路面不平度的隔振特性，称为汽车的行驶平顺性。由于行驶平顺性主要反映为乘坐者的舒适程度，所以它有时又称为乘坐舒适性。

汽车行驶时，路面的不平度会激起汽车的振动。当这种振动达到一定程度时，将使乘客感到不舒适和疲劳，或使运载的货物损坏。振动引起的附加动载荷将加速有关零件的磨损，缩短汽车的使用寿命。车轮载荷的波动会影响车轮与地面之间的附着性能，因而关系到汽车的操纵稳定性。

汽车的振动随行驶速度的提高而加剧。在汽车的使用过程中，常因车身的强烈振动而限制了行驶速度的发挥。

6）汽车污染物排放

汽车污染物排放主要有三个排放源：一是由发动机排气管排出的发动机燃烧废气，汽油车的主要污染物成分是一氧化碳（CO）、碳氢化合物（HC）、氮氧化合物（NO_x），而柴油车除了这三种有害物，还排放大量的颗粒物（PM）；二是曲轴箱排放物，由发动机在压缩及燃烧过程中未燃的碳氢化合物由燃烧室漏向曲轴箱再排向大气而产生，主要是碳氢化合物；三是燃料蒸发排放物，主要由燃油箱的燃料蒸发而产生，在未加控制时曲轴箱和燃料蒸发排放的碳氢化合物各约占 HC 总排放量的 1/4。

7）汽车的噪声

随着汽车工业和城市交通的发展，城市汽车拥有量日益增加。各种调查和测量结果表明，城市交通噪声是目前城市环境中最主要的噪声源。因此，在汽车设计和使用中，不仅追求其动力性、经济性等性能，而且把噪声作为一个重要指标。按照噪声产生的过程，汽车噪声源大致可分为与发动机转速有关的声源和与车速有关的声源。

与发动机转速有关的噪声源主要有进气噪声、排气噪声、冷却系风扇噪声和发动机表面辐射噪声。用发动机带动旋转的各种发动机附件（如空气压缩机、发电机等）的噪声，也属此类。与车速有关的噪声源包括：传动噪声（变速器、传动轴等）、轮胎噪声、车体产生的空气动力噪声。

为了有效地控制城市交通噪声，我国制定了各种机动车辆的噪声标准，规定了机动车辆的车外、车内噪声的测量办法及限值标准。

1.1.5 汽车寿命

1. 汽车的使用寿命

汽车从开始使用的时间到不能使用的时间的整个时期称为汽车的使用寿命。汽车使用寿命的实质是指从技术和经济上分析汽车的使用极限。汽车使用寿命可以用累计使用年数或累计行驶里程数表示。

汽车使用寿命可分为技术使用寿命、经济使用寿命和合理使用寿命。它们之间的关系为：技术使用寿命＞合理使用寿命＞经济使用寿命。

1）技术使用寿命

汽车技术使用寿命是指车辆从开始使用直至其主要机件到达技术极限状态，而不能再继续修理时为止的总工作时间或总行驶里程。这种极限的标志，在结构上是零部件的工作尺寸、工作间隙，在性能上常表现为车辆总体的动力状态或燃料、润滑油的极度超耗。

机动车的技术使用寿命主要取决于各部分总成的设计水平、制造质量和合理使用与维修。

机动车到达技术使用寿命时，应对车辆进行报废处理，其零部件也不能再做备件使用。机动车维修工作做得越好，它的技术使用寿命会越长，但一般随着使用时间的延长，维修费也日益增加。

2）合理使用寿命

我国规定的机动车合理使用寿命以机动车经济使用寿命为基础，考虑整个国民经济的发展和能源节约等因素所制定的符合我国实际情况的机动车使用期限。也就是说，机动车已经到达了经济使用寿命，但是否要更新，还要视国情而定，如更新机动车的来源、更新资金等因素。为此，国家根据上述情况制定机动车更新的技术政策，考虑国民经济的可能并加以修正，规定车辆更新期限。

3）经济使用寿命

机动车的经济使用寿命是指机动车行驶到相当里程或使用年限，对其进行全面经济分析之后得出，如果继续使用该机动车则成本较高。机动车的经济使用寿命是机动车寿命的主要评价依据。

全面经济分析就是从机动车使用总成本出发，分析车辆制造成本、使用与维修费用、使用者管理开支、车辆当前的折旧以及市场价格可能变化等一系列因素，然后做出综合的经济评定，确定其是否经济合理，能否继续使用。

4）汽车经济使用寿命常用的评价指标

评价汽车经济使用寿命的主要指标有年限、行驶里程和使用年限等。

（1）年限，是指以汽车从开始投入运行到报废的年数作为使用寿命的量标。这种方法除考虑运行时间外，还考虑车辆停驶期间的自然损耗。这种计量方法比较简单，但是不能真实反映汽车的使用强度和使用条件，造成所评价的同年限车辆差异很大。

（2）行驶里程，是指以汽车从开始投入运行到报废期间总的累计行驶里程数作为使用寿命的量标。这种方法反映了汽车的真实使用强度，但不能反映出运行条件和停驶期间的自然损耗。

交通专业运输车辆，由于其运行条件差异较大，年平均行驶里程相差很大。虽然使用年限大致相同，但累计行驶里程相差悬殊，因而大多数汽车运输企业以行驶里程作为考核车辆各项指标的基数。但在二手车交易中，卖主里程表时有损坏，且可能是故意毁坏，因此行驶里程数的可信度不高，二手车鉴定评估师只能将行驶里程数作为参考。

（3）使用年限，是将汽车总的行驶里程与年平均行驶里程之比所得的年限作为使用年限的量标，计算公式为

$$T_z = \frac{L_c}{L_n}$$

式中，T_z 为折算年限，年；L_c 为总的累计行驶里程，km；L_n 为年平均行驶里程，km/年。

年平均行驶里程是用统计方法确定的，与车辆的技术状态、完好率、平均行驶速度和道路条件等因素有关。对于营运车辆，在使用过程中由于车辆的技术状况、平均行驶速度和道路条件等因素的不同，年平均行驶里程的差异较大，但车辆的年平均使用强度基本相同。因此，按折算年限基本上可以在全国范围内取得统一指标。这对于社会专业运输和社会零散使用车辆也是适用的。但由于使用强度相差太大，年平均行驶里程也不相同，其使用年限也不相同。社会零散车辆的管理水平、使用水平、维修水平一般都比较低，这些车辆又不能按专业运输车辆的指标要求，应相对于专业运输企业车辆的使用寿命做适当的修正。使用年限表示方法既反映了车辆的使用情况、使用强度，又包括了运行条件和某些停驶时间较长车辆的自然损耗。

对我国来说，采用使用年限这个量标比采用行驶里程更为合理，因为我国地域辽阔，幅员广大，其地理、气候、道路条件差异较大，管理水平也有高有低，即使是使用了相同的年限，车辆总行驶里程有长有短，车辆技术状况也大不相同，所以采用使用年限作为主要考核指标更为确切。

在二手车鉴定估价工作中，确定成新率最有用的量标是使用年限，而使用年限的获得又比较困难：一是车辆行驶里程数真实数据难以取得；二是年平均行驶里程是一个统计数据，目前各省、市、地区各类车辆年平均行驶里程数的数据较难取得。

2. 限制使用寿命的原因

汽车在正常使用的过程中，随着年限的增加，其性能就会有所下降，当到达一定期限以后，就必须进行报废处理。如果无限制地延长汽车的使用寿命，就会由于车辆的各个零部件的损耗和车辆作为一个整体的损耗，其动力性和经济性会有大幅度的下降，从而造成燃料或润滑材料的消耗增加，维修频率增加，大量耗费配件材料及工时，使维修费用剧增。同时，这样的汽车也会导致运输效率下降、运输成本增加等方面的问题，严重的会造成严重的尾气公害以及噪声公害，甚至交通事故等致命的危害。

知识拓展

报废标准与经济使用寿命

国内外概不例外地均以经济使用寿命为基础，综合考虑国民经济的发展水平和能源情况、环保要求。此外，还需考虑广大人民群众的经济状况、消费水平、承受能力等，从而确定符合本国国情的规定使用年限。一般来说，其规定使用年限均超过经济使用寿命期。西方发达国家汽车的规定使用年限比较接近经济使用寿命期。在发展中国家，汽车的规定使用年限都大大超过其经济使用寿命期。

根据发达国家的历史情况，今后我国对汽车的规定使用年限也会逐渐向经济使用寿命期靠近。

汽车经济使用寿命一般是动态的、可变的、非刚性的,它受各种因素的影响。合理正确地使用,精心地维护,适时地维修,则可延长汽车的经济使用寿命期;反之,则会缩短。根据经济使用寿命来确定的汽车规定使用年限,在一段相对稳定的时期内,就成为一个固定的、不可变的、刚性的数字,从而决定了汽车的使用寿命(不考虑延长报废期)。

在我国的强制报废标准中,增加汽车排放要求是一项重大变革,这在目前的强制报废标准中是没有的,修订后将把排放要求作为决定汽车报废的主要考核指标,这将加速不少排放不合格的老旧车型的淘汰速度。修订后的强制报废标准还将加速汽车的更新速度,提升二手车的品质,使一些"老爷车"、事故车等尽快淡出汽车市场,进一步扩大汽车的销量。

法规修订后,以安全、环保状况作为考核指标,这就有效防止了报废汽车和用报废汽车拼装的汽车上路。

汽车的平均使用寿命如表1-1-5所示。

表1-1-5 汽车的平均使用寿命

车型	使用年限/年	延缓年限/年	强制报废年限/年
9座(含)以下非运营客车	15	不限	无
9座以上非运营客车	10	10	20
旅游客车	10	10	20
营运(非出租)客车	10	5	15
大型出租客车	8	4	12
中、小型出租客车	8	无	8
微型出租客车	6	无	6
重、中、轻货车	10	5	15
微型货车	8	无	8

单元 1.2 二手车法律法规解析

学习要点

1. 机动车登记规定；
2. 汽车贸易政策；
3. 汽车报废标准；
4. 二手车流通管理办法；
5. 二手车流通规范。

相关知识

我国二手车交易发展的时间虽短，但随着近年来交易规模的快速增长，存在的问题日益凸显，严重制约了二手车交易的发展。为了维护消费者利益，促进二手车市场的健康发展，国家有关部门制定了一系列的法律法规，现择要点介绍如下。

1.2.1 《机动车登记规定》的解读

随着我国经济的发展，机动车数量剧增，机动车登记出现了一些新情况和新问题亟须解决：一是机动车登记范围和办理登记时需要提交的证明、凭证发生变化；二是随着科技手段的大量应用，机动车登记工作的流程需要简化，以进一步方便群众办事；三是《中华人民共和国道路交通安全法》颁布后，以法律的形式确立了我国的机动车登记制度。《中华人民共和国道路交通安全法实施条例》（以下简称《道路交通安全法实施条例》）又进一步对我国的机动车登记制度做出明确的规定。2001年，公安部发布的《中华人民共和国机动车登记办法》与上述法律和法规在内容上或有重复，或在一些具体规定上不一致。《道路交通安全法实施条例》规定的机动车登记种类为注册登记、转移登记、变更登记、抵押登记和注销登记5种，而原《中华人民共和国机动车登记办法》规定的登记种类包括注册、过户、转出、转入、变更、抵押、停驶、复驶、临时入境、注销登记10种，登记的种类和具体规定发生了较大变化。

正是在这样的背景下，公安部于2004年4月30日发布了《机动车登记规定》（公安部令第72号），共四章三十九条，自2004年5月1日正式施行。该规定对《中华人民共和国机动车登记办法》中有关内容进行调整和修改，确保与《中华人民共和国道路交通安全法》及其实施条例配套实施。

2008年5月27日，《机动车登记规定》（公安部令第102号）发布，并于2008年10月1日起实施，根据2012年9月12日《公安部关于修改〈机动车登记规定〉的决定》修正。《机动车登记规定》的主要内容包括以下几个方面。

1. 减少登记种类，提高办事效率

《机动车登记规定》将机动车的登记种类由原来的10种减少到5种，分别是注册登记、变更登记、转移登记、抵押登记、注销登记。将停、复驶，补、换领机动车登记证书、号牌和行驶证，办理临时号牌，机动车所有人姓名、名称、地址和联系方式变更备案，被盗抢机动车备案，核发检验合格标志等作为其他业务，规定了须提交的资料和办理程序。

2. 规范操作程序，堵塞漏洞

为进一步规范机动车登记行为，解决各地登记时掌握政策不一，违规操作，甚至产生腐败等问题，《机动车登记规定》要求车辆管理所应当使用计算机登记系统办理机动车登记，并建立数据库。不使用计算机登记系统登记的，登记无效。计算机登记系统的数据库标准和登记软件全国统一。数据库能够完整、准确记录登记内容，记录办理过程和经办人员信息，并能够实时将有关登记内容传送到全国公安交通管理信息系统，以确保各地执行政策一致，同时能够通过计算机进行责任倒查，防止违规行为和腐败问题的产生。

3. 明确办理时限，减少群众往返次数

车辆管理所在受理机动车登记申请时，对申请材料齐全并符合法律、行政法规等规定的，应当在规定的时限内办理完毕。对申请材料不齐全或者其他不符合法定形式的，应当一次告知申请人需要补正的全部内容。对不符合规定的，应当书面告知不予受理、登记的理由，避免群众多次往返车辆管理所。

4. 明确公示的内容和方法，接受社会监督

《机动车登记规定》明确规定：车辆管理所应当将法律、行政法规和本规定的有关机动车登记的事项、条件、依据、程序、期限以及收费标准、需要提交的全部材料的目录和申请表示范文本等在办理登记的场所公示。省级、设区的市或者相当于同级的公安机关交通管理部门应当在互联网上建立主页，发布信息，便于群众查阅机动车登记的有关规定，下载、使用有关表格。这样做明确了公示的内容和方法，对行政机关依法行政进行有效的监督。

5. 规范登记，解决实际工作中遇到的困难和问题

《机动车登记规定》对各级公安机关交通管理部门车辆管理所在实际工作中遇到的困难和问题进行了整理，制定了相应的条件、程序和规定。

（1）明确被盗抢机动车备案和发还后车身颜色、发动机号等被改变如何办理变更的规定，解决被盗抢机动车的有关问题。

（2）明确机动车有关技术数据与国家机动车产品公告数据不符的，不予办理登记，解决目前"大吨小标"车辆办理注册登记的突出问题。

（3）明确涉及交通安全违法行为或交通事故未处理完毕的，不予办理转移登记，督促交通违法行为人和事故当事人自觉接受处理。

6. 注重便民利民，提高服务水平

为满足群众生活需要，在吸收公安部三十项便民利民措施中相关内容的基础上，经过充分论证，在确保交通安全的前提下，进一步方便群众办理机动车登记。

（1）办理机动车停、复驶，补、换领机动车号牌、行驶证时不再签注《机动车登记证书》，只在计算机登记系统中记录相关信息，减少了工作环节，简化了办理程序，提高了效率。

（2）可以通过邮寄、传真、电子邮件等方式办理机动车所有人姓名、名称、地址或联系方式变更备案，使机动车所有人办理变更手续更加方便，也为及时调整和变更机动车所有人的有关信息创造了条件。

（3）对车辆允许改装的范围做了规定，在不影响安全和识别机动车号牌的情况下，允许机动车所有人自行加装小型、微型载客汽车前后防撞装置；货运机动车加装防风罩、水箱、工具箱、备胎及备胎架、可拆卸栏栅；机动车增加车内装饰等，既满足了群众对车辆装饰的需要，又规范了车辆改装的行为。

（4）规定了机动车属于共同财产的情况下办理机动车所有人名称变更的办法、提交的资料和程序，解决了实际工作中经常遇到的夫妻之间过户和遗产继承等问题。

（5）简化机动车辆报废注销程序。在机动车办理报废注销登记时由原来的机动车所有人到车辆管理所提出申请，再到解体厂交车，再到车辆管理所办理注销登记改为：机动车所有人直接将机动车交到解体厂，由解体厂到车辆管理所办理注销登记，减少了机动车所有人办理手续的两个环节，方便了群众，有利于提高机动车报废回收率。

（6）扩大了机动车所有人在暂住地办理机动车登记的范围，由原来只能办理九座以下小型客车、摩托车注册登记扩大到所有机动车，方便了群众在暂住地办理机动车登记。

（7）个人登记的住所地址由原来登记身份证明记载的住所地址，改为由机动车所有人申报住所地址，使车辆管理所及时掌握机动车所有人的实际住所地址。

（8）规定了注销、撤销或者破产的单位办理车辆转移、变更、注销登记的身份证明，解决了这些单位无法处理车辆的问题。

（9）改革变更登记的审批方式。变更发动机的由事前申请改为事后审批。变更机动车车身颜色、更换车身或者车架的，取消变更前确认车辆的规定，只需在事后把关，既可保证车辆的唯一性，又方便群众办理登记。

（10）取消办理临时通行牌证交验机动车的规定，解决机动车到车管所接受交验的过程中无牌证行驶的问题。

1.2.2 《汽车贸易政策》的解读

《汽车贸易政策》第四章对"二手车的流通"作出如下规定。

（1）国家鼓励二手车流通。建立竞争机制，拓展流通渠道，支持有条件的汽车品牌经销商等经营主体经营二手车，以及在异地设立分支机构开展连锁经营。国家支持各品牌的汽车4S店开展以旧换新的汽车置换业务。目前已有不少的汽车专卖店已取得了汽车置换业务的经营权利。

（2）积极创造条件，简化二手车交易、转移登记手续，提高车辆合法性与安全性的查询效率，降低交易成本，统一规范交易发票；强化二手车质量管理，推动二手车经销商提供优质售后服务。目前二手车交易已使用全国统一的二手车交易发票。

（3）实施二手车自愿评估制度。除涉及国有资产的车辆外，二手车的交易价格由买卖双方商定，当事人可以自愿委托具有资格的二手车鉴定评估机构进行评估，供交易时参考。除法律、行政法规规定外，任何单位和部门不得强制或变相强制对交易车辆进行评估。

（4）积极规范二手车鉴定评估行为。二手车鉴定评估机构应当本着"客观、真实、公正、公开"的原则，依据国家有关法律法规，开展二手车鉴定评估经营活动，出具车辆鉴定评估报告，明确车辆技术状况（包括是否属事故车辆等内容）。不少省市已宣布成立了独立的二手车评估机构。

（5）二手车经营、拍卖企业在销售、拍卖二手车时，应当向买方提供真实情况，不得有隐瞒和欺诈行为。所销售和拍卖的车辆必须具有机动车号牌、《机动车登记证书》、《机动车行驶证》、有效的机动车安全技术检验合格标志、车辆保险单和缴纳税费凭证等。手续不齐的二手车不得进入流通领域。在《二手车流通管理办法》中有更详细的规定。

（6）二手车经营企业销售二手车时，应当向买方提供质量保证及售后服务承诺。在产品质量责任担保期内的，汽车供应商应当按国家有关法律法规以及向消费者的承诺，承担汽车质量保证和售后服务。规定售后服务，可有效地防止将有故障缺陷的二手车卖给消费者，维护消费者利益。

1.2.3 《二手车流通管理办法》的解读

为了加强二手车流通管理，规范二手车经营行为，保障二手车交易双方的合法权益，促进二手车流通的健康发展，依据国家有关法律、行政法规，商务部、公安部、原国家工商总局、国家税务总局联合发布了《二手车流通管理办法》。

《二手车流通管理办法》彻底打破了二手车垄断经营，除总则和附则外，分别对设立条件和经营主体、行为规范、监督与管理做了规定。《二手车流通管理办法》主要具有以下特点。

1. 多渠道经营

《二手车流通管理办法》明确规定，国家鼓励二手车流通，支持有条件的汽车品牌经销商等经营主体经营二手车，以及在异地设立分支机构开展连锁经营。打破垄断、实行多渠道经营是《二手车流通管理办法》的出发点之一。

《二手车流通管理办法》规定，二手车交易市场是指依法设立、为买卖双方提供二手车集中交易和相关服务的场所。

《二手车流通管理办法》改变了一个城市只能存在一家旧车交易市场且所有交易必须在场内进行的规定，打破了垄断。二手车交易市场只是从事二手汽车经营活动的流通企业，是将二手汽车信息和资源聚集，方便买卖双方进行二手车交换和产权交易的场所。

2. 设立条件和程序

更多的流通渠道，势必会带来更为活跃的二手车市场。但开放的市场不是无限制的市场，尽管流通方式可能增多，但要确定严格的准入制度和管理标准。《二手车流通管理办法》规定二手车交易市场经营者、二手车经销企业和经纪机构应当具备企业法人条件，并依法到工商行政管理部门办理登记。

《二手车流通管理办法》对外商投资设立二手车交易市场、经销企业、经纪机构、鉴定评估机构，对设立二手车拍卖企业的程序等做了相应的规定。

《二手车流通管理办法》第三十一条规定，设立二手车交易市场、二手车经销企业开设店铺，应当符合所在地城市发展及城市商业发展的有关规定。

3. 行为规范

《二手车流通管理办法》规定，二手车卖方应当拥有车辆的所有权或者处置权。二手车交易市场经营者和二手车经营主体应当确认卖方的身份证明，车辆的号牌、《机动车登记证书》、《机动车行驶证》，有效的机动车安全技术检验合格标志、车辆保险单、缴纳税费凭证等。国家机关、国有企事业单位在出售、委托拍卖车辆时，应持有本单位或者上级单位出具的资产处理证明。

二手车卖方应当向买方提供车辆的使用、修理、事故、检验以及是否办理抵押登记、交纳税费、报废期等真实情况和信息。买方购买的车辆如因卖方隐瞒和欺诈等不能办理转移登记，卖方应当无条件接受退车，并退还购车款等费用。

二手车经销企业销售二手车时应当向买方提供质量保证及售后服务承诺，并在经营场所予以明示。进行二手车交易应当签订合同。合同示范文本由国务院工商行政管理部门制定。

二手车所有人委托他人办理车辆出售的，应当与受托人签订委托书，避免赃车进入流通渠道。

（1）委托二手车经纪机构购买二手车时，双方应当按以下要求进行：①委托人向二手车经纪机构提供合法身份证明；②二手车经纪机构依据委托人要求选择车辆，并及时向其通报市场信息；③二手车经纪机构接受委托购买时，双方签订合同；④二手车经纪机构根据委托人要求代为办理车辆鉴定评估，鉴定评估所发生的费用由委托人承担。

（2）二手车交易完成后，卖方应当及时向买方交付车辆、号牌及车辆法定证明、凭证。车辆法定证明、凭证主要包括：①《机动车登记证书》；②《机动车行驶证》；③有效的机动车安全技术检验合格标志；④车辆购置税完税证明；⑤养路费缴付凭证；⑥车船使用税缴付凭证；⑦车辆保险单。

（3）下列车辆禁止经销、买卖、拍卖和经纪：①已报废或者达到国家强制报废标准的车辆；②在抵押期间或者未经海关批准交易的海关监管车辆；③在人民法院、人民检察院、行政执法部门依法查封、扣押期间的车辆；④通过盗窃、抢劫、诈骗等违法犯罪手段获得的车辆；⑤发动机号码、车辆识别代号或者车架号码与登记号码不相符，或者有凿改迹象的车辆；⑥走私、非法拼（组）装的车辆；⑦不具有第（2）条所列证明、凭证的车辆；⑧在本行政辖区以外的公安机关交通管理部门注册登记的车辆；⑨国家法律、行政法规禁止经营的车辆。

《二手车流通管理办法》规定，二手车交易市场经营者应当为二手车经营主体提供固定场所和设施，并为客户提供办理二手车鉴定评估、转移登记、保险、纳税等手续的条件。二手车经销企业、经纪机构应当根据客户要求，代办二手车鉴定评估、转移登记、保险、纳税等手续。

4. 加强了二手车鉴定评估业务的管理

《二手车流通管理办法》实施二手车自愿评估制度，同时，建立具有权威性的二手车评估机构代替以前二手车市场的强制评估。《二手车流通管理办法》规定，二手车鉴定评估应当本着买卖双方自愿的原则，不得强制进行；属国有资产的二手车应当按国家有关规定进行鉴定评估。二手车鉴定评估机构和人员可以按国家有关规定从事涉案、事故车辆鉴定等评估业务。

《二手车流通管理办法》规定二手车交易市场经营者和二手车经营主体应当建立完整的二手车交易购销、买卖、拍卖、经纪以及鉴定评估档案。

1.2.4 《二手车交易规范》解读

作为配套实施细则，《二手车交易规范》对《二手车流通管理办法》中不是很具体的条文进行了规定。

《二手车交易规范》对二手车经销企业、二手车经纪公司、交易市场等市场主体的职责，以及二手车拍卖、直接交易等流通形式作了明确规定，使二手车交易的实际操作有章可循。同时制定了售后服务标准、要求填写《车辆交易信息表》，保障了消费者的权益。《二手车交易规范》共七章46条，核心内容包括以下几个方面。

1. 二手车也有质保期

《二手车交易规范》规定，经销企业将二手车销售给买方之前，应对车辆进行检测，并对进入销售展示区的车辆填写有关信息，且在显要位置予以明示。同时规定，二手车经销企业向最终用户销售使用年限在3年以内或行驶里程在6万km以内的车辆（以先到者为准，营运车除外），应向用户提供不少于3个月或5 000km（以先到者为准）的质量保证。

2. 个人可直接交易

在此之前，所有合法的二手车交易行为都必须通过二手车交易市场进行，因为只有交易市场才有资格开具发票。但现在的《二手车交易规范》规定，二手车车主可以不通过经销企业等中介机构，直接将车辆出售给买方。买卖双方只需向二手车交易市场提供其合法身份证明和车辆证明，签署买卖合同并承担相应的法律责任即可。

同时《二手车交易规范》规定，取得资质的二手车经销企业、二手车拍卖公司都可以向买方提供交易发票。但通过二手车经纪公司的交易行为或自然人之间的直接二手车交易，仍需由二手车交易市场开具统一发票，二手车交易市场将从中收取服务管理费用。

一直以来，困扰二手车交易市场发展的重要因素就是经营主体的垄断。2005年实施的《二手车流通管理办法》打破了垄断格局，实现了经营主体多样化，使民营企业、外资企业都可以参与二手车的经营。《二手车交易规范》规定，二手车市场对个人直接交易放开，更能极大促进二手车市场的发展。

3. "黄牛"不再无法无天

禁止个人中介，打击"黄牛"，是《二手车交易规范》的重要目标。由于二手车的复杂性和多样性，消费者无法把握二手车的技术状况及市场行情，当前二手车交易市场中，"黄牛"弄虚作假等违法行为时有发生，严重损害了消费者的利益。对此，《二手车交易规范》要求，从事二手车中介服务必须以企业的形式进行，二手车经纪人不得以个人名义从事经纪活动。二手车经纪企业不得擅自降价或加价出售委托车辆，车款、佣金给付要按委托出售合同约定办理，二手车经纪机构不得向委托人索取合同约定佣金以外的费用。

总之，随着上述一系列法律法规的发布和执行，对我国二手车市场的进一步发展必将起到重要的保障作用。

1.2.5 国家职业标准《二手车鉴定评估师》的解读

二手车鉴定估价师是国务院保留的六类资产评估师之一,该项工作直接关系到国家税基的确立,关系到国有资产是否流失,关系到人民生命财产的安全。为控制和提高培训质量,严格执业准入,按照国务院"严格评估专业资格设置管理"的要求(国办发〔2003〕101号)以及原国家经贸委、劳动和社会保障部《关于规范旧机动车鉴定评估工作的通知》(国经贸贸易〔2002〕825号)精神,"对旧机动车鉴定估价师的培训、考核、颁证工作实行全国统一标准、统一教材、统一命题、统一考核、统一证书的原则"。

为方便各地区的估价师鉴定工作,2005年劳动和社会保障部办公厅又下发了《关于加强旧机动车鉴定估价师职业资格鉴定工作的通知》(劳社厅函〔2005〕186号),以及职业技能鉴定中心发布的《关于印发旧机动车鉴定估价师职业资格鉴定试点鉴定方案的通知》(劳社鉴发〔2005〕22号),明确了旧机动车鉴定估价师鉴定试点工作的要求和程序。

2007年,经过修订,《二手车鉴定评估师》国家职业标准出台。

国家职业标准是指在职业分类基础上,根据职业的活动内容,对从业人员工作能力水平的规范性要求。它是从业人员从事职业活动,接受职业教育培训和职业技能鉴定的主要依据,也是衡量劳动者从业资格和能力的重要尺度。职业标准除包括知识要求和技能要求外,还包括职业环境与条件、教育水平、职业道德等内容。

国家职业标准包括职业概况、基本要求、工作要求和比重表4个部分,其中工作要求为国家职业标准的主体部分,具体为二手车鉴定评估师与高级二手车鉴定评估师的技能要求与相关知识等。

二手车鉴定评估师的基本要求

知识拓展

机动车车险选择的基本原则

险种的搭配应了解自身的风险特征,并结合自身的风险承受能力及经济承受能力来选择险种,只有适合车主需求的险种组合才是最好的。但无论怎样搭配险种,都应遵守一些基本原则(图1-2-1)。

1. 交强险必须投保

交强险属于强制保险,机动车辆上路不投保交强险属于违法行为。按照交强险的相关规定,对未按规定投保交强险的机动车,机动车管理部门不得予以登记;机动车安全技术检验机构不得予以检验;公安交通管理部门将扣车并处以2倍保费的罚款。

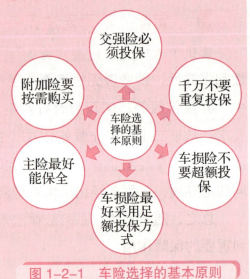

图1-2-1 车险选择的基本原则

2. 千万不要重复投保

有些投保人自以为多投几份保险时，就可以使被保险车辆多几份赔款。《中华人民共和国保险法》（以下简称《保险法》）规定：重复保险的保险金额总和超过保险价值的，各保险人的赔偿金额的总和不得超过保险价值。除合同另有约定外，各保险人按照其保险金额与保险金额总和的比例承担赔偿责任。因此，即使投保人重复投保也不会得到超额赔偿。无论是交强险还是商业险，该原则都是适用的。

3. 车损险不要超额投保

《保险法》规定，保险金额不得超过保险价值，超过保险价值的，超过的部分无效。有些车主，明明新车购置价是10万元却偏要投保15万元的保险，因为他认为多花钱就能多赔付。因此，即使投保人超额投保也不会得到额外的利益。

4. 无论是新车还是旧车，车损险最好采用足额投保方式

若采用不足额投保，当标的全部损失时则按保险金额补偿，而当标的部分损失时则按比例责任方式补偿，补偿金额=（保险金额/保险价值）×损失额。因此，对新车而言，车辆无论是发生全损还是部分损失均得不到足够的保障。对于旧车而言，由于大多数的车损事故中汽车只是部分损失，而车辆发生部分损失时，保险公司是按保险金额与新车购置价的比例来承担赔偿责任的，所以车辆发生部分损失时也得不到足够的保障，除非车辆发生全损事故。

5. 主险最好能保全

车损险和商三险这两个主险一定要保，因为这两个险种是车辆出险后，人和车的损失能够得到赔偿的基本保证。至于盗抢险和车上人员责任险，要视车主是否有这方面的风险，当然有经济承受能力的最好也投保。

6. 附加险要按需购买，但最好能保不计免赔特约险

主险和附加险大多数有免赔率规定，免赔率的比例大多在5%~20%，如果客户投保了不计免赔特约险，相当于把被保险人自己应该承担的部分又转嫁给了保险公司，所以，它是附加险中最有用、最必要的险种。是否需要购买考虑的唯一因素是经济承受能力。

其他附加险是否需购买，应根据自己驾驶情况、车辆情况、面临风险的情况、风险承受能力、经济承受能力等因素综合考虑。

单元 1.3 二手车的风险识别

学习要点

1. 风险；
2. 汽车损失风险；
3. 汽车责任风险；
4. 二手车收购风险。

相关知识

汽车产品缺陷的发生原因、表现形式多样，导致的危险及后果各异，在汽车评估的各个方面，汽车风险评估与识别是重要的内容。汽车风险评估包含汽车损失风险评估、汽车责任风险评估和二手车风险识别。其中一些自然灾害和意外事故等，都是汽车风险评估需要考虑的主要内容。

1.3.1 风险的概念

1. 风险的定义

风险是指社会和自然界客观存在的，人们时刻警惕和忧虑的，可能因意外事故发生而造成社会财富损毁和影响人们的生命安全的随机现象。"天有不测风云，人有旦夕祸福"，极为形象地刻画了风险的特征。

2. 风险的特性

（1）风险的客观性。自然灾害和意外事故是自然界和人类社会中的客观存在，不以人们的意志为转移。风险是一种客观存在，无论人们是否意识到，它都存在。例如，自然界的地震、台风、洪水、雷雨，人类社会的战争、失业、意外事故等。

（2）风险的普遍性。人类出现后，就面临着各种各样的风险，如自然灾害、意外事故、疾病、伤害、战争等。随着科学技术的发展、生产力的提高、社会的进步以及人类的进化，又产生了新的风险，且风险事故造成的损失也越来越大。在当今社会，个人面临生、老、病、死、意外伤害等风险，企业则面临着自然风险、意外事故、市场风险、技术风险、政治风险等，甚至国家和政府机关也面临着各种风险。总之，风险渗透到社会、企业和个人生活的方方面面，风险无处不在，无时不在。

（3）风险的社会性。风险与人类社会的利益密切相关，即无论风险源于自然现象、社会现象，还是源于生理现象，它必须是相对于人身及其财产的危害而言的。就自然现象本身无所谓风险，如地震对大自然来说只是自身运动的表现形式，也可能是自然界自我平衡的必要条件。只是因为地震会对人们的生命和财产造成损害或损失，所以才对人类形成一种风险。风险是一个社会范畴，没有人、没有人类社会，就无风险可言。

（4）风险的不确定性。风险及其引起的损失都具有不确定性。风险的发生事先是难以预料的，发生后损失的大小、由谁来承受损失都是不确定的。不同类型的风险就总体而言有一定的统计规律，可以帮助人们采取预防措施，但对某一具体风险事件而言则纯粹是偶然的，具有不确定性。例如，随着汽车保有量的增加，交通事故不断发生，经过对统计资料的分析发现，某些路段受公路平面线型设计与纵坡等因素影响成为事故多发地段，经路段改造完全可以达到减少事故发生的目的。又如，根据统计资料分析，发现疲劳驾驶和酒后驾车易引发交通事故，人们通过修订交通法规也可以使事故减少。但另一方面每次交通事故的发生又有很大的偶然性，常常难以预料，因此，交通事故时有发生。

（5）风险的可测性。可测性是指风险可以用随机变量来描述。个别风险的发生是偶然的，不可预知的。但通过对大量风险事故的观察会发现，风险往往呈现出明显的规律性。大量个体面临同一风险，可以用同一个随机变量来描述，从而使人们可以应用概率论的知识进行分析。人们可以用以往发生的一系列类似事件的统计资料计算风险发生的频率和损失状况，以此为依据评估和预测风险发生的概率分布，并且可制造出损失分布的数理模型，成为风险估测的基础。

例如，交通事故对于每个驾驶员来说是偶然的不幸事件，但是经过对某一地区发生各种交通事故进行长期观察统计，就会发现驾驶员的驾龄、年龄、性别、婚否与交通事故发生率有一定的规律性，从而可以测算出各类驾驶员的交通事故率。

（6）风险的发展性。风险会因时间、空间因素的发展变化而变化。人类社会自身进步和发展的同时，也创造和发展了风险，最具代表性的是汽车的产生和发展，交通事故被公认为是时刻发生的现代战争。当代高新科学技术的发展和应用，使风险的发展性更为突出。

3. 风险的构成要素

风险是由多种要素构成的，这些要素的共同作用决定了风险的存在、发生和发展。一般认为，风险由风险因素、风险事故和损失构成。

风险因素、风险事故及损失三者的关系是：风险因素的存在引起或加大了事故发生的可能性，而风险事故一旦发生则会导致损失。

从风险因素和风险事故间的关系来看，风险因素只是风险事故产生并造成损失可能性或使之增加的条件，它并不直接导致损失，只有通过风险事故这个媒介才产生损失，也可以说风险因素是产生损失的内在条件，而风险事故是外在条件。

4. 风险的度量

风险的客观性说明风险是可以度量的。实际结果与预期结果的差异程度实际上就是风险的大小。风险的大小主要取决于以下几个指标。

（1）损失频率，是指在一定时期内一定数目的风险单位可能发生损失的次数。通常用分数或百分率来表示。损失频率高意味着风险事故发生频繁；反之，则风险事故较少发生。

以汽车为例，根据近20年的统计资料，得知在一定时期内（通常为一年），机关单位用小型客车平均100辆中有8起碰撞损失事故，则该类汽车碰撞损失频率为8%。

（2）损失概率。当观察的风险单位数目足够多时，损失频率在数值上近似等于损失概率；当观察的风险单位数目无限多时，损失概率在数值上就等于损失频率。

（3）损失幅度，是衡量损失程度的量，是指在一定时期内，特定数量的风险标的单位可能遭受的最大损失的数值。

风险事故造成的损失具有一定的规律。重大恶性事故的发生频率低，但损失幅度大，会在相当时期内造成恐惧心理；那些经常发生的事故其损失频率高，单个事故损失幅度小（如汽车风险），但累积损失是不容忽视的。

（4）损失期望值，是根据一定时期内一定条件下大量同质标的损失的经验数据计算的平均损失。它反映了所评价的目标总体在一定情况下损失的一般水平。

（5）标准差，反映的是损失的变动程度，说明损失与损失期望值的偏离程度。在损失平均值一定的情况下，标准差大则说明偏离程度大，风险较大；反之风险较小。

（6）差异系数，是用来综合反映观察标的损失变动范围与损失期望值之间相互关系的指标，可以表示为标准差与损失期望值之比。显然，该指标较单纯地用损失期望值及标准差来评价风险。

一般来说，损失期望值大的风险未必就大，而标准差也应相对于损失期望值来说，否则难以衡量风险的大小。同样的标准差，若损失期望值小，则损失波动范围较大，风险较大；若损失期望值很大，则表明波动范围相对较小，而认为风险较小。

5. 风险成本

风险成本是指由于风险的存在和风险事故的发生，人们所必须支出的费用和预期经济利益的减少。风险成本包括风险损失的实际成本、无形成本和预防与控制风险损失的成本。

风险损失的实际成本

风险损失的实际成本是由风险造成的直接损失成本和间接损失成本共同构成的。

（1）风险直接损失成本，是指风险造成的财产及人身实际损失成本。风险是客观存在的，它的产生、形成与发展是不以人的主观意志为转移的。风险一旦成为现实，会直接造成不同程度的有形和无形经济损失。从时间上讲，全球交通事故时刻都在发生；从空间上讲，总有一些地方在发生交通事故。现代商品经济社会的发展依赖于现代科技进步，现代科技可以给人类带来巨大的财富，但与此同时，也给人类生活带来不少新的风险因素。

（2）风险间接损失成本，是指某一风险损失的发生而导致的该财产本身以外的损失成本以及与之相关的其他物和责任等的损失成本。它包括以下几个方面。

①营运收入损失的成本，包括营业中断损失、连带营业中断损失、成品利润损失、应收账款减少的损失和租金收入损失。

②风险造成的额外费用增加的损失，包括租赁价值损失的成本、额外费用损失的成本和租权利益损失的成本。

③责任风险的成本，是指侵权、违约等行为导致他人遭受人身伤亡或财产损失所应负的法律赔偿责任。责任风险的成本大小要以法院判决作为依据。

（3）风险损失的无形成本，是指风险的存在对个人以及社会构成的一种潜在的不利影响。风险损失的实际成本是直接的、明显的，而风险损失的无形成本在一定程度上则更甚于实际成本。因为每天面对更多的是损失发生的可能性和损失发生的不确定性，所以，从一定意义上讲，风险的存在本身就是一种潜在的、可怕的不利影响。

（4）预防和控制风险损失的成本。为预防和控制风险损失，必须采取各种措施，从而造成费用支出。各项费用的支出构成了预防和控制风险损失的成本，这种成本既包含预防和控制风险的直接成本和个体成本，又包含间接成本和总体成本。预防和控制风险的费用包括购置用于预防和减损的设备及其维护费、咨询费、安全及管理人员费、训练计划费、施救费、试验费、宣传费及研究费等。

1.3.2 汽车损失风险评估

1. 汽车损失风险因素

汽车损失风险评估

汽车损失风险因素主要是自然灾害和意外事故。

（1）自然灾害，通常包括雷击、暴风、龙卷风、暴雨、洪水、海啸、地震、地陷、崖崩、雪崩、雹灾、泥石流、滑坡等，上述灾害都会造成汽车的财产损失，都是汽车损失风险的风险因素。世界各地的自然灾害的发生率差异很大，就全球而言，汽车的活动半径相对较小，汽车所处地的各种自然灾害风险因素差异很大。以我国长江中下游以南地区为例，汽车遭海啸的损失风险几乎没有，遭暴雨、洪水水灾损失风险却很大。

（2）意外事故，是汽车损失风险中最主要的风险因素，如外界物体的坠落、火灾、自燃、盗抢等。其中，碰撞是意外事故中出险率最高的风险因素，其他意外事故共计占损失风险不足10%。

2. 汽车损失风险度量

1）损失频率

统计资料显示，汽车损失风险频率主要取决于意外事故中的从人因素和从车因素。从人因素即驾驶被评估汽车的人数、驾驶员的违章记录、年龄、性别、职业、婚姻状况和驾龄等；从车因素即行驶区域及半径、行驶里程、汽车用途、安全配置和汽车技术状况等因素。

（1）从人因素。

①驾驶人数。如果被评估汽车是有固定驾驶员的，则风险明确，损失频率相对较低；反之，被评估汽车的风险不确定因素较大，损失频率相对较高。从保险公司的理赔统计数据来看，租赁汽车的高损失频率可以验证这一点。

②驾驶员的违章记录。90%以上的事故是违章驾驶造成的，可见违章驾驶是事故的主要原因。被评估汽车的损失频率的大小首先取决于驾驶员是否有良好的驾驶习惯，驾驶习惯不好违章就多，事故的隐患就高，损失频率就高。

③驾龄。统计资料明确显示，驾龄与事故频率有密切关系。据南京交管部门统计，在驾驶员造成的死亡事故中，3年驾龄以下的驾驶员占一半；在驾驶员造成的事故中，1年驾龄以下的驾驶员约占20%。从历年的资料来看，3年以内驾龄越短，肇事频率越高，3年以后事故频率较低且稳定。但应注意，从西方发达国家的统计表明，随着年龄的增长，超过一定年龄的老年人，事故频率又会上升，所以政府立法限制驾驶员的年龄是有依据的。

④驾驶员的年龄、性别、职业和婚姻状况。从一些保险公司的统计数据可以看出，24岁以下的年轻驾驶员事故次数是所有驾驶员事故平均数的1.6倍。女性驾驶员事故频率明显高于男性。现阶段我国的汽车保险统计数据也有此相似之处。

（2）从车因素。

①行驶区域及半径。行驶区域不同，其地理环境、气候条件、交通设施与管理水平差距很大，从而直接影响着事故频率。在我国淮河以南地区夏季雨水充沛，每年都会有汽车遭受水灾侵害，然而我国的西北地区几乎无水灾可言，其损失频率显然差异很大。同样一个汽车流量路口，一个有24h自动控制信号灯，一个无信号灯，其路口的事故频率也有着较大的差距。

行驶半径越大，汽车的平均技术速度就越高。如行驶半径为市内行驶的汽车，平均技术速度为30~40km/h；而往返于市与市、省与省的汽车，平均技术速度为90~100km/h。汽车的行驶速度增加，汽车能量急剧加大，若发生碰撞，则碰撞所释放的能量也就大，汽车损失也就会增加。另外由于行驶半径增大，驾驶员对道路的熟悉程度也会下降，这也使发生意外的风险加大，损失频率加大。

②行驶里程。一个同样的驾驶员，驾驶两辆同样型号的汽车，行驶于同样的路段，其中一辆一年行驶 4 万 km，另一辆一年行驶 8 万 km，两辆汽车的事故频率就不一样，损失频率也就不一样。统计数据显示，在单位时间内，随着行驶里程的增加，事故频率呈比例增加，当行驶里程的增加超过一定的里程后（通常在年行驶里程超过 10 万 ~15 万 km），事故频率甚至可能呈几何级数增加。

③汽车用途。汽车的用途不同通过行驶里程得以反映，出租汽车的年行驶里程要远远大于仅供个人生活使用的家庭用汽车，当然其遭遇潜在损失的风险也较高；长途客运汽车的年行驶里程要远远大于仅供单位上下班用的交通汽车，当然其遭遇潜在损失的风险明显较高；专业货运汽车的年行驶里程要大于仅供企业送货的企业自用汽车，当然其遭遇潜在损失的风险也较高。所以，通常用汽车的使用性质与用途来估算汽车的行驶里程，从而评估其损失频率。

④安全配置。装有 ABS 的汽车的行驶安全性能要明显高于没有 ABS 的汽车，装有 GPS 防盗系统的汽车被盗的可能性要远远小于未装防盗系统的汽车。

⑤汽车技术状况。20 世纪 90 年代以前，我国汽车因技术状况原因导致的交通事故约占 10%，随着汽车工业技术水平的提高，现在汽车因技术状况原因导致的交通事故占 3%~5%。这 3%~5% 中，使用 3 年以上的营运车和接近使用年限的汽车占其中的 80% 以上。

汽车损失风险的损失频率因汽车和驾驶员的不同而不同，其范围较大，就整个汽车而言，我国统计资料显示，每年每 100 辆车有 10~15 辆产生意外车辆损失，损失频率为 10%~15%。出租车的损失频率为 30%~35%。某保险公司的统计资料显示，每年每 100 辆车有 20~25 辆产生意外车辆损失，损失频率为 20%~25%。而出租车的损失频率仍为 30%~35%。由于汽车保有量的大幅增长，新驾驶员也大幅增长，损失频率大幅上升。

2）损失幅度

汽车损失风险的损失幅度就是指损失的最大量。汽车损失风险中的最大损失幅度就是汽车的实际价值，相对较简单，是一个定值。汽车的实际价值越高，汽车最大损失幅度就越大。

3）损失期望值

汽车损失风险的损失期望值是指一定时期内、一定条件下大量同类汽车损失的平均值。它主要包括碰撞损失期望值（包括倾覆）、自然灾害损失期望值（以水灾为主）、火灾损失期望值（包括自燃）和盗抢损失期望值。各种损失期望值均与下列因素有关。

（1）汽车的实际价值越高，平均损失越大。

（2）汽车的零配件价格越贵，平均损失越大。

（3）汽车的修理工费越贵，平均损失越大。

（4）汽车表面的涂装费越贵，平均损失越大。

由于各种损失的概率分布差距很大，因此各种风险的损失期望值差距也很大。

4）损失标准差

汽车损失风险的损失标准差也分为碰撞损失标准差（包括倾覆）、自然灾害损失标准差（以水灾为主）、火灾损失标准差（包括自燃）和盗抢损失标准差。各种风险的标准差差异也很大。

5）损失差异系数

汽车损失风险的损失差异系数也分为碰撞损失差异系数（包括倾覆）、自然灾害损失差异系数（以水灾为主）、火灾损失差异系数（包括自燃）和盗抢损失差异系数。各种风险的差异系数相差也很大。

实际工作中，一般通过计算汽车损失风险的损失期望值、损失标准差和损失差异系数来说明汽车损失风险的大小。

（1）碰撞损失的损失期望值最大，水灾损失的损失期望值最小。

（2）火灾损失的损失标准差最大，水灾损失的损失标准差最小。

（3）盗抢损失的损失差异系数最大，碰撞损失的损失差异系数最小。

盗抢是汽车损失风险中最大的风险，碰撞虽然损失频率高但风险不一定大，这也是现在有一些车主不投保碰撞损失而投保盗抢损失的原因。

在我国南方水灾损失是汽车损失风险中第二大风险，北方火灾为第二大风险。

1.3.3 汽车责任风险评估

1. 汽车责任风险因素

意外事故是汽车责任风险中最主要的风险因素，主要包括碰撞、倾覆、坠落、自燃等。其中，碰撞是意外事故中出险率最高的风险因素，占汽车责任风险的 99% 以上，其他意外事故共计占责任风险不足 1%。

2. 汽车责任风险度量

1）损失频率

统计资料显示，汽车责任风险频率主要取决于驾驶被评估汽车的人数，驾驶员的违章记录、年龄、性别、职业、婚姻状况和驾龄，行驶区域及半径，行驶里程，汽车用途，汽车技术状况和汽车类型及总质量等因素。其中，被评估汽车的驾驶人数，驾驶员的违章记录、年龄、性别、职业、婚姻状况和驾龄，行驶区域及半径，行驶里程，汽车用途的影响与汽车损失风险相似，说相似而不说相同，是因为一起风险事故，如碰撞事故，有时只有汽车本身损失，而无责任费用，如汽车撞到坚实的挡土墙，只有汽车损失而无碰撞责任。有时却相反，如汽车撞到行人，汽车本身无损失，但要承担责任费用。汽车技术状况和车辆类型、总质量等因素是汽车责任风险频率的特殊之处。

（1）汽车技术状况。有资料显示，在汽车因技术状况导致的风险事故中，纯责任风险事故数量约占35%，纯损失风险事故约占20%，同时产生责任风险和损失风险的风险事故约占45%，汽车技术状况导致的风险事故中80%的汽车是老旧汽车和大货车，这些老旧汽车和大货车的损失风险要明显小于同类型汽车。

（2）汽车类型与总质量。汽车类型与总质量通常有着一定的关系，在汽车家族中，如果汽车的安全性能与驾驶人员均相同，由于大型货车的总质量最大，轻微的碰擦都会造成他物或他人的损害；反之，微型客车的总质量最轻，造成他物或他人的损害就较轻，甚至没有损伤。

2）损失幅度

汽车责任风险的损失幅度与汽车损失风险的损失幅度差异很大。汽车损失风险中的最大损失幅度就是汽车的实际价值，而就某辆汽车而言，其责任风险的损失幅度就很难确定。从历史资料上看，汽车责任风险的损失幅度直接损失最大的达到几百万元，甚至上千万元。汽车责任风险的损失幅度主要决定于汽车的总质量，与汽车的总质量成正比例关系。从能量转换上来说，碰撞是一种能量转换，汽车的动能通过碰撞转换成其他能量。汽车的动能的大小取决于：

（1）汽车总质量。汽车总质量决定着汽车的动能，决定着碰撞时的能量。能量通过汽车本身和碰撞物被吸收。汽车本身损伤越严重，吸收的能量就越多；汽车本身损伤越轻，吸收的能量就越少。

（2）汽车车身的结构特点。在一起碰撞风险事故中，汽车本身损伤的严重程度取决于汽车与被碰撞物的坚实程度。两辆相同总质量的汽车，其中一辆是承载式车身的大客车，另一辆是非承载式车身的大货车，分别碰撞停置的一辆相同型号、相同总质量和相同部位的自卸车，由于大客车结构特点决定了其坚实程度不及自卸车，在这起碰撞中其吸收的能量要远大于自卸车。大客车的本身的损失要明显大于自卸车，车上人员和物品与大客车本身的二次碰撞较轻。大货车与自卸车的碰撞则不然，由于大货车与自卸车的结构相似，在碰撞中吸收的能量相近，大货车的本身的损失与自卸车损失相近，但车上人员和物品与大货车本身的二次碰撞较重。也就是说，通过上述碰撞试验可以得出，同样总质量的汽车，结构坚实的汽车造成的责任损失（包括车上责任）要明显大于结构不坚实的汽车。重型货车、重型自卸车、重型半挂车和牵引车的责任风险的损失幅度最大。

（3）汽车速度。汽车的动能与速度的平方成正比。看汽车速度不能从汽车的设计最高速度来看，而应从汽车行驶的平均速度来看，平均速度高，动能就高，责任风险损失幅度就大。经常跑长途的汽车平均速度要明显高于市区行驶的汽车。

任何一条道路都必须有一定的速度限制，实践说明"十次事故九次快"，不合理的汽车速度是造成汽车责任风险损失幅度大的重要因素。

3）损失期望值

汽车责任风险的损失期望值主要是碰撞损失期望值（包括倾覆），它主要取决于风险事故发生地的经济发展水平。各地经济发展水平的差异会造成以下几方面的不同。

（1）各地的损害赔偿标准不同。我国按省划分损害赔偿标准，也是出于各省的经济发展水平差异较大而确定的。由于我国各地的经济水平差距较大，城镇居民人均可支配收入或者农村居民人均纯收入从一两千元至一两万元不等，差距很大，所以汽车责任风险的损失期望值差距也较大。

（2）各地的汽车责任风险的损失频率不同。在我国经济发达的东南沿海地区和各大中心城市，单位通车里程的汽车保有量要远远高于经济落后的中西部地区，从而导致风险事故频率也明显高于中西部地区。

一般情况下，经济发展水平高的地区，汽车责任风险的损失期望值也大；反之，经济发展水平低的地区，汽车责任风险的损失期望值也就小。根据我国不同地区的经济发展水平将我国分3个地区，分别为发达地区、中等地区和欠发达地区，从而形成发达地区损失期望值、中等地区损失期望值和欠发达地区损失期望值。

4）损失标准差

汽车责任风险的损失标准差也可分为发达地区损失标准差、中等地区损失标准差和欠发达地区损失标准差。

5）损失差异系数

汽车责任风险的损失差异系数可分为经济发达地区损失差异系数、经济中等地区损失差异系数和经济欠发达地区损失差异系数。

实际工作中，通过计算汽车责任风险的损失期望值、损失标准差和损失差异系数的大小来分析汽车责任风险，具体如下。

（1）经济发达地区大货车的损失期望值最大，经济欠发达地区轿车的损失期望值最小，经济发达地区大货车的损失期望值约是经济中等地区大货车的1.5倍，是经济欠发达地区大货车的2~2.5倍，是经济欠发达地区轿车的6~7倍。

（2）经济发达地区大货车的损失标准差最大，经济欠发达地区轿车的损失标准差最小。

（3）经济欠发达地区轿车损失差异系数最大，经济发达地区大货车的损失差异系数最小。

1.3.4 二手车收购风险

二手车收购风险

1. 二手车收购的总体原则

（1）要提高识别二手车收购风险的能力。应随时收集、分析并研究市场环境因素变化的资料和信息，判断收购风险发生的可能性，积累经验，培养并增强对二手车收购风险的敏感性，及时发现或预测收购风险。

（2）要提高风险的防范能力，尽可能规避风险。可通过预测风险，从而尽早采取防范措施来规避风险。在二手车收购工作中，要尽可能谨慎，最大限度地杜绝二手车收购风险发生的隐患。

（3）在无法避免的情况下，要提高处理二手车收购风险的能力，尽可能最大限度地降低损失，并防止引发其他负面效应和有可能派生出来的消极影响。

汽车品牌

2. 影响二手车收购中的风险因素及其相应的防范措施

（1）新车型的影响。新车型大量应用了新技术，技术含量的提高使老车型贬值甚至被淘汰，从国内市场看新车型投放明显加快，技术含量和配置也越来越高。因此，二手车交易市场在收购旧车时应以最新款车的技术装备和价格来做参照，否则会给二手车收购带来一定的风险。

（2）车市频繁降价的影响。在新车市场频繁降价、优惠促销的环境下，二手车经纪公司面临着很大的风险，如出现损失只能自己承担。所以，在二手车收购中都以某一款车目前新车市场的开票价格来计算折旧，而不会考虑消费者买车时的价格。另外，通过二手车代卖的方式，一方面可从中收取一定的交易费，另一方面可以降低风险。

（3）折旧加快的影响。从实际行情看，使用期限在3年以内的车辆折旧最高，使用3年的车辆往往要折旧到40%~50%，其后的几年进入了一个相对稳定的低折旧期，接近报废年限折旧又开始加快。所以，3年以内的车收购定价要考虑车辆的大幅折旧因素的影响。再加上根据《二手车交易规范》的规定，3年以内的二手车，经销公司必须向消费者提供不少于3个月或5000km（以先到者为准）的质量保证，这无疑会加大企业营运成本，不过对二手车提供保质期目前在实践中几乎未得到执行。

（4）排放标准提高的影响。尾气排放标准的提高也加速了在用车辆的折旧和淘汰。越来越严格的排放标准将使老旧车型加速淘汰。因此，在确定二手车收购价格时应考虑车辆排放标准提高的影响。

（5）车况优劣的影响。有的车虽然只开了两三年，但是机件的磨损已很严重了，操作起来感觉不好。有的车已使用五六年了，发动机的状况依然良好，各机件操作顺畅。这些不同车辆的技术状况自然影响到二手车的收购价格。

（6）品牌知名度的影响。知名品牌的汽车因其市场保有量大、质量可靠而深受消费者的青睐。这些品牌的汽车在新车市场售价较为稳定，口碑好，所以在二手车市场认同率较高，贬值的程度自然要低于其他品牌。其他一些知名度不高的品牌，市场的认同率低，贬值的程度也就要高，在确定二手车收购价格时，应予以考虑。

（7）库存的影响。若二手车销售顺畅，求大于供，二手车经纪公司的库存急剧减少，商家为了保持正常的经营运转，维持一定的库存，可适当抬高一些收购价格。反之，在二手车销售低迷时，商家的库存积压，流通不畅，供大于求，商家的主要问题是消化库存，这个时期应压低收购价格，规避由于库存积压所带来的风险。

（8）二手车收购合法性的影响。二手车的收购要防止收购偷盗车、伪劣拼装车，要预防收购那些伪造手续凭证，伪造车辆档案的车辆。一旦有所失误，不仅给公司造成直接经济损失，更重要的是造成社会的不良影响从而损害公司的公众形象。

（9）宏观环境的影响。要密切关注国家有关二手车的政策与法规的变化，做到未雨绸缪。要能够根据已有的和即将颁布的国家有关二手车的政策与法规，预测二手车价格的可能变动趋势，及时调整二手车的收购价格，使收购二手车的风险降到最低。

知识拓展

风险处理方法

风险处理方法包括风险控制和财务处理两种方法，如图1-3-1所示。风险控制和财务处理既相互区别又相互联系，在具体运用过程中必须将两者有机地结合起来灵活运用。

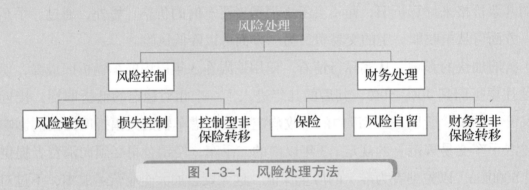

图1-3-1 风险处理方法

1. 风险控制

风险控制是指避免、消除或减少风险发生频率及控制风险损失扩大的一种风险管理方法。风险控制处理方法包括风险避免、损失控制和控制型非保险转移。

（1）风险避免，是以主动放弃、改变或拒绝承担风险作为控制方法，来回避损失发生的可能性。例如，放弃自驾车游览山区的活动，以避免在盘山道上可能发生的坠崖事故。避免风险是风险处理最彻底的方法，可以在风险事件发生之前，完全、彻底地消除某种风险可能造成的损失。

风险避免方法也有局限性，这是因为有些风险人类是无法避免的。一个生理正常的人不可能永远不出门，只要出门，就有发生交通事故的风险；另外，要获得高收益，就需要承担高风险，为了避免风险放弃某项计划，就意味着放弃高的收益。因此，风险避免是一种消极的风险处理方法，以牺牲该活动带来的效益为代价。

（2）损失控制，是指通过降低风险事故发生的概率，缩小损失程度来达到控制目的的各种控制技术和方法。依照目的不同可以划分为损失预防和损失抑制两种方法。

风险损失预防是指风险事故发生前，为了消除或减少可能引起损失的各项因素，所采取有针对性的各种具体措施。通过消除或减少风险因素，达到降低风险频率、减少风险发生的次数的目的。例如，在居民区或住宅中增加车库，夜间将汽车停放在车库中，可以显著减少汽车失窃风险。损失预防与风险避免的区别在于，损失预防不消除损失发生的可能性，只是减少发生频次，而风险避免则使损失发生的概率为零。

风险损失抑制是指风险事故发生时或风险事故发生后，为减小损失程度或者防止增加损失程度，采取的各种有效措施。例如，机动车中设置安装安全气囊可以使汽车在碰撞时减小驾乘人员受伤程度；随车附带灭火设备可以在发生汽车自燃时不致使火势蔓延，以减少损失。预防和抑制通常在损失可能性高并且风险又无法避免和转嫁的情况下采用，这是风险措施中最积极、主动、有效的措施之一，也会增加较高的成本。

（3）控制型非保险转移，是指借助合同或协议，将风险损失的法律责任转移给非保险业的个人或群体。例如，出租汽车公司把部分车辆出售给出租汽车驾驶员，从而转移了该部分车辆对出租汽车公司带来的风险。

在控制型非保险风险的转移过程中，风险由一方转移到另一方，但风险本身并没有因此而消失，它只是间接地达到了降低风险损失的频率、减少损失程度的目的。同时，风险转移并不等于不承担风险成本，因为风险转移本身也会产生成本费用支出，如上例，租用车辆需要支出租金，且一般在车辆租金中，往往含有车辆交通事故保险费用。

2. 财务处理

财务处理是指通过事先的财务计划，筹措资金，以便对风险事故所造成的经济损失进行及时而充分的补偿。这是降低风险成本的一种风险管理方法。财务处理包括风险自留、财务型非保险转移和保险三种方法。

1）风险自留

风险自留是指在无法避免的风险，或者风险频率低、损失程度小的风险情况下，经济行为主体完全依靠自己的财力来承担风险事故所造成的损失。

风险自留是处理风险的最普通的方法，它既可以是主动的，也可以是被动的；既可以是有计划的，也可以是无计划的。

主动的风险自留，或称为计划风险自留，是指风险当事人或经济单位在识别和评估的基础上，对各种可能的风险处理方式进行比较，权衡利弊，决定将风险留置内部，即由自己承担风险损失的全部或部分。主动风险自留是一种有周密计划、有充分准备的风险处理方法。

被动的风险自留，或非计划的风险自留，是指风险当事人因为主观或客观原因，对于风险的存在性或严重性认识不足，没有对风险进行处理，而最终由自己来承担风险损失。

2）财务型非保险转移

财务型非保险转移是指风险当事人利用经济合同把自己不能承担或不愿承担的风险转

移给其他单位或个人的一种风险处理方法。控制型非保险转移主要强调损失法律责任的转移，而财务型非保险转移主要依赖合同条款的约束力，通过寻求用外来资金补偿风险损失来实现风险转移的目的。例如，公司通过发行股票或债券，将经营风险转移给众多股东或投资人来承担。

3）保险

保险是指缴纳保险费给保险承担机构，把自己可能遭受的风险损失，转嫁给保险机构承担的风险处理方法。保险是通过集合同类风险单位以分摊损失的一种经济制度。保险机构接受大量风险面临者的投保，为实际发生损失的少数风险遭受者承担损失。

实践证明，保险是风险处理方法中最有效的管理手段之一。

实践训练

【实训1-1】分组收集国内畅销车型的相关图片、技术参数和配置（至少常见20款车型），并指出各车型的VIN号码位置。

【实练1-2】采集本省以及本市汽车市场的历年新车交易量（至少8年）以及二手车交易量（至少5年）的统计数据，并分析判断其发展规律。

【实练1-3】分析本市二手车交易市场分布格局的特点以及主要二手车交易市场的特点及交易量。

巩固练习

1. 简述我国机动车常用分类方法。
2. 查找资料，指出国产车中哪些品牌车型是A级、B级、C级以及D级车，各举两种车型。
3. 我国的汽车报废标准是怎样规定的？
4. 解析下列汽车产品型号的含义：BJ2020S、SGM7161LXAT、DN6440。
5. 解析下列车辆识别代码的含义：IGIBL52P7TR115520，JM7GG443031125199，LSGTC52M08Y100211。
6. 机动车在使用过程中存在的风险有哪些？
7. 简述车辆识别代号的作用。
8. 汽车按驱动方式如何分类？
9. 简述汽车的风险分类。如何有效化解汽车的风险？
10. 二手车的收购风险有哪些？

学习情境 2

二手车鉴定

学习目标

通过本情境的学习，掌握二手车法定证件和各种税费单据的检查和识别；掌握二手车现时技术状况鉴定的内容与方法，并准确鉴定二手车的现时技术状况。

能力目标

1. 具有对二手车交易所需法定手续进行检查，以及对各种单证进行识别的能力；
2. 具有静态检查二手车现时技术状况的能力；
3. 具有动态检查二手车现时技术状况的能力；
4. 具有运用仪器检测二手车现时技术状况的能力。

学习引导

随着汽车行驶里程的增加，汽车发动机、底盘、电器等的性能下降，某些零件或总成也会意外失效，导致汽车故障率上升。要准确评估二手车价格，应首先对二手车现时技术状况进行必要的鉴定工作，本情景设置四个学习单元：二手车手续检查、二手车静态检查、二手车动态检查与二手车仪器检测。

二手车手续检查 → 二手车静态检查 → 二手车动态检查 → 二手车仪器检测

单元 2.1 二手车手续检查

学习要点

1. 接受委托；
2. 检查证件；
3. 核查税费；
4. 车辆拍照。

相关知识

2.1.1 接受委托

1. 业务洽谈

1）洽谈内容

业务洽谈是二手车评估的第一项工作，是一项重要的日常工作，也是二手车服务企业生存的基础。业务洽谈工作的好坏直接影响二手车评估机构的形象和信誉，因此，鉴定评估人员应该重视并做好业务洽谈工作。

通过业务洽谈，应该初步了解下述情况。

（1）车主基本情况。车主即机动车所有人，是指车辆所有权的单位或个人。了解洽谈的客人是否是车主，是车主则有车辆处置权，否则无车辆处置权。

（2）评估目的。评估目的是评估所服务经济行为的具体类型，如二手车认定、二手车置换与二手车拍卖等。根据评估目的，选择计算标准和评估方法。一般来说，大多数委托二手车交易市场评估的属于交易类业务，车主要求鉴定评估的目的大多是作为买卖双方成交的参考底价。

（3）评估对象及其基本情况。

①二手车类别：是汽车，还是拖拉机。

②机动车名称、型号、生产厂家、燃料种类、出厂日期。

③机动车管理机关初次注册登记的日期、已使用年限、行驶里程。

④机动车来历：是市场上购买，还是走私罚没处理或是捐赠免税车。

⑤车籍：车辆牌证发放地。

⑥使用性质：是公务用车、商用车，还是专业运输车或是出租营运车。

⑦各种证件税费等是否齐全，是否年检和购买保险。

⑧事故情况：有无发生过事故，事故的位置、更换的主要部分和总成情况。

⑨现时技术状况：了解发动机异响、排烟、动力、行驶等情况。

⑩大修次数：有无大修，大修次数等。

⑪选装件情况：是否加装音响、真皮座椅、桃木内饰等选装件，与基本配置的差异等。

洽谈中，上述基本情况已摸清楚以后，就应该做出是否接受委托的决定。如果不能接受委托，应该说明原因，客户对交易中有不清楚的地方，应该接受咨询，耐心地给予解答和指导；如果接受委托，就要签订二手车评估委托书。

2）洽谈礼仪

（1）语言礼仪。语言是人类进行信息交流的符号系统。狭义的语言是指由文字的形、音、义构成的人工符号系统。广义的语言包括一切起沟通作用的信息载体，如说话、写字、手势、眼神、体势、表情等。谈判的语言能充分反映一个人的能力、修养和素质。

（2）服装礼仪。鉴定评估人员在接待与拜访客户时，做到形象得体、举止适度、尊重客户，能够使双方关系有一个良好的开端，并且能突出企业形象。要做到形象得体，鉴定评估人员必须注意衣着、装饰、化妆、整洁4个方面的问题。

（3）电话交流礼仪。电话可以将必要的信息准确、迅速地传给对方。真诚、愉快的电话交谈可促进与客户的关系，电话交流的质量是赢得客户的重要保证。电话交流的要点包括以下内容：

①电话交谈时，姿势应端正，不要吃东西或嚼口香糖，敷衍客户。

②在电话机旁放记事本和笔，以便记下通话要点。

③问候客户，并使用礼貌词语，用简短的语言说明问题。

④对来电问询不能回答时，不要简单地将电话转来转去，一开始就要确定将电话直接转给谁。

⑤通电话时，要比当面谈话清楚些。

⑥请教客户姓名，通话时尽可能多地称呼对方。

⑦通话时不要与身旁的人谈不相干的事。

2. 签订二手车评估委托书

二手车鉴定评估委托书又称为二手车鉴定评估委托合同，是指二手车鉴定评估机构与法人、其他组织或自然人相互之间，为实现二手车鉴定评估的目的、明确相互权利义务关系所订立的协议。

二手车鉴定评估委托书是受托方与委托方对各自权利、责任和义务的协定，是一项具有经济合同性质的契约。二手车鉴定评估委托书应写明的内容有以下几项。

（1）委托方和二手车鉴定评估机构的名称、住所、工商登记注册号、上级单位、车鉴定评估人员资格类型及证件编号。

（2）鉴定评估目的、车辆类型和数量。

（3）委托方须做好的基础工作和配合工作。

（4）鉴定评估工作的起止时间。

（5）鉴定评估收费金额及付款方式。

（6）反映协议双方各自责任、权利、义务，以及违约责任的其他内容。

3. 确定鉴定评估方案

在接受委托后，评估机构要根据委托书的要求制订相应评估作业方案。鉴定评估方案是二手车评估人员进行该项二手车评估的规划和安排。方案的主要内容包括评估目的、评估对象和范围、评估基准日、协助评估人员工作的其他人员安排、现场工作计划、评估程序、评估具体工作和时间安排、拟采用的评估方法及其具体步骤等。确定鉴定评估方案后，下达二手车评估作业表，进行鉴定评估工作。

1）价格评估的前提条件

二手车的价格评估是建立在一定的假设条件之上运用资产评估的理论和方法进行的。二手车价格评估的前提有继续使用假设、公开市场假设和清算（清偿）假设。

（1）继续使用假设，是指二手车将按现行用途继续使用，或转换用途继续使用。对这些车辆的评估，就要从继续使用的假设出发，而不能按车辆拆零出售零部件所得收入之和进行估价。

在确定二手车能否继续使用时，必须充分考虑以下条件：①车辆具有显著的剩余使用寿命，而且能以其提供的服务或用途，满足所有者经营上或工作上期望的收益；②车辆所有权明确，并保持完好；③车辆从经济上和法律上允许转作他用；④充分地考虑了车辆的使用功能。

（2）公开市场假设，是指在市场上交易的二手车辆，交易双方彼此地位平等，彼此双方都获取足够市场信息的机会和时间，以便对车辆的功能、用途及其交易价格等做出理智的判断。

公开市场假设是基于市场客观存在的现实，即二手车辆在市场上可以公开买卖。不同类型的二手车，其性能、用途不同，市场程度也不一样。在进行二手车评估时，按照公开市场假设处理或作适当调整，才有可能使车辆获得的收益最大。

（3）清算（清偿）假设，是指二手车所有者在某种压力下被强制进行整体或拆零，经协商或以拍卖方式在公开市场上出售。这种情况下的二手车价格评估具有一定的特殊性，二手车的评估价会大大低于继续使用或公开市场条件下的评估值。

上述三种不同假设形成三种不同的评估结果。在继续使用假设前提下要求评估二手车的继续使用价格；在公开市场假设前提下要求评估二手车的市场价格；在清算假设前提下要求评估二手车的清算价格。因此，二手车鉴定估价人员在业务活动中要充分分析了解、判断认定被评估二手车最可能的效用，以便得出公平的二手车价格。

2）价格评估的计价标准

我国资产评估行业有四种价格计量标准，即重置成本标准、现行市价标准、收益现值标准和清算价格标准。二手车评估属于资产评估，因此，二手车估价也遵守这四种价格计量标准。

（1）重置成本标准。重置成本是指在现时条件下，按功能重置车辆并使其处于在用状态所耗费的成本。重置成本的构成与历史成本一样，都是反映车辆在购置、运输、注册登记等过程中所支出的全部费用，但重置成本是按现有技术条件和价格水平计算的。

重置成本标准适用的前提是车辆处于在用状态，一方面反映车辆已经投入使用；另一方面反映车辆能够继续使用，对所有者具有使用价值。

（2）现行市价标准。现行市价是指车辆在公平市场上的销售价格。所谓公平市场，是指充分竞争的市场，买卖双方没有垄断和强制，双方的交易行为都是自愿的，都有足够的时间与能力了解市场行情。

现行市价标准适用的前提条件包括：①需要存在一个充分发育、活跃、公平的二手车交易市场；②与被评估车辆相同或类似的车辆在市场上有一定的交易量，能够形成市场行情。

（3）收益现值标准。收益现值是指根据车辆未来的预期获利能力大小，以适当的折现率将未来收益折成现值。从"以利索本"的角度看，收益现值就是为获得车辆取得预期收益的权利所支付的货币总额。在折现率相同的情况下，车辆未来的效用越大，获利能力越强，其评估值就越大。投资者购买车辆时，一般要进行可行性分析，只有在预期回报率超过评估时的折现率时，才可能支付货币购买车辆。

收益现值标准适用的前提条件是车辆投入使用后可连续获利。

（4）清算价格标准。清算价格是指在非正常市场上限制拍卖的价格。它与现行市价的根本区别在于：现行市价是公平市场价格；而清算价格是非正常市场上的拍卖价格，这种价格由于受到期限限制和买主限制，一般大大低于现行市价。

清算价格标准适用于企业破产清算，以及抵押、典当等不能按期偿债而导致的车辆变现清偿等汽车评估业务。

3）鉴定评估方案的内容

（1）评估目的。评估目的是为某单位或个人拟转让（或其他目的）的车辆提供价值参考依据。

（2）评估对象。根据评估的经济行为和评估目的，评估对象为固定资产——车辆。具体评估对象和评估范围根据资产占有单位填写的评估明细表。

（3）评估基准日。评估基准日是某年某月某日。评估中的一切取价标准均为评估基准日有效的价格标准。评估基准日是根据评估目的要求，由委托方、资产占有方确定。

（4）评估过程。评估工作主要分四个阶段进行（图2-1-1）。

① 前期准备阶段。接受委托后，根据评估工作需要，首先制订资产评估工作方案，确定评估目的和评估对象，选定评估基准日，按照评估机构规范化要求指导资产占有方填报《固定资产（车辆）清查评估明细表》，并根据填报的明细内容进行账表、账账、账实核对，做到账实相符，向资产占有方了解委估资产的有关情况，同时收集资产评估所需的各种文件资料。

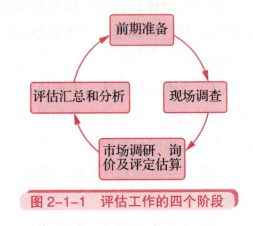

图2-1-1 评估工作的四个阶段

② 现场调查阶段。某年某月某日，评估人员对委托评估的车辆现场进行勘察和鉴定。

a. 评估人员根据评估申报表的内容，到现场对车辆进行核查与鉴定，并对车辆的运行状况进行认真的观察和记录，同时与有关人员就车辆的技术状况、工作环境及维护保养情况等进行了解。

b. 查阅车辆有关会计账簿、行驶证等资料，核对其相关产权，确定其产权归属。

③ 进行市场调研、询价及评定估算阶段。

a. 根据现场记录，计算车辆的成新率。

b. 根据车辆的具体情况，搜集相关市场价格数据，分析价格数据的真实性和有效性，并依据价格影响因素进行相关调整，以掌握的资料为基础，对委估实物资产进行重置成本测算。

c. 计算评估值。

④ 评估汇总和分析阶段。根据对资产的初步评估结果，编制资产评估结果明细表和分类汇总表。在核实确认具体资产项目评估结果准确合理、评估对象没有重复和遗漏的基础上，进行资产评估数据的汇总分析工作，并根据汇总分析情况对资产评估结果进行调整、修改和完善，分析评估结果，确定评估结论，撰写评估说明及资产评估报告书。

4）典型评估作业方案样式

不同的地区或不同的评估机构，其二手车鉴定评估作业方案形式有所不同，但基本内容一般相同。

2.1.2 检查证件

机动车上路行驶后，按照国家法规和地方法规应该办理各项有效证件和应该交纳各项税费凭证。二手车属特殊商品，它的价值包括车辆实体本身的有形价值和以各项手续构成的无形价值，只有这些手续齐全，才能发挥机动车辆的实际效用，才能构成车辆的全价值。如果一辆汽车购买使用一段时间以后，一直不按规定年检、交纳各种税费，那么这辆车只能闲置库房，不能发挥效用，这样的车技术状况再好，其价值也几乎等于零。

检查并核对车辆证件是非常重要的程序，它能有效预防非法车辆的交易评估，防止交易纠纷，减少经营风险。

1. 二手车交易的证件

二手车交易的证件

1）机动车来历凭证

机动车来历凭证分新车来历凭证和二手车来历凭证。

新车来历凭证是指经国家工商行政管理机关验证盖章的机动车销售发票；二手车来历凭证是指经国家工商行政管理机关验证盖章的二手车交易发票。除此以外，还有因经济赔偿、财产分割等所有权发生转移，由人民法院出具的发生法律效力的判决书、裁定书、调解书等。

从机动车来历凭证，可以看出车主购置车辆日期和原始价值。机动车原始价值是二手车鉴定评估的评估参数之一。

机动车来历凭证主要包括以下几个方面内容。

（1）在国内购买机动车的来历凭证，是全国统一的机动车销售发票，或者二手车销售发票；在国外购买的机动车，其来历凭证是该车销售单位开具的销售发票及其翻译文本。

（2）人民法院调解、裁定或者判决转移的机动车，其来历凭证是人民法院出具的已经生效的调解书、裁定书或者判决书，以及相应的协助执行通知书。

（3）仲裁机构仲裁裁决转移的机动车，其来历凭证是仲裁裁决书和人民法院出具的协助执行通知书。

（4）继承、赠与、中奖和协议抵偿债务的机动车，其来历凭证是继承、赠与、中奖和协议抵偿债务的相关文书和公证机关出具的公证书。

（5）资产重组或者资产整体买卖中包含的机动车，其来历凭证是资产主管部门的批准文件。

（6）国家机关统一采购，并调拨到下属单位未注册登记的机动车，其来历凭证是全国统一的机动车销售发票和该部门出具的调拨证明。

（7）国家机关已注册登记，并调拨到下属单位的机动车，其来历凭证是该部门出具的调拨证明。

（8）经公安机关破案发还的被盗抢，且已向原机动车所有人理赔完毕的机动车，其来历凭证是保险公司出具的权益转让证明书。

（9）更换发动机、车身、车架的来历凭证，是销售单位开具的发票或者修理单位开具的发票。

2）机动车行驶证

机动车行驶证是由公安车辆管理机关依法对机动车辆进行注册登记核发的证件，它是机动车取得合法行驶权的凭证。

3）机动车登记证书

在我国境内道路上行驶的机动车，应当按规定经机动车登记机构办理登记，核发机动车号牌、机动车行驶证和机动车登记证书。

机动车所有人申请办理机动车各项登记业务时均应出具机动车登记证书；当登记信息发生变动时，机动车所有人应当及时到车辆管理所办理相关手续；当机动车所有权转移时，原机动车所有人应当将机动车登记证书随车交给现机动车所有人。机动车登记证书还可以作为有效资产证明，到银行办理抵押贷款。

机动车登记证书同时也是机动车的"户口本"，所有机动车的详细信息及机动车所有人的资料都记载在上面。证书上所记载的原始信息发生变化时，机动车所有人应携证到车辆管理所变更登记。二手车交易需要过户，过户记录就会登记在"过户、转入登记摘要信息栏"里。这样，"户口本"上就有机动车从"生"到"死"的一套完整的记录了。

公安局车辆管理部门是机动车登记证书的核发单位。机动车登记证书应该保管好，不要随车携带。

检查机动车登记证书也是汽车保险人员必须认真查验的手续，机动车登记证书与机动车行驶证相比，它的内容更详细，一些风险参数也必须从机动车登记证书获取，如使用性质的确定等。

4）机动车号牌

机动车号牌是由公安局车辆管理部门依法对机动车辆进行注册登记核发的号牌，它和机动车行驶证一同核发，其号牌字码与行驶证号牌应该一致。公安交通管理机关严禁无号牌的机动车辆上路行驶，机动车号牌严禁转借、涂改和伪造。

另外，根据《道路交通安全法实施条例》的规定，机动车号牌应当悬挂在车前、车后指定位置，保持清晰、完整。重型、中型载货汽车及其挂车、拖拉机及其挂车的车身或者车厢后部应当喷涂放大的牌号，字样应当端正，并保持清晰。

5）轿车定编证

轿车是国家规定的专项控制商品之一，轿车定编证是各地政府落实国务院关于严格控制社会集团购买力的通知精神，由各地方政府控制社会集团购买力办公室签发的证件。国家为了支持轿车工业的发展，后来又发出通知决定取消购买轿车控购审批。各地政府根据当地实际情况，执行控购的情况各不相同。

6）道路运输证

道路运输证是县级以上人民政府交通主管部门设置的道路运输管理机构对从事旅客运输（包括城市出租客运）、货物运输的单位和个人核发的随车携带的证件，营运车辆转籍过户时，应到运管机构及相关部门办理营运过户有关手续。

7）准运证

准运证是广东、福建、海南三省口岸进口并需运出三省以及三省从其他口岸进口需销往外省市的进口新、旧汽车，必须经国家内贸局审批核发的证件。准运证一辆一证，不能一证多车。

8）其他证件

其他证件即买卖双方的证明或居民身份证。这些证件主要是向注册登记机关证明机动车所有权转移的车主身份证明和住址证明。

2. 检查证件的方法

《二手车流通管理办法》规定，二手车交易必须提供机动车来历凭证、机动车行驶证、机动车登记证书、机动车号牌、道路运输证、机动车安全技术检验合格标志等法定证件。

1）查验机动车来历凭证

机动车来历凭证除了全国统一的机动车销售发票或者二手车销售发票，还有法院调解书、裁定书、判决书、公证书、权益转让证明书、没收走私汽车证明书、协助执行通知书、调拨证明等，凡无合法机动车来历凭证者，应认真查验。

2）查验机动车行驶证

（1）机动车行驶证的检查。《机动车登记规定》规定，机动车行驶证是二手车过户、转籍必不可少的证件，应认真查验，并检查其真伪。

（2）机动车行驶证的识伪。《中华人民共和国机动车行驶证》（GA 37—2008）规定，为了防止伪造行驶证，塑封套上有用紫光灯可识别的、不规则的、与行驶证卡片上图形相同的暗记，并且行驶证上按要求粘贴车辆彩色照片，因此机动车行驶证识伪办法：①查看识伪标记；②查看车辆彩照与实物是否相符；③查看行驶证纸质、印刷质量、字体、字号，与车辆管理机关核发的行驶证进行比对,对有怀疑的行驶证可去发证的公安车辆管理机关进行核实。

3)查验《机动车登记证书》

二手车评估人员应详细检查《机动车登记证书》每个项目的内容及其变更情况。

(1)核对机动车所有人是否曾为出租公司或租赁公司。

(2)核对登记日期和出厂日期是否时间跨度很大。

(3)核对进口车是海关进口或海关罚没。

(4)核对使用性质是非营运、营运、租赁或营转非。

(5)核对登记栏内是否注明该车已做抵押。

(6)对于货运车辆核对长、宽、高、轮距、轴距、轮胎的规格是否一致。

(7)核对钢板弹簧片数是否一致或存在加厚的现象。

(8)核对现机动车登记证书持有人与受委托人是否一致。

4)查验机动车号牌

(1)机动车号牌的检查。检验号牌的固封是否完好,有无撬过的痕迹,是否在封帽上打有标志,如北京的应有"京"、江苏的应有"苏"、上海的应有"沪"等。检验号牌有无凹凸不平或折处多少,若牌号凹凸不平或折处多,说明该车常有事故造成。字体应清楚有立体质感,无补洞等。号牌字体上的荧光漆应清洁、平整、光滑。号牌字体大小一致、间隙匀称。

(2)机动车号牌的识伪。非法者常以非法加工等手段伪造机动车号牌。机动车号牌的识伪方法:①看号牌的识伪标记;②看号牌底漆颜色深浅;③看白底色或白字体是否涂以反光材料;④看号牌是否按规格冲压边框,字体是否模糊等。号牌在安装方面设有固封装置,并规定该装置将由发牌机关统一负责装、换,任何单位和个人都无权拆卸。对于号牌的固封有被破坏痕迹的车辆,二手车评估人员要引起必要的重视,查明原因,确认号牌真伪。

5)查验道路运输证

道路运输证由交通部门制作,分为正本和副本。

正本第一行左上方为运政号,第二行为业户名称,第三行为地址,第四行为车辆行驶证号,第五行为经营许可证号,第六行为车辆类型,第七行为吨(座)位,第八行为经营范围,第九行为经济类型,第十行为企业经营资质等级,第十一行为备注,第十二行为核发机关和日期,第十三行为审验有效期。

副本作为查扣及待理记载依据之用,与道路运输证同时生效的还有公路运输管理费缴讫证。道路运输证上的暗花数字和注明的项目应一一核对,并验证道路运输管理证件专用章,以上字体应清楚,规费交纳的类型应与车辆核载重量(货车)或人数(轿车)一致。

6）查验营运证

对于营运车辆，应查验营运证。

营运证是国家为了保护人民生命财产安全和规范道路运输市场秩序而产生的。营运证是一车一证，严禁套用、转借，遗失须申报补办手续。营运证分为客运营运证和货运营运证两种。客运营运证由客运管理处监督管理，货运营运证由交通运输管理部门监督管理。从事营运车辆的驾驶员必须持有交通运输管理部门培训合格后颁发的道路运输上岗证。车辆必须持有营运证才能上路营运，否则是违法行为。

7）查验机动车安全技术检验合格标志

机动车检验合格标志贴在机动车前窗右上角，应检查该合格标志是否有效。

2.1.3 核查税费

1. 二手车的税费缴纳凭证

1）车辆购置附加费

按照国家规定，车辆购置附加费的征收和免征范围如下。

（1）车辆购置附加费的征收范围。

①国内生产和组装（包括各种形式的中外合资和外资企业生产和组装的）并在国内销售和使用的大、小客车、通用型载货汽车、越野车、客货两用汽车、摩托车（二轮、三轮）、牵引车、半挂牵引车以及其他运输车（如厢式车、集装箱车、自卸汽车、液罐车、粉状粒状物散装车、冷冻车、保温车、牲畜车、邮政车等）和挂车、半挂车、特种挂车等。

②国外进口的（新的和旧的）车辆。

（2）免征车辆购置附加费的车辆。

①设有固定装置的非运输用车辆。

②外国驻华使馆自用车辆，联合国所属驻华机构和国际金融组织自用车辆。

③其他经交通运输部、财政部批准免征购置附加费的车辆。

2）机动车辆保险费

机动车保险是各种机动车在使用过程中发生交通肇事，造成车辆本身以及第三者人身伤亡和财产损失后的一种经济补偿制度。

机动车保险费是投保人或被保险人根据保险合同的约定，为取得因约定事故发生所造成的经济损失补偿（或给付）权利，而缴付给保险人的费用。该项费用各地区有所不同，缴纳时按本地区保险费用交付。

机动车保险险种按性质可以分为强制保险与商业险，按保障的责任范围还可以分为基本险和附加险。基本险包括第三者责任险（三责险）、车辆损失险（车损险）、车上人员责任险与全车盗抢险（盗抢险）等，投保人可以选择投保其中部分险种，也可以选择投保全部险种。

附加险包括玻璃单独破碎险、自燃损失险、无过失责任险、车载货物掉落责任险等，只有投保主险后才能投保附加险；附加险不能单独投保。

通常所说的机动车交通事故责任强制保险（即交强险）也属于广义的第三者责任险，是国家规定强制购买的保险，机动车必须购买交强险后才能够上路行驶、年检、上牌，且在发生第三者损失需要理赔时，必须由交强险先行赔付，不足的部分由商业险加以补充。商业险是非强制购买的保险，车主可以根据实际情况进行购买。

3）车船税

车船税是指对在中华人民共和国境内车辆、船舶所有人或者管理人所征收的一种税。

2011年2月25日，十一届全国人大常委会第十九次会议通过《中华人民共和国车船税法》，自2012年1月1日起施行。2019年4月23日，十三届全国人大常委会第十次会议《关于修改〈中华人民共和国建筑法〉等八部法律的决定》修正。2011年11月23日，《中华人民共和国车船税法实施条例》经国务院第182次常务会议通过，自2012年1月1日起施行。2019年3月2日，《国务院关于修改部分行政法规的决定》修正。《中华人民共和国车船税法》规定，从事机动车第三者责任强制保险的保险机械为机动车车船税的扣缴义务人，应当在收取保险费时依法代收车船税，并出具代收税款作证。车船税税目税额表如表2-1-1所示。

表2-1-1 车船税税目税额表

税　目		计税单位	年基准税额	备　注
乘用车[按发动机气缸容量（排气量）分档]	1.0升（含）以下的	每辆	60元至360元	核定载客人数9人（含）以下
	1.0升以上至1.6升（含）的		300元至540元	
	1.6升以上至2.0升（含）的		660元至960元	
	2.0升以上至2.5升（含）的		960元至1620元	
	2.5升以上至3.0升（含）的		1620元至2460元	
	3.0升以上至4.0升（含）的		2460元至3600元	
	4.0升以上的		3600元至5400元	

续表

税 目		计税单位	年基准税额	备 注
商用车	客车	每辆	480元至1440元	核定载客人数9人以上,包括电车
	货车	整备质量每吨	16元至120元	包括半挂牵引车、三轮汽车和低速载货汽车
挂车		整备质量每吨	按照货车税额的50%计算	
其他车辆	专用作业车	整备质量每吨	16元至120元	不包括拖拉机
	轮式专用机械车			
摩托车		每辆	36元至180元	
船舶	机动船舶	净吨位每吨	3元至6元	拖船、非机动驳船分别按照机动船舶税额的50%计算
	游艇	艇身长度每米	600元至2000元	

4）客、货运附加费

客、货运附加费是国家本着取之于民、用之于民的原则，向从事客、货营运的单位或个人征收的专项基金。它属于地方建设专项基金，各地征收的名称叫法不一，收取的标准也不尽相同。客运附加费的征收是用于公路汽车客运站、客运点设施建设的专项基金；货运附加费的征收是用于港航、站场、公路和车船技术改造的专项基金。

2. 核查税费凭证的方法

1）查验车辆购置税完税证明

车辆购置税完税证明的检查。购买汽车，需交纳车辆购置税，对于一些特殊购车单位和专用车辆，其车辆购置税可减免，车辆购置税完税证明上均有说明。完税（包括减税）车辆需加盖"车辆购置税征税专用章"，免税车辆需加盖"车辆购置免税专用章"以及征收机关公章后此证才有效。

2）查验车船使用税缴付凭证

检查车船使用税缴付凭证是否有效，交至年限。车船拥有人与使用人不一致时，仍由拥有人负责交纳税款。

3）查验机动车保险单

认真检查机动车保险单和保险证上所保险的险种和保险期限，被保险人与车主是否一致。

2.1.4 车辆拍照

车辆拍照的目的是真实记录车辆查勘时的外观状况，应使车辆的轮廓分明、牌照号码清晰、车身颜色真实，而拍摄的距离、角度和光线会影响车辆的真实情况。

1. 拍摄距离

拍摄距离是指拍摄立足点与被拍二手车的远近。拍摄距离远，则拍摄范围大，所拍的二手车影像小。一般要求全车影像尽量充满整个画面。

2. 拍摄角度

拍摄角度是指拍摄立足点与被拍二手车的方位关系，一般分为上下关系与左右关系。

（1）上下关系。拍摄角度的上下关系可分为俯拍、平拍与仰拍3种。俯拍是指拍摄者站在比被拍摄物高的位置向下拍摄。平拍是指拍摄点在物体的中间位置，镜头平置拍摄，此种拍摄方法效果就是人的两眼平视的效果。仰拍是指相机放置在较低部位，镜头由下向上仰置拍摄，这种拍摄效果易发生变形。

（2）左右关系。拍摄角度的左右关系一般根据拍摄者确定的拍摄方位，分为正面拍摄和侧面拍摄两种。正面拍摄是指面对被拍摄的物体或部位的正面进行拍摄，侧面拍摄是相对于正面拍摄而言的。对于二手车拍照宜采用平拍，且与车左前侧呈45°方向拍摄。

3. 光照方向

光照方向是指光线与被拍摄者的关系，一般分为正面光、侧面光和逆光3种。对二手车拍照应尽量采用正面光拍摄，使二手车车辆的轮廓分明、牌照号码清晰、车身颜色真实。

（1）选择场地选择宽敞、平坦的场地，背景尽量简单。

（2）准备二手车。包括：①车身要擦洗干净；②前挡风玻璃及仪表盘上无杂物；③机动车号牌无遮挡；④关闭各车门；⑤方向盘回正，前轮处于直线行驶状态。

（3）选择拍照角度和方向。光照方向应采用正面光拍摄，拍照距离以全车影像充满整个画面为宜，以平拍方式，与待拍车辆的左前侧呈45°方向进行拍摄。

典型的二手车照片如图2-1-2所示。

（4）注意事项。包括：

①光照方向应采用正面光，尽量避免强烈或昏暗光照，不采用侧面光和逆光。

②以平拍方式进行拍摄，不要采用俯拍或仰拍。

③所拍车辆要进行认真的准备。

④所拍照片要使二手车的轮廓分明、牌照号码清晰、车身颜色真实。

图2-1-2 典型的二手车照片

知识拓展

二手车鉴定评估委托合同的格式如下。

<h2 style="text-align:center">二手车鉴定评估委托合同</h2>

合同编号：

签订时间：　　年　月　日

甲方：（委托方）

乙方：（受托方）

第一条 目的

依据国家有关法律、法规和有关规定，甲、乙双方在自愿、平等和协商一致的基础上，就二手车评估委托业务订立本合同。

第二条 当事人及车辆情况

一、甲方（委托方）基本情况

（1）单位代码证号□□□□□□□□—□

经办人_____，身份证号码□□□□□□□□□□□□□□□□□□

单位地址_____，联系电话_____。

（2）自然人_____，身份证号码□□□□□□□□□□□□□□□□□□

现常住地址_____，联系电话_____。

二、乙方（受托方）基本情况

（1）单位代码证号□□□□□□□□—□

经办人_____，身份证号码□□□□□□□□□□□□□□□□□□

单位地址_____，联系电话_____。

（2）鉴定评估人员_____，身份证号码□□□□□□□□□□□□□□□□□□

执业书证号_____，联系电话_____。

三、鉴定评估车辆的基本情况

车辆牌号_____，车辆类别_____，

厂牌型号_____，颜色_____，

初次登记时间_____，登记证号_____，

发动机号码_____，车架号码_____，

行驶里程_____km，允许使用年限至　　年　月　日。

车辆年检签证有效期至　　年　月，

车辆购置税完税交纳证号_____/免税交纳（有证/无证），

车辆保险险种：1_____　2_____　3_____　4_____，

保险有效期截止日期：　　年　月　日；

配置：_____。

维修情况：_____。

事故情况：_____。

第三条 鉴定评估目的（请在欲选项前的"□"中打"√"）

□交易　□置换　□转让　□并购　□拍卖　□投资　□抵押　□捐赠　□纳税

□保险　□抵押　□典当　□事故车损　□司法鉴定

第四条 甲方的权利和义务

1. 按照委托鉴定评估的车辆清单，提供全面准确的清查资料。

2. 为鉴定评估人员开展工作提供完整、真实和合乎评估管理办法要求的资料、手续和工作场所。

3. 照国家规定的评估收费标准交付评估费，在签订本协议当时预交_____元（大写_____元），待鉴定评估工作结束后多退少补。

4. 由一名领导负责，组织本单位有关人员配合鉴定评估工作和回答评估中的问题。

5. 若不能及时、完整、真实地提供所需资料手续，造成拖延时间，以致不能提出鉴定评估报告或中途停止鉴定评估时，委托方负违约责任，同意按进度支付评估费。

第五条 乙方的权利和义务

1. 根据委托鉴定评估的车辆清单，按时提出鉴定评估报告。

2. 遵照《价格法》《机动车运行安全条例》等有关法规，独立、公正、合理地进行鉴定评估。

3. 委托方若能履行本协议所签订的责任与义务，受托方则于　　年　月　日提出二手车评估报告。

4. 对委托方所提供资料及鉴定评估结果，受托方有责任保守机密。

5. 因受托方不能按协议的时间提出鉴定评估报告，而造成的违约由受托方负责，适当减免评估费。

第六条 合同在履行中的变更及处理

本合同在履行期间，任何一方要求变更合同条款的，应及时书面通知对方，并征得对方的同意后，在约定的时限天内，签订补充条款，注明变更事项。未书面告知对方或未征得对方同意，擅自变更造成的经济损失，由责任方承担。

本合同履行期间，双方因履行本合同而签署的补充协议及其他书面文件，均为本合同不可分割的一部分，具有同等效力。

第七条 违约责任

甲、乙双方如发生违约行为，违约方给守约方造成的经济损失，由守约方按照法律、法规的有关规定和本合同有关条款追偿。

第八条 其他规定

1. 甲方提供的资料真实性由甲方负责。

2. 乙方只评估经车辆管理部门登记注册的机动车。

3. 若启用日期与原机动车行驶证登记日期不符，甲方应提供相关证明材料的正本。若不提供，乙方按车辆行驶证登记日期进行评估。

4. 甲方如对评估结论有异议，可于收到结论书之日起10天内向乙方提出重新评估。

5. 价格评估基准日即为甲方委托之日。

6. 甲方委托拍卖评估、收购评估，需分别提供有效的委托拍卖合同和收购协议。

第九条 发生争议的解决办法

甲、乙双方在履行本合同过程中发生争议，由双方协商解决，协商不成的，提请二手车交易市场或二手车交易管理协会调解，调解成功的，双方应当履行调解协议；调解不成的，按本合同约定的下列第（　　）项进行解决：

1. 向仲裁委员会申请仲裁（　　）；

2. 向法院提起诉讼（　　）。

第十条 合同效力和订立数量

本合同内，空格部分填写的文字，其效力优于印刷文字的效力。本合同所称"日"，均指工作日。

本合同经双方当事人签字、盖章后生效；本合同一式两份，由甲方、乙方各执一份，均具有同等的法律效力。

委托方代表签字（盖章）　　　　　　受托方代表签字（盖章）

年　月　日　　　　　　　　　　　　年　月　日

附：委托评估车辆基本信息

车主			身份证号码/法人代码证		联系电话	
住址					邮政编码	
经办人					联系电话	
住址			身份证号码		邮政编码	
车辆情况	厂牌型号				使用用途	
	载重量/座位/排量				燃料种类	
	初次登记日期		年　月　日		车身颜色	
	已使用年限		年　个月	累计行驶里程（万公里）		
	大修次数		发动机（次）		整车（次）	
	维修情况					
	事故情况					
	价值反映		购置日期	年　月　日	原始价格（元）	
			车主报价（元）			

单元 2.2 二手车静态检查

学习要点

1. 识伪检查；
2. 外观检查。

静态检查基本流程　认识静态检查所需工具

相关知识

二手车静态检查是指在静态情况下，根据评估人员的经验和技能，辅之以简单的量具，对二手车的技术状况进行静态直观检查。

静态检查的目的是快速、全面地了解二手车的大概技术状况。通过全面检查，发现一些较大的缺陷，如严重碰撞、车身或车架锈蚀或有结构性损坏、发动机或传动系统严重磨损、车厢内部设施不良、损坏维修费用较大等，为价值评估提供依据。

二手车静态检查主要包括识伪检查和外观检查两大部分。其中，识伪检查主要包括鉴别走私车辆、拼装车辆和盗抢车辆等工作，外观检查包括鉴别事故车辆、检查发动机舱、检查车舱、检查行李箱和检查车身底部等内容，具体如图 2-2-1 所示。

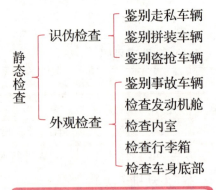

图 2-2-1

2.2.1 鉴别走私和拼装车辆

在二手车交易市场不可避免地会出现一些走私车辆、拼装车辆、盗抢车辆和事故车辆，如何界定这部分车辆，是一项十分重要而又艰难的工作。它必须凭借技术人员所掌握的专业知识和丰富经验，结合有关部门的信息材料，对评估车辆进行全面细致的鉴别，将这部分车辆与其他正常车辆区分开，从而促使二手车交易规范、有序地进行。

走私车辆、拼装车辆的鉴别方法包括以下几个方面。

（1）运用公安车管部门的车辆档案资料，查找车辆来源信息，确定车辆的合法性及来源情况。这是一种最直接有效的判别方法。

（2）查验二手车的汽车产品合格证、维护保养手册。对进口车必须查验进口产品检验证明书和商验标志。

（3）检查二手车外观。查看车身是否有重新做油漆的痕迹，特别是顶部下沿部位。车身的曲线部位线条是否流畅，尤其是小曲线部位，根据目前技术条件，没有专门的设备不可能处理得十分完美，留下再加工痕迹特别明显。检查门柱和车架部分是否有焊接的痕迹，很多走私车辆是在境外把车身切割后，运入国内再进行焊接拼凑起来的。查看车门、发动机盖、行李箱盖与车身的接合缝隙是否整齐、均衡。

（4）查看二手车内饰。检查内装饰材料是否平整，内装饰压条边沿部分是否有明显的手指印或有其他工具碾压后留下的痕迹，车顶装饰材料上或多或少都会留下被弄脏后的痕迹。

（5）打开发动机盖，检查发动机和其他零部件是否有拆卸后重新安装的痕迹，是否有旧的零部件或缺少零部件。查看电线、管路布置是否有条理、安装是否平整。核对发动机号码和车辆识别代号字体。

2.2.2 鉴别盗抢车辆

盗抢车辆一般是指公安车管部门已登记上牌的，在使用期内丢失的或被不法分子盗窃的，并在公安部门已报案的车辆。由于这类车辆被盗窃方式多种多样，它们被盗窃后所遗留下来的痕迹会不同，如撬开门锁、砸车窗玻璃和撬转向盘锁等，一般都会留下痕迹。同时，这些被盗赃车大部分经过一定修饰后，再分销出去。这些车辆很可能会流入二手车交易市场。

这类车辆的鉴别方法一般有以下几种。

（1）根据公安车辆管理部门的档案资料，及时掌握车辆状态情况，防止盗抢车辆进入市场交易。这些车辆从车辆主人报案起到追寻找到为止这段时期内，公安车管部门将这部分车辆档案材料锁定，不允许进行车辆过户、转籍等一切交易活动。

（2）根据盗窃一般手段，主要检查汽车门锁是否过新，锁芯有无被更换过的痕迹，门窗玻璃是否为原配正品，窗框四周的防水胶是否有插入玻璃升降器开门的痕迹，转向盘锁或点火开关是否有破坏或调换的痕迹。

（3）不法分子急于对有些盗抢车辆销赃，它们会对车辆、有关证件进行篡改和伪造，使被盗赃车面目全非。检查重点是核对发动机号码和车辆识别代号，钢印周围是否变形或有褶皱现象，钢印正反面是否有焊接的痕迹，如图 2-2-2 所示。

（4）查看车辆外观是否全身重新做过油漆，或者改变原车辆颜色。

打开发动机舱盖查看线或管布置是否有条理，发动机和其他零部件是否正常、有无杂音，空调是否制冷、有无暖风，发动机及其他相关部件有无漏油现象。

图 2-2-2 检查钢印

内装饰材料是否平整，表面是否干净。尤其是压条边沿部分要特别仔细检查，经过再装配过的车辆内装饰压条边沿部分会有明显手指印或其他工具碾压过后留下的痕迹。车顶装饰材料或多或少要留下弄脏过的印迹。

2.2.3 鉴别事故车辆

机动车发生事故无疑会极大地损害车辆的技术性能，但由于车辆在交易以前往往会进行整修、修复，因此正确判别车辆是否发生过事故对于准确判断车辆技术状况、合理评定车辆交易价格具有重要意义。车辆事故状况判断一般从以下几个方面进行。

1. 检查车辆的周正情况

在汽车制造厂，汽车车身及各部件的装配位置是由生产线上经过严格调试的装具、夹具保证的，装配出的车辆各部分对称、周正。维修企业对车身的修复则是靠维修人员目测和手工操作的，装配难以精确保证。因此，检查车身是否发生过碰撞，可站在车的前部观察车身各部的周正、对称状况，特别注意观察车身的各个接缝，如出现不平直，缝隙大小不一，线条弯曲，装饰条有脱落或新旧不一，说明该车可能出现过事故或被修理过，如图 2-2-3 所示。

图 2-2-3 检查车身

从汽车的前面走出 5m 或 6m，蹲下沿着轮胎和汽车的外表面向下看汽车的两侧。在两侧，前、后车轮应该排成一线。然后，走到汽车后面进行同样观察，前轮和后轮应该仍然成一条直线。如果不是这样,则说明车架或整体车身弯了。即使左侧前、后轮和右侧前、后轮互相成一条直线,但一侧车轮比另一侧车轮更突出车身,则表明汽车曾碰撞过。

蹲在前车轮附近,检查车轮后面的空间,即车轮后面与车轮罩后缘之间的距离,用金属直尺测量这段距离。再转到另一前轮,测量车轮后面和车轮罩后缘之间的距离。该距离应该和另一前轮大致相同。在后轮测量同一间隙,如果发现左前轮或左后轮和它们的轮罩之间距离与右前或右后轮的相应距离大大不同,则车架或整体车身发生弯曲。

2. 检查油漆脱落情况

查看排气管、镶条、窗户四周和轮胎等处是否有多余油漆,如果有,说明该车已做过油漆或翻新。用一块磁铁(最好选用柔性磁铁,不会损伤汽车漆面,且磁性足以承担此项工作)在车身周围移动,如遇到突然减少磁力的地方,说明该局部补了灰,做了油漆。当用手敲击车身时,如敲击声发脆,说明车身没有补灰做漆;如敲击声沉闷,则说明车身曾补过灰做过漆。

如果发现了新漆的迹象,查找车身制造不良或金属抛光的痕迹。沿车身查看,并查找是否有像波状或非线性翼子板或后顶盖侧板那样的不规则板材。如果发现车身面板、车门、发动机罩、行李箱盖等配合不好,汽车可能曾遭受过碰撞,以至于这些板面对准很困难。换句话说,车架可能已经弯曲。

3. 检查底盘线束及其连接情况

在正常情况下,未发生事故的车辆,其连接部件应配合良好,车身没有多余焊缝,线束、仪表部件等应安装整齐、新旧程度接近。因此,在检查车辆底盘时,应认真观察车底是否漏水、漏油、漏气,锈蚀程度,与车体上部检查的是否相符,是否有焊接痕迹,车辆转向节臂、转向横直拉杆及球头销处有无裂纹和损伤,球头销是否松旷,连接是否牢固可靠,车辆车架是否有弯、扭、裂、断、锈蚀等损伤,螺栓、铆钉是否齐全、紧固,车辆前后是否有变形、裂纹。固定在车身上的线束是否整齐,新旧程度是否一致,这些都可以作为判断车辆是否发生过事故的线索(图2-2-4)。

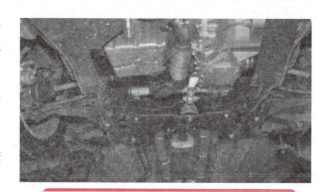

图2-2-4 检查底盘

2.2.4 检查发动机舱

发动机舱的组成大部件如图2-2-5所示。

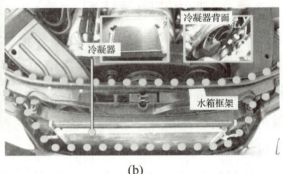

图 2-2-5 发动机舱

1. 检查发动机舱清洁情况

打开发动机舱盖，观察发动机表面是否清洁，是否有油污，是否锈蚀，是否有零部件损坏或遗失，导线、电缆、真空管是否松动。

如果发动机上堆满灰尘，说明该车的日常维护不够；如果发动机表面特别干净，也可能是车主在此前对发动机进行了特别的清洗，不能由此断定车辆状况一定很好。

对于车主而言，为了使汽车能更快售出，且卖个好价钱，有的车主将发动机舱进行了专业蒸汽清洁，但这并不意味着车主想隐瞒什么。

2. 检查发动机铭牌和排放信息标牌

（1）检查发动机铭牌。查看发动机上有无发动机铭牌，如果有，检查上面是否有发动机型号、出厂编号、主要性能指标等，评估人员可以从这些信息判别发动机是不是正品。

（2）查看排放信息标牌。排放信息标牌应该在发动机罩下的适当位置或在风扇罩上。这在以后的发动机诊断或调整时需要。

3. 检查发动机冷却系统

发动机冷却系统对发动机有很大影响，应仔细检查发动机冷却系统相关零部件，主要检查冷却液、散热器、水管、风扇传动带、冷却风扇等。

1）检查冷却液

检查储液罐里的冷却液。冷却液应清洁，且冷却液面在"满"标记附近。冷却液颜色应该是浅绿色的（但有些冷却液是红色的），并有点甜味。如果冷却液看上去更像水，则可能某处有泄漏情况，而车主只是一次又一次地加水。冷却液的味道闻起来不应该有汽油味或机油味，如果有，则发动机气缸垫可能已烧坏。

如果冷却液中有悬浮的残渣或储液罐底部有发黑的物质，说明发动机可能严重受损。

2）检查散热器

仔细全面地检查散热器水室和散热器芯，查看是不是有褪色或潮湿区域。散热器芯上的所有散热片应该是同一颜色的。当看到散热器芯区域呈现浅绿色，这说明在此区域有针孔泄漏。另外，要特别查看水室底部，如果全湿了，设法查找出冷却液泄漏处。

当发动机充分冷却后，拆下散热器盖，观察散热器盖上的腐蚀和橡胶密封垫片的情况，散热器盖上应该没有锈迹。将手指尽可能伸进散热器颈部检查是否有锈斑或像淤泥那样的沉积物，有锈斑说明没有定期更换冷却液；如果水垢严重，说明发动机机体内亦有水垢，发动机会经常出现"开锅"现象，即发动机温度过高。

3）检查水管

用手挤压散热器和暖风器软管，看是否有裂纹或发脆现象。仔细检查软管上卡紧的两端部，是否有鼓起部分和裂口，是否有锈蚀迹象（特别是连接水泵、恒温器壳或进气歧管的软管处）。新式的暖风器和散热器软管比过去的好。在老式汽车上用的软管通常是汽车行驶80 000km后要进行更换，而在新式汽车上的软管，通常可以行驶160 000km以上。好的软管为将来的冷却问题提供了安全保障，但是费用也较高。

4）检查散热器风扇传动带

大部分汽车散热器风扇是通过传动带来传动的，但有些轿车则采用电动机来驱动，即电子风扇。对于传动带传动的冷却风扇，应检查散热器风扇传动带的磨损情况。

使用一个手电筒，仔细检查传动带的外部，查看是否有裂纹或传动带层片脱落。应该检查传动带与带轮接触的工作区是否磨亮，如果磨亮，则说明传动带已经打滑。传动带磨损、抛光或打滑可能引起尖啸声，甚至产生过热现象。V形传动带上有一些细小裂纹，但是可以继续使用。传动带的作用区域是在与带轮接触的部分，所以要将传动带的内侧拧转过来检查。

5）检查冷却风扇

检查冷却风扇叶片是否变形或损坏，若变形或损坏其排风量相应减少，会影响发动机冷却效果，使发动机温度升高，则需要更换冷却风扇。

4. 检查发动机润滑系统

发动机润滑系统对发动机各个运动部件进行润滑，使其发挥出最大的性能。若发动机润滑系统不良，将严重影响发动机的使用寿命，应仔细检查机油质量、机油泄漏、机油滤清器等项目。

1）检查机油

（1）找出机油口盖。对直列四缸、五缸或六缸发动机，其机油口盖在气门室盖上。对于纵向安装的 V6 发动机或 V8 发动机，机油口盖在其中一个气门室盖上。如果发动机横向安装，加油口盖一定在前面的气门室盖上。一些老式的加油口盖上有一根通向空气滤清器壳体的曲轴箱强制通风过滤器软管；新式车加油口盖上没有软管但有清晰的标记。在拧开加油口盖之前，一定要保证开口周围区域干净以防止灰尘进入而污染发动机。

（2）打开机油口盖。拧下加油口盖，将它反过来观察。这时可以看到机油的牌号。在加油口盖的底部可以看到旧油，甚至脏油痕迹，这是正常的。不正常的是加油口盖底面有一层具有黏稠度的浅棕色巧克力乳状物，还可能是油与油污混合的小液滴。这种情况表明冷却液通过损坏的衬垫或者气缸盖、气缸体裂纹进入机油中。被冷却液污染的机油在短时间内会对发动机零部件造成损害。这种损害的修理通常花费很高，如果情况很严重或者对此不引起注意，可能造成发动机的全面大修。

（3）检查机油质量。取一片洁净白纸，在纸上滴下机油一滴。如果在用的机油中间黑点里有较多的硬沥青质及炭粒等，表明机油滤清器的滤清作用不良，但并不说明机油已变质；如果黑点较大，且机油是黑褐色、均匀无颗粒，黑点与周围的黄色油迹界限清晰，有明显的分界线，则说明其中洁净分散剂已经失效，表明机油已经变质。

机油变质的原因有很多，如机油使用时间过长，一般行驶 5000km 应更换机油；或发动机气缸磨损严重，使燃烧废气进入油底壳，造成机油污染。

也可将机油滴在手上，观察机油的颜色和黏度。先观察其透明度，色泽通透略带杂质说明还可以继续使用；若色泽发黑，闻起来带有酸味说明要更换机油，因为机油已经变质，不能起到保护作用。然后，检查其黏稠度，沾一点机油在手上，用两根手指检查机油是否还具有黏性，如果在手指中没有一点黏性，像水一样，说明机油已达到使用极限需要更换，以确保发动机的正常运作。

特别需要注意的是：不能用发动机机油来认定保养程度。车主可能在汽车出售前更换了机油和滤清器，这时机油标尺上显示的几乎就是新的、清洁的机油。

（4）检查机油气味。抽出机油尺，闻闻机油尺上的机油有无异味，来判断是新机油还是旧机油。如有汽油味，则说明机油中混入了汽油，汽车已经或正在混合气过浓的情况下运行。发动机在此条件下长时间运转会使其远在寿命期到达之前就已经磨损，因为未稀释的燃油会冲刷掉气缸壁上的机油膜。如果机油尺上有水珠，说明机油中混入了水分。做近距离的检查，查看是否有污垢或金属粒，若有污垢或金属粒说明应该更换机油。检查机油尺自身的颜色，如果发动机曾严重过热，机油尺会变色。

（5）检查机油液位。启动发动机之前或停机 30min 以后，打开发动机舱盖，抽出机油尺，将机油尺用抹布擦干净油迹后，插入机油尺导孔，拔出查看。油位在上下刻线之间，即为合适。若机油液位过低，则观察汽车底下的地面，看是否有机油泄漏的现象。

2）检查机油滤清器

用棘轮扳手拆下机油滤清器，观察机油滤清器有无裂纹，密封圈是否完好。

3）检查 PCV 阀

PCV 阀用于控制发动机曲轴箱通风，如其工作不良，对发动机润滑有严重影响。从气门室盖拔出 PCV 阀，并晃动，它应发出"咔嗒"声。若 PCV 阀充满油污且不能自由地发出"咔嗒"声，则说明发动机机油和滤清器没有经常更换，此时需要更换新的 PCV 阀。

4）检查机油泄漏

机油泄漏是一种常见现象。机油泄漏的地方主要有以下几个。

（1）气门室盖。气门室盖处机油泄漏在行驶里程超过 80 000km 的汽车上很普遍，大多数情况下修理不太难，也不太贵。有些燃油喷射的汽车更换气门室垫片则需要相当多的工作。

（2）气缸垫。

（3）油底壳垫。有的汽车更换油底壳垫的工时费很高。

（4）曲轴前、后油封。更换曲轴前、后油封的工时费用很高，应加以注意。

（5）油底壳放油螺塞。放油螺塞松动或密封垫损坏，机油渗漏。

（6）机油滤清器。

（7）机油散热器的机油管。

（8）机油散热器。

（9）机油压力感应塞。

5. 检查点火系统

点火系统工作性能的好坏直接影响发动机的动力性和经济性。对点火系统的外观检查主要是检查蓄电池、高压线、分电器、火花塞、点火线圈等零件的外观性能。

1）检查蓄电池

检查标牌，看蓄电池是不是原装的。通常标牌固定在蓄电池上部，标牌上有首次售出日期，以编号打点的形式冲出。前面部分表示年，后面部分表示卖出的月份。将卖出的日期与电池寿命进行比较，可算出蓄电池剩余寿命。如果蓄电池的有效寿命快接近极限，则需要考虑更换蓄电池所需成本。

检查蓄电池的表面情况。检查蓄电池表面是否清洁亦可以看出车主对汽车的保养情况。蓄电池盖上有电解液、尘土等异物或蓄电池端子、接线柱处有严重铜锈或堆满腐蚀物，可能会造成正、负极柱之间短路，使蓄电池自行放电或电解液消耗过快及蓄电池充不进电等情况。

检查蓄电池压紧装置和蓄电池安装本身。蓄电池压紧装置是否完整，是否为原来部件。蓄电池必须牢固地安装在汽车上，以防止蓄电池本身、发动机舱和附近线路、软管等损坏。

2）检查高压线

查看点火线圈与分电器之间的高压线，以及分电器与火花塞之间的高压线，高压线应该清洁、布线整齐、无切割口、无擦伤部位、无裂纹或无排气烧焦处，否则会造成高压线漏电，需要更换高压线。注意：高压线更换需成套更换，费用较高。

3）检查分电器

对于带分电器的点火系统，应仔细检查分电器的工作情况，检查分电器盖有无裂纹、炭痕、破损等现象，这些现象均会使分电器漏电，造成点火能量不足，引起发动机动性能下降。若存在这些现象，则应更换分电器。

4）检查火花塞

用火花塞套筒扳手任意拆下一个火花塞，检查火花塞的情况。火花塞位于发动机缸体内，可直接反映发动机的燃烧情况。若火花塞电极呈现灰白色，而且没有积炭，则表明火花塞工作正常，燃烧良好。若火花塞严重积炭、电极严重烧蚀、绝缘体破裂、漏气、侧电极开裂，均使点火性能下降，造成发动机动力不足，则需要更换火花塞。火塞更换需成组更换，费用较高。

5）检查点火线圈

观察点火线圈外壳有无破裂。若点火线圈外壳破裂，会使点火线圈容易受潮而使点火性能下降，影响发动机的动力性。

6. 检查发动机的供油系统

1）检查燃油泄漏

燃油泄漏并不常见，而且人们对燃油泄漏普遍关注。燃油喷射汽车有很高的燃油系统压力，引起泄漏会明显地显露出来。查找进气歧管上残留的燃油污迹并仔细观察通向化油器或燃油喷射装置的燃油管和软管。对化油器式发动机，查看燃油泵本身（通常安装在前方下部附近）在接头周围或垫片处是否有泄漏的迹象。燃油喷射汽车的高压电动泵很昂贵，并且由于高压电动泵通常位于燃油箱内，这就使更换工作更费劲。对于所有车型，注意发动机的罩下的燃油气味或在行驶中注意燃油气味。有燃油味通常暗示着有燃油泄漏。

2）检查汽油管路

发动机供油系统有进油管路和回油管路，检查油管是否老化。

3）检查燃油滤清器

燃油滤清器一般在汽车行驶 20 000km 左右更换，如果这辆车接近这一里程间隙且燃油滤清器看起来和底盘的其他部件一样脏，可能是燃油滤清器还没有更换过。

7. 检查发动机进气系统

发动机进气系统性能的好坏，对发动机工作性能有很大影响，尤其是混合气浓度的控制，因此应仔细检查发动机进气系统。

1）检查进气软管（波纹管）

进气软管一般采用波纹管，检查进气软管是否老化变形，是否变硬，是否有损坏或烧坏处，这些现象表明进气软管需要更换。

如果进气软管比较光亮，可能喷过防护剂喷射液，应仔细检查。

2）检查真空软管

现代发动机上有与发动机管理系统有关的无数小软管。它们连到真空源、暖风器/空调控制器、排放设备、巡航控制装置、恒温控制阀和开关以及其他部件。

首先，用手挤压真空软管。这些软管应该富有弹性，而不是又硬又脆。所有这些软管随时间推移而变硬，使之易于开裂和造成泄漏，从而在汽车上造成一些行驶或排放方面的故障。许多真空软管用各种各样的塑料 T 形管接头互相连接。随着时间的推移，这些塑料 T 形管接头在发动机工作中容易折断，如果在检查时，塑料 T 形管接头破碎或裂开，则需要更换。和冷却液软管一样，这些真空管大致以相同的速率老化，所以如果一根软管变硬或开裂，那么应该考虑是否全部软管都进行更换。

在检查真空软管的同时，应注意真空软管管路布置。查看软管是否是原来出厂时那样的整齐排列，是否有软管从零件上明显拔出、堵住或夹断。这些说明软管是否有人动过，是否隐瞒了某些不能工作的系统或部件。

3）检查空气滤清器

空气滤清器用于清除空气中的灰尘等杂物，若空气滤清器滤芯过脏，会降低发动机进气量，影响发动机的动力。所以，应拆开空气滤清器，检查空气滤芯，观察其清洁情况，若空气滤清器脏污，说明此车可能经常行驶在灰尘较多的地方，保养差、车况较差。

4）检查节气门拉线

检查节气门拉线是否阻滞、是否有毛刺等现象。

8. 检查机体附件

1）检查发动机支脚

检查发动机支脚减振垫是否有裂纹，如有损坏，则发动机振动大，使用寿命急剧下降，更换发动机支脚的费用较高。

2）检查正时带

轿车上凸轮轴的驱动方式，一般采用同步齿形带。同步齿形带噪声小且不需润滑，但耐用性不及链驱动。通常汽车行驶 3~5 年或 10 万 km，必须更换同步齿形带（正时带）。拆下正时罩，如果有必要，使用手电筒，仔细检查同步齿形带内、外两侧有无裂纹、缺齿、磨损等现象，若有，则表明此车行驶了相当大的里程。对于 V 形发动机而言，更换同步齿形带的费用非常高。

3）检查发动机各种带传动附件的支架和调节装置

检查发动机各种带传动附件的支架和调节装置是否松动、螺栓是否丢失或有裂纹等现象。支架断裂或松动可能引起像风扇、动力转向泵、水泵、交流发电机和空调压缩机那样的附件，由于运转失调而使传动带丢失，甚至造成提前损坏。

9. 检查发动机舱内其他部件

1）检查制动主缸及制动液

应该检查制动主缸是否发生锈蚀或变色，制动主缸锈蚀或变色表明制动器有问题；主缸盖橡胶垫泄漏，或是制动液经常加得过多使一些油液漏在系统上。主缸中的制动液应该十分清晰，如果呈雾状，说明制动系统中有锈，需要全面冲洗，重新加注新制动液并放气。在一些汽车上，主缸是整体铸铁件，上面包括制动液腔；而另外一些车上，可能有一个单独的白色塑料储液罐，靠软管及密封垫连到液压部件。检查前者的液面情况时，要用一个螺钉旋具或其他工具撬出固定主缸盖的钢丝箍。这种盖内应该有一个橡胶套，应该检查它的情况。如果主缸盖下面的橡胶套严重损坏，应怀疑制动液被污染。石油基制动液会腐蚀和损坏橡胶制品。

对具有塑料储液主缸的汽车，液面和油液颜色是很明显的，上面有一个方便拧开的塑料盖。对任何一种主缸，都要检查制动液。滴一些制动液在一张白纸上，如果看到颜色深，说明油液使用时间已长久或已被污染，应该进行更换。检查制动液中是否存在污垢、杂质或小水滴，以及是否有正确的液面。

2）检查离合器液压操纵机构

对带手动变速器的汽车，离合器是液压操纵的，这意味着在发动机舱壁的某处有一个离合器的储液罐。它使用与制动主缸一样的油液，应该检查油液是否和制动主缸中的油液相同。

3）检查继电器盒

许多汽车在发动机舱内有电器系统的总继电器盒，它在蓄电池附近或沿着发动机舱壁区域。打开继电器盒的塑料盖可查看内部。通常在塑料盖内侧有一张图，指明继电器属于哪一系统。如果有一个或两个继电器遗漏，不必惊慌。制造厂家常常为用于某种车型或某种选项的继电器提供了空间和线路。

4）检查发动机线束

为了保证汽车的寿命，线束应该保持良好，防止任何敲打、意外损伤或不合理的结构。

查看发动机舱中导线是否擦破或是裸露；导线是否露在保护层外；导线是否固定在导线夹中；导线是否用非标准的胶带包裹；是否有旁通原有线束的外加导线。有胶带或外加导线可能预示着早期的线路问题，或预示着安装了一些附件，如立体声收音机、附件驱动装置、雾灯、民用频带收音机或防盗报警器等。这些附件如果是专业安装，通常导线线路和线束整齐，固定在原来的线束夹中或线束中使用非焊接的卷边接头，而不是使用许多绝缘胶带。

2.2.5 检查内室

1. 检查驾驶操纵机构

1）检查转向盘

将汽车处于直线行驶的位置，左右转动转向盘，最大游动间隙由中间位置向左或向右应不超过10°。如果游动间隙超过标准，说明转向系统的各部间隙过大，转向系统需要保养维修。

两手握住转向盘，将转向盘向上下、前后、左右方向摇动推拉，应无松旷的感觉。如果有松旷的感觉，说明转向机内轴承松旷，需要调整。

2）检查加速踏板

观察加速踏板是否磨损过度发亮，若磨损严重，说明此车行驶里程已很长。踩下加速踏板，试试踏板有无弹性。若踩下很轻松，说明节气门拉线松弛，需要检修；若踩下加速踏板较费劲，说明节气门拉线有阻滞、破损，可能需要更换。

3）检查制动踏板

用手轻压制动踏板，自由行程应在10~20mm，若不在此范围内，则应调整踏板自由行程；踩下制动踏板全程时，检查制动踏板与地板之间应有一定的距离。踩下液压制动系统的制动踏板时，踏板反应要适当，过软说明制动系统有故障。空气制动系统气路中的工作气压必须符合规定。

4）检查离合器踏板

检查离合器踏板的踏板胶皮是否磨损过度，如果已更换了新的踏板胶皮，说明此车已行驶了3万km以上。

轻轻踩下或用手推下离合器踏板，试一试踏板有没有自由行程，离合器踏板的自由行程一般在30~45mm。如果没有自由行程或自由行程小，会引起离合器打滑。如果踩下离合器踏板几乎接触到底板时才能分离离合器，说明离合器踏板自由行程过大，可能是由于离合器摩擦片或分离轴承磨损严重，需要检修离合器及其操纵机构。

5）检查驻车制动操纵杆

放松驻车制动，再拉紧驻车制动，检查驻车制动操纵杆是否灵活、失效，锁止机构是否正常。

大多数驻车制动拉杆拉起时应在发出五或六声咔嗒声后使后轮制动。多次咔嗒声后不能拉起制动杆，可能是因为太紧的缘故。用驻车制动拉杆实施后轮制动时也应发出五或六声咔嗒声。如果用驻车制动拉杆施加制动时，发出更多或更少咔嗒声，说明驻车制动器需要检修。

6）检查变速器操纵杆

用手握住变速器操纵杆球头，根据挡位图，逐一将变速器换至各个挡位，检查变速器换挡操纵机构是否灵活。

观察变速器操纵机构防护罩是否破损，若有破损，异物（如硬币）就有可能掉入换挡操纵机构内，引起换挡阻滞，所以必须更换。

2. 检查开关

车上一般有点火开关、转向灯开关、车灯总开关、变光开关、刮水器开关、电喇叭开关等。应依次开启这些开关，检查这些开关是否完好，能否正常工作。

3. 检查仪表

一般汽车设有车速里程表、燃油表、机油压力表（或机油压力指示器）、水温表、电流表等仪表。应分别检查这些仪表是否能正常工作，有无缺失损坏。

4. 检查指示灯或警报灯

汽车上有很多指示灯或警报灯，如制动警报灯、机油压力警报灯、充电指示灯、远光指示灯、转向指示灯、燃油残量指示灯、驻车制动指示灯等，应分别观察检查这些指示灯或警报灯是否能正常工作。

5. 检查座椅

检查座椅罩是否有撕破、裂开或有油迹等情况。检查座椅前后是否灵活，能否固定。检查座椅高、低能否调节，检查座椅后倾调节角度。

确保所有座椅安全带数量是否正确、在合适位置并工作可靠。有些人还固执地拒绝使用安全带，可能已经把安全带塞进坐垫里。特别是后排座椅，是不是所有安全带都能互相可靠地扣在一起。

坐在座椅上，若感到座椅弹簧松弛，弹力不足，说明行车繁重，已行驶了很长里程。

6. 检查地毯和地板

抬起车内的地板垫或地毯。检查是否有霉味，是否有水危害或修饰污染的痕迹。地板垫或地毯底下是否有水，如果水的气味像防冻液，则散热器芯可能泄漏。水通过发动机舱上的孔洞从外部进入汽车内部。这些孔洞是：制动器和离合器踏板联杆孔、加速踏板拉锁孔、换挡拉锁孔、散热器芯软管孔、空调蒸发器管孔和连接发动机舱与仪表板下线路的大线束孔。这些孔洞通常是用橡胶护孔圈隔离的，这些橡胶圈因老化而干裂，有时候脱落，或者在完成一些维修工作后，安装不正确。如果汽车被浸泡过也可能出现车身地板变湿或生锈。在汽车被浸泡过的情况下，应在装饰板上查找高水位标记，如果水位达到车门装饰板一半以上，损坏可能性要比单纯生锈更大和更严重。发动机 ECU、电动车窗电动机、电动座椅电动机以及其他电器装置和系统往往位于车身地板、控制台或前车门前面的踢脚板上。

7. 检查电器设备

1）检查刮水器和前窗玻璃洗涤器

打开刮水器和前窗玻璃洗涤器，观察风挡玻璃洗涤器能否喷出洗涤液。观察刮水器是否在所有模式下都能正常工作，刮刷是否清洁，刮水器运转是否平稳，刮水器关闭时，刮片应能自动返回初始位置。

一般刮水器有高速和低速两个挡位，新型轿车一般还设有间隙位置，当间隙开关开启后，刮水器能以 2~12 次 /s 的速率自动停止和刮拭。

2）检查电动车窗

按下电动车窗开关，各车窗升降器应能平稳、安静工作，无卡滞现象，各车窗能升起和落下。

3）检查电动外后视镜

按下电动外后视镜开关上的 UP（上升）按钮，然后按 DOWN（下降）按钮，后视镜平衡应先向上移动，再向下移动。按下电动外后视镜开关上的 LEFT（向左）按钮，再按下 RIGHT（向右）按钮，电动后视镜平衡应先向左移动，再向右移动。

4）检查电动门锁

如果汽车有电动门锁，试用一下确保从外面能打开所有门锁，同时，确保操作门锁按钮能使所有车门开锁，再从外面试试看。

5）检查点烟器

按下点烟器，观察点烟器能否正常工作。点烟器插座是多附件共用的插座，如电动剃刀、冷却器、民用频带收音机等。点烟器不能工作可能说明其他电路有故障（或者只是熔丝烧断）。

6）检查音响和收音机

用一盒式录音带和一张 CD 唱盘来检查磁带机和音响系统，观察磁带机或 CD 机能否正常工作，音质是否清晰。打开收音机开关，检查收音机能否工作。

许多汽车在静止和发动机停机时发出声响，应在发动机运转时倾听音响系统或收音机，检查是否有发动机电气系统干扰或由于松动、断裂或低标准天线引起的不良接收信号。

7）检查电动天线

如果汽车安装了电动天线，当打开点火开关后或按下天线按钮，天线应能自动升高和降低，否则电动天线需要更换。

8）检查电动天窗

如果有电动天窗，操作一下，观察是否工作平稳，关闭时是否密封良好。当打开天窗时，检查轨道上是否有漏水的痕迹，这是天窗常见的问题，特别是在二手车上。如果天窗上有玻璃板或塑料板，查看玻璃板或塑料板是否清洁并且没有裂纹；许多的天窗上有遮阳板，当不想让阳光射进来时，可以向前滑动或转动从内部遮住天窗。应确保遮阳板良好，工作正常。

9）检查活顶

对于敞篷轿车，即使在冬天，也必须检查顶部机械系统。电动顶部机械系统包含复杂、昂贵的电气和液压部件，必须了解它们是否能正常工作。前窗玻璃顶部边缘的锁闩是否合适并能安全锁上，车顶降下和升起是否自始至终没有延迟或冲击，大多数敞篷轿车有一个乙烯树脂防尘罩盖（用于保护折叠后的车顶），它在车顶折叠时被装上。确保随车带有一个防尘罩盖并处于良好状态。活顶轿车车顶最大的问题是塑料后窗容易褪色。检查车顶上所有可看到的接缝和检查塑料后窗的状况。轻微擦伤后可能损伤塑料后窗，但是更换车窗价格较高。

10）检查除雾器

如果系统工作正常的话，打开后窗除雾器几分钟后，后窗玻璃摸上去应该是热的。还须检查暖风器（即使是夏天）并确保风速开关在所有速度挡工作。试一试前窗玻璃除霜器，并在前窗玻璃底部感受一下热空气。如果没有热气，可能意味着除霜器导管丢失或破裂。

11）检查防盗报警器

一些汽车上加装了防盗报警器，应检查是否正常工作。先设置报警，再振动翼子板，观察防盗报警器能否启动报警，但在实验之前应确保知道如何解除报警。

12）检查空调鼓风机

打开空调鼓风机，依次将风速开关旋转至不同的速度位置，观察鼓风机是否能正常运转。

13）检查电动座椅

如果是电动座椅，应检查是否所有调节方向上都能工作。

2.2.6 检查行李箱

1. 检查行李箱锁

行李箱的锁一般只能用钥匙才能打开，观察行李箱锁有无损坏。

2. 检查气压减振器

某些行李箱采用气体助力支柱，要检查气压减振器能否支撑起行李箱盖的重量。失效虚弱的气压减振器可能使行李箱盖自动倒下。

3. 检查行李箱开关拉索或电动开关

某些汽车在乘客舱内部有行李箱开启拉索或电动开关。确保其能够工作，并能不费劲地打开行李箱或箱盖。

4. 检查防水密封条

行李箱防水密封条对行李箱内部储物和地板车身的防护十分重要，应仔细检查防水密封条有无划痕、损坏脱落。

5. 检查内部的油漆与外部油漆是否一致

在打开行李箱后，对内部进行近距离全面观察，检查油漆是否相配。

6. 检查行李箱地板

拉起行李箱中的橡胶地板垫或地毯，观察地板是否有铁锈、修理和焊接痕迹，或行李箱密封条泄漏引起的发霉的迹象。

7. 查备用轮胎

如果是一辆行驶里程较短的汽车，其备用轮胎应该是新标记，与原车上的标记相同，而不是花纹几乎磨光的轮胎。

8. 检查随车工具

设法找到出厂原装的千斤顶、千斤顶手柄和轮毂盖/带耳螺母拆卸工具。检查行李箱内部地板是否有损坏的痕迹。检查原装千斤顶贮放处和使用说明，如果轮胎安装在行李箱地板的凹槽内的话，那里通常贴有印花纸，它处于行李箱盖下、行李箱壁上或备胎上方的纤维板上。由于一些碰撞修理的结果，这些贴花纸可能已经发暗或丢失。

9. 检查门控灯

行李箱上有一门控灯，当行李箱盖打开时，门控灯应点亮，否则门控灯或门控灯开关损坏。

10. 检查行李箱盖的对中性和闭合质量

轻轻按下行李箱盖，不用很大力气就应能关上行李箱盖。对于一些高档轿车，行李箱盖是自动闭合的，不能用大力关行李箱盖。

行李箱盖关闭后，行李箱盖与车身其他部分的缝隙应全部均匀，不能有明显的偏斜现象。

2.2.7 检查车身底部

检查完发动机舱、车舱、行李箱、车身表面等车上工作后，就要进行下步工作，即检查车身底部。将汽车用举升机举起后，就可对车底各部件进行检查，而车主在卖车之前，一般不会对车底各部件进行保养，所以，车底各部件的技术状况更能真实地反映出汽车整体的技术状况。

1. 检查泄漏

在汽车底下很容易检查出泄漏源，从车底下可以检查出的泄漏有冷却液泄漏、机油泄漏、制动液泄漏、变速器油泄漏、转向助力油泄漏、主减速器油泄漏、电控悬架油泄漏、减振器油泄漏、排气泄漏等。

2. 检查排气系统

观察排气系统上所有吊架，它们是否都在原来位置并且是否像原来部件。大多数汽车具有带耐热橡胶环形圈的排气管支承，它连接车架支架与排气管支架。当这些装置在一些消声器商店里更换为通用金属带时，排气系统将承受更大的应力并使更多的噪声、热量和振动传递到汽车上。

检查排气系统零件看上去是否标准，排气尾管是否曾更换，且要确保它们远离制动管。在后轮驱动的汽车上，排气尾管越过后端部，要确保紧靠后桥壳外表的制动钢管没有因为与排气系统上的凸起相遇而压扁。

3. 检查前、后悬架

1）检查减振弹簧

汽车减振弹簧主要有钢板弹簧和螺旋弹簧两种。对于钢板弹簧，应检查车辆钢板弹簧是否有裂纹、断片和碎片现象；两侧钢板弹簧的厚度、长度、片数、弧度、新旧程度是否相同；钢板弹簧U形螺栓和中心螺栓是否松动；钢板弹簧销与衬套的配合是否松旷。对于螺旋弹簧，应检查有无裂纹、折断或疲劳失效等现象。螺旋弹簧上、下支座有无变形损坏。

2）检查减振器

观察四个减振器是否有漏油现象，如果有漏油，说明减振器已失效，需要更换。更换减振器需要全部更换，而不是只更换一个，成本较高。观察前、后减振器的生产厂家是否一致。减振器上下连接处有无松动、磨损等现象。

3）检查稳定杆

稳定杆主要用于前轮，有时也用于后轮，两端固定于悬架控制臂上。功用是保持汽车转弯时车身平衡，防止汽车侧倾。检查稳定杆有无裂纹，与车身连接处的橡胶衬垫有无损坏，与左、右悬架控制臂的连接处有无松旷现象。

4. 检查转向机构

汽车转向机构性能的好坏对汽车行驶稳定性有很大影响，因此，应仔细检查转向系统，尤其是转向传动机构。检查转向系统除了检查转向盘自由行程之外，还应仔细检查以下项目。

（1）检查转向盘与转向轴的连接部位是否松旷；转向器垂臂轴与垂臂连接部位是否松旷；纵、横拉杆球头连接部位是否松旷；纵、横拉杆臂与转向节的连接部位是否松旷；转向节与主销之间是否松旷。

（2）检查转向节与主销之间是否配合过紧或缺润滑油；纵、横拉杆球头连接部位是否调整过紧或缺润滑油；转向器是否无润滑油或缺润滑油。

（3）检查转向轴是否弯曲，其套管是否凹瘪。

（4）对于动力转向系统，还应该检查动力转向泵驱动带是否松动；转向油泵安装螺栓是否松动；动力转向系统油管及油管接头处是否存在损伤或松动等。

5. 检查传动轴

对于后轮驱动的汽车，检查传动轴、中间轴及万向节等处有无裂纹和松动；传动轴是否弯曲、传动轴轴管是否凹陷；万向节轴承是否因磨损而松旷，万向节凸缘盘连接螺栓是否松动等。

对于前轮驱动的汽车，要密切注意等速万向节上的橡胶套。绝大多数汽车在汽车的每一侧（左驱动桥和右驱动桥）具有内、外万向节，每一个万向节都用橡胶套罩住，里面填满润滑脂。橡胶套保护万向节避免污物、锈蚀和潮气。用手弯曲或挤压橡胶套，查找是否有裂纹或擦伤。

6. 检查车轮

1）检查车轮轮毂轴承是否松旷

用举升机举起车轮，或用千斤顶支起车轮，用手晃动车轮，感觉有旷动，说明车轴轮毂轴承松旷，车轴轴承磨损严重，需要更换车轮轴承，而更换车轮轴承的费用较高。

2）检查轮胎磨损情况

在初步检查时，是从汽车的外侧检查轮胎，而现在检查轮胎的内侧。检查是否有对胎侧进行修理、是否有割痕或磨损、是否有严重的风雨侵蚀。后轮胎内侧胎面过度磨损是很难从外侧发现的，除非将汽车顶起来。通常，后轮胎上内侧胎面磨损暗示着已将汽车前轮胎更换到后轮胎位置，或通过在后面不大能看到来掩饰它们的磨损方式。

3）检查轮胎花纹磨损深度

轿车轮胎胎冠上的花纹深度不得小于1.6mm；其他车辆转向轮的胎冠花纹深度不得小于3.2mm，其余轮胎胎冠花纹深度不得小于1.6mm。

一般的轮胎设有胎面磨耗极限标记，当磨损量超过正常限度时，磨损标记就会显露出来。若标记已显露出来，则表明轮胎已磨损到极限状态，应更换。

知识拓展

二手车交易中的九大陷阱

以下列举了二手车交易中常见的欺诈手段，其中有些是不法车行欺骗消费者的行为。作为二手车营销人员，一方面我们不能被一些不良的旧车拥有者欺骗，使公司蒙受损失；另一方面也不能使用不正当的手段欺骗消费者，这可能给公司造成更加严重的损失，纵使得逞于一时，亦非企业发展的长久之道。

1. 瑕疵车辆当新车卖

这实际上是购买新车的陷阱，但目前还没有强有力的法规严惩个别不法整车销售商滥用库存车辆，如个别不法整车销售商将运输中受损车辆修理后充当无瑕疵新车销售，或者将某些试验、试驾用车违规调整里程后充当好车销售。因此，当遇到中介推销某些价格奇低的新车或者二手车时，一定要警惕，如果他再告诉你，这款车很可能有瑕疵，则需要慎重考虑。

汽车属于高档商品，消费者一旦陷入纠纷，容易导致人身、财产受损。有条件的话，最好请一位专业人士陪同签订购车买卖合同，注明车型车况等。由于消费者与经销商之间信息不对称，现在最重要的是看合同是怎么签的，如果车行在合同中注明是"新车"而实际上是二手车，车行就不仅仅存在欺诈行为，甚至还要担负刑事责任，则不仅可以退车，甚至还可以起诉车行。

2. 特殊用途车辆当家用车卖

特殊用途车涵盖了很多车种，主要包括长途拉力赛用车、试验车和驾校用的教练车等。这些车辆与家用车相比，都有其不同的缺点，消费者在选车的时候要留心一些迹象，以防上当。

3. 事故修复车当无事故车卖

有没有事故在交警部门是有案可查的，出过事故的车辆再次交易的时候其价格应该更低。因为对于购买维修历史不详的二手车消费者而言，购买事故车会增大车辆出现故障的可能性，所以在选购二手车的时候，要想办法弄清楚这款车的维修记录。

4. 黑车当手续齐全车辆卖

按照法律，如果你不知道这款车是盗抢车辆，那么你只需要归还车辆而不必承担刑事责任；如果你明知道是盗抢车辆，那么还将承担相应的民事责任甚至刑事责任。其实鉴别黑车最重要的还是看手续、看发动机和车身编号与所附手续是否一致。

5. 拼装车当正规车卖

如果一款车的主要部件是拼装而成，即使其性能出众，也会涉及过户和上牌的问题。此类车辆根本无法通过正当途径获得车牌，使用风险大增，购买此类车辆显然得不偿失。有些车辆不是拼装车辆，但主要零部件已经不是原装，这样的车辆耐用性就值得怀疑了。

6. 出租车当家用车卖

出租车其实是一种特殊用途车辆，与其他车辆相比，它的使用强度要大得多。按照国家规定，出租车的报废期一般是8年，而家用轿车的报废期是15年。现在的出租车不仅仅是夏利、富康和桑塔纳，而且帕萨特、新雅阁、索纳塔及马自达6也都可能是出租车，所以买二手车一定要弄清楚自己买的这辆车此前是做什么的。

7. 里程陷阱

消费者在购买二手车时不要轻信对方报出的里程，关键还是看车辆本身的状况。

例如，胡先生在某二手车市场买了一辆轿车，购车时该车的里程表显示已行驶了5.5万km。胡先生是一位老驾驶员，凭着自己十几年的驾驶经验判断，该车各方面的状况都比较良好，经过一番讨价还价后，双方以4万元的价格成交。可是当他真正开起这辆车时，才发觉有些不太对劲：该快的时候快不起来，爬坡的时候使不上劲，还经常出现一些不应有的小毛病。在跑了多次修理厂之后，胡先生终于忍不住了，到该车的特约维修站查看它的原始资料和维修档案，才发现该车的实际行驶里程是15.5万km，竟然比里程表上的显示数据足足多了10万km。

8. 保险陷阱

不少二手车会标明该车拥有全年的保险，并把这项作为卖点，但通常都不会主动告知这辆车发生过什么理赔记录。因此，消费者除了看保险还应当看理赔记录。因为发生过理赔的车辆再次投保价格会高于没有发生过理赔记录的车辆，尤其是二手车，再次投保，保费与新车也略有不同。

9. 售后服务陷阱

不少二手车会承诺免费质保期，部分二手车经销商对售出的二手车一般承诺半年或1万km的免费质保期，但一些不良二手车经销商可能会承诺更长期限的免费质保期以诱消费者上当。一旦付款购车，真出现故障，无休止的维修费用纠纷都令人难以忍受。

单元 2.3 二手车动态检查

学习要点

1. 车辆路试检查；
2. 汽车的使用性能。

相关知识

在对汽车进行静态检查之后，要进行动态检查，目的是进一步检查发动机、底盘、电器电子设备的工作状况，以及汽车的使用性能。

机动车的动态检查是指车辆路试检查。路试的主要目的在于一定条件下，通过机动车各种工况，如发动机起动、怠速、起步、加速、匀速、滑行、强制减速、紧急制动，从低速挡到高速挡，从高速挡到低速挡的行驶，检查汽车的操纵性能、制动性能、滑行性能、加速性能、噪声和废气排放情况，以鉴定二手车的技术状况。

2.3.1 路试前的准备

在进行路试之前，检查机油油位、冷却液液位、制动液液位、转向液压油油量位、踏板自由行程、转向盘自由行程、轮胎胎压、各警示灯等项目，各个项目正常后方可起动发动机，进行路试检查。

1. 检查机油油位

打开发动机舱盖，如图 2-3-1 所示抽出机油尺，将机油尺用抹布擦净油迹后，插入机油尺导孔，拔出查看。

油位在上下刻线之间，即为合适。如果超出上刻线，应放出机油；如果低于下刻线，可从加油口处添加，待 10min 后，再次检查油位。补充时应严格注意清洁并检查是否有渗漏现象。

图 2-3-1 抽出机油尺

2. 检查冷却液液位

检查冷却液时，对于没有膨胀水箱的冷却系统，可以打开散热器盖进行检视，要求液面不低于排气孔 10mm。如果使用防冻液时，要求液面高度应低于排气孔 50~70mm（这是为了防止防冻液因温度增高溢出）；对于装有膨胀水箱的冷却系统，应检查膨胀水箱的冷却液量应在规定刻线上限（H）至下限（L）之间。检查水量时，应在冷车状态下进行，检查后应扣紧散热器盖。补充冷却液时，应尽量使用软水或同种防冻液。在添加前要检查冷却系统是否有渗漏现象（图 2-3-2）。

3. 检查制动液液位

正常制动液液位应在贮液罐的上限（H）与下限（L）刻线之间或标定位置处。当液位低于标定刻线或下限位置时，应把新的制动液补充到标定刻线或上限位置。

由于常用的制动液（指醇醚类）具有一定的吸湿性。因此，在向储液罐内补充制动液时，一方面要使用装在密封容器内的新制动液，另一方面要避免长时间开放储液罐的加液口盖。因为制动液吸收水分后其沸点会显著降低，容易引起气阻，造成制动失灵（图 2-3-3）。

图 2-3-2 检查冷却液液位

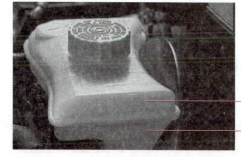

图 2-3-3 检查制动液液位

4. 检查离合器液压油液位

检查离合器液压油液位高度的方法与检查制动液相同。

5. 动力转向液压油的油量

首先，将动力转向储油罐的外表擦干净，然后将加油口盖从储油罐上取下，用干净的布块将油标尺上的油擦干净，重新将油标尺装上（检查时，请不要拧紧加油口盖），然后取下油标尺，检查油平面，油尺所示的刻度和意义与机油尺相同。如果油平面高度低于油尺下限刻度，则需要添加同种的转向液压油，直到上限刻度（F）为止。在添加之前应检查动力管路是否有渗漏现象。在检查或添加转向液压油时，应检查油质的污染情况，发现变质或污染时应及时更换。

6. 检查燃油箱的油量

打开点火开关，观察燃油表，了解油箱大致储油量，也可打开油箱盖，观察或用清洁量尺测量。但要注意油箱盖的清洁,避免尘土、脏物等落入。

7. 检查冷却风扇传动带

检查冷却风扇传动带的松紧度,用拇指以 90~100N 的力按压传动带中间部位时,挠度应为 10~15mm。如果不符合要求,按需要可调节发动机支架固定螺栓的位置进行调整。

8. 检查制动踏板行程并确保制动灯工作

路试二手车前,一定要检查制动系统并确保制动灯工作良好。检查踩踏制动踏板的感觉,踩下制动踏板 25~50mm,就应感到坚实而没有松软感,即使踩下 0.5min 也是如此。如果制动踏板有松软感,可能制动管路有空气,这意味着制动系统中某处可能有泄漏。对制动系统有问题的汽车进行路试是非常危险的。继续路试或进一步检查前一定要坚持让车主将制动系统修好。

另外,还要检查驻车制动是否工作,是否能将汽车稳固地保持住。

9. 检查轮胎气压

拧开轮胎气嘴的防尘帽,用轮胎气压表测量轮胎气压,轮胎的气压应符合轮胎的规定。气压不足,应进行充气;气压过高,应放出部分气体。轮胎气压过高或过低,均不宜进行路试,因其既不能正确判断汽车的性能状态,也可能出现意想不到的事故。

2.3.2 发动机工作性能检查

检查发动机工作性能主要是检查发动机的起动性、怠速、异响、急加速性、曲轴箱窜气量、排气颜色等项目。

1. 检查发动机起动性

正常情况下,用起动机起动发动机时,应在三次内起动成功。起动时,每次时间不超过 5s,再次起动时间要间隔 15s 以上。

2. 检查发动机怠速

发动机起动后使其怠速运转,打开发动机盖,观察怠速运转情况,怠速应平稳,发动机振动很小。观察仪表盘上的发动机转速表,此时,发动机的怠速应为(800±50)r/min,不同发动机的怠速转速可能有一定的差别。若开空调,发动机转速应上升,其转速应在 1000r/min 左右。

3. 检查发动机异响

让发动机怠速运转,听发动机有无异响、响声大小。然后,用手拨动节气门,适当增加发动机转速,倾听发动机的异响是否加大,或是否有新的异响出现。

4. 检查发动机急加速性

待发动机运转正常后,发动机温度达到80℃以上,用手拨动节气门,从急速到急加速,观察发动机的急加速性能,然后迅速松开节气门,注意发动机怠速是否熄火或工作不稳。通常急加速时,发动机会发出强劲且有节奏的轰鸣声。

5. 检查发动机曲轴箱窜气量

打开发动机曲轴箱通风出口,用手拨动节气门,逐渐加大发动机转速,观察曲轴箱的窜气量。正常发动机曲轴箱的窜气较少,无明显油气味,四缸发动机一般在10~20L/min。若曲轴箱窜气量大于60L/min,则曲轴箱通风系统不能保证曲轴箱的气体完全被排出,通风系统可能结胶堵塞,曲轴箱气体压力将增大,曲轴箱前后油封可能漏油,表明此发动机已需要大修。

6. 检查排气颜色

正常的汽油发动机排出气体是无色的,在严寒的冬季可见白色的水汽;柴油发动机带负荷运转时,发动机排出气体一般是灰色的,负荷加重时,排气颜色会深一些。汽车排气常有三种不正常的烟雾。

(1)冒黑烟。黑烟意味着燃油系统输出的燃油太多。换句话说,空气—燃油混合气太浓,发动机不能将它们完全燃烧。当发动机运行在浓混合气时,排气中的燃油使催化转化器变成一个催化反应炉。混合气过浓情况是由几个火花塞不点火,还是由几个喷油器漏油引起的,很难区分。无论哪种情况,燃油都会被送进催化转化器中。这样就把转化器的工作温度升高到了一个危险程度。经过一段时间后,更高的工作温度可能导致催化转化器破裂或融化。

(2)冒蓝烟。蓝烟意味着发动机烧机油,机油窜入燃烧室。若机油油面不高,最常见的原因是气缸与活塞密封出现问题,即活塞、活塞环因磨损与气缸的间隙过大。这表明此发动机需要大修。

(3)冒白烟。白烟意味着发动机烧自身冷却系统中的冷却液(防冻液和水)。这可能是气缸垫烧坏,使冷却液从冷却液通道渗漏到燃烧室中;也可能是缸体有裂纹,冷却液进入气缸内,这种发动机的价值就要大大打折扣。白烟的另一个解释是非常冷和潮湿的外界空气(低露点)引起。这种现象类似于在非常寒冷的天气中呼吸时的凝结,当呼出的气体比外界空气热得多,而与外界冷空气混杂在一起时热气凝结,产生水蒸气。以同样的方式,热排气与又冷又湿的大气混杂在一起产生白色烟雾(蒸汽),但是当汽车热起来后,因为热排气湿度含量低,蒸汽应当消失。

如果是自动挡汽车,汽车行驶时排出大量白烟可能是自动变速器有问题,而不是冷却液引起。许多自动变速器有一根通向发动机的真空管。如果这根变速器真空管末端的密封垫或薄膜泄漏,自动变速器油液可能被吸入发动机中,造成排气冒烟。

(4)排气气流不平稳。将手放在距排气管排气口10mm左右处,感觉发动机怠速时排气气流的冲击。正常排气气流有很小的脉冲感。若排气气流有周期性的打嗝或不平稳的喷溅，表明气门、点火或燃油系统有问题而引起间断性失火。

将一张白纸悬挂靠近排气口 10cm 左右，如果纸不断地被排气气流吹开，则表明发动机运转正常。如果纸偶尔地被吸向排气口，则发动机配气机构可能有很大问题。

2.3.3 汽车路试检查

汽车路试一般行驶 20km 左右。我们可以通过一定里程的路试检查汽车的工况。

1. 检查离合器的工作状况

按正常汽车起步方法操纵汽车，使汽车挂挡平稳起步，检查离合器工作情况。

正常情况下，离合器应该是接合平稳，分离彻底，工作时无异响、抖动和不正常打滑等现象。踏板自由行程符合汽车技术条件的有关规定，一般为 30~45mm。自由行程太小，说明离合器摩擦片磨损严重。离合器踏板力应与该型号汽车的踏板力相适应，各种汽车的离合器踏板力不应大于 300N。

如果离合器发抖或有异响，说明离合器内部有零件损坏现象，应立即结束路试。

2. 检查变速器的工作状况

从起步加速到高速挡，再由高速挡减至低速挡，检查变速器换挡是否轻便灵活，是否有异响，互锁和自锁装置是否有效，是否有乱挡或掉挡，换挡时变速杆不得与其他部件干涉。

在换挡时，变速器齿轮发响，表明变速器换挡困难，这是变速器常见的故障现象。一般是由换挡联动机构失调，或换挡拨叉变形或锈蚀，或同步器损坏所致。对于变速传动机构失调或锈蚀，尤其是远程换挡机构，只需重新调整。对于同步器损坏，则需要更换同步器，费用较高。

在汽车行驶过程中，急速踩下加速踏板或汽车受到冲击时，变速杆自行回到空挡，即为掉挡。当变速器出现掉挡时，说明变速器内部磨损严重，需要更换磨损的零件，才能恢复正常的性能。

在路试中，在换挡后出现变速杆发抖现象，表明汽车变速器使用时间很长，变速器的操纵机构的各个铰链处磨损松旷，使变速杆处的间隙过大。

3. 检查汽车动力性

汽车动力性能最常见的指标是从静态加速至 100km/h 的所需时间和最高车速，其中前者是最具意义的动力性能指标和国际流行的小客车动力性能指标。

汽车起步后，加速行驶，猛踩加速踏板，检查汽车的加速性能。通常，急加速时，发动机发出强劲的轰鸣声，车速迅速提升。各种汽车设计时的加速性能不尽相同，就轿车而言，一般发动机排量越大，加速性能就越好，有经验的汽车评估人员，能够了解各种常见车型的加速性能，通过路试能够检查出被检汽车的加速性能与正常的该型号汽车加速性能的差距。

检查汽车的爬坡性能，检查汽车在相应的坡道上，使用相应挡位时的动力性能，是否与经验值相近，感觉是否正常。

检查汽车是否能够达到原设计车速，如果达不到，估计一下差距大小。

如果汽车提速慢，最高车速与原车设计值差距较大，上坡无力，则说明车辆动力性能差，是一辆"老爷车"。

4. 检查汽车制动性能

汽车起步后，先点一下制动，检查是否有制动；将车加速至20km/h做一次紧急制动，检查制动是否可靠，有无跑偏、甩尾现象；再将车加速至50km/h，先用点刹的方法检查汽车是否立即减速、是否跑偏；再用紧急制动的方法检查制动距离和跑偏量。

当踩下制动踏板时，若制动踏板或制动鼓发出冲击或尖叫声，则表明制动摩擦片可能磨损，路试结束后应检查制动摩擦片的厚度。

若踩下制动踏板有海绵感，则说明制动管路进入空气，或制动系统某处有泄漏，应立即停止路试。

5. 检查汽车行驶稳定性

汽车以50km/h左右中速直线行驶，双手松开转向盘，观察汽车行驶状况。此时，汽车应该仍然直线行驶并且不明显地转到另一边。无论汽车转向哪一边，都说明汽车的转向轮定位不准，或车身、悬架变形。

汽车以90km/h以上高速行驶，观察转向盘有无摆动现象，即所谓的"汽车摆头"。若汽车有高速摆头现象，通常意味着存在严重的车轮不平衡或不对中问题。汽车摆头时，前轮左右摇摆沿波形前进，严重破坏了汽车的平顺性，直接影响汽车的行驶安全，增大了轮胎的磨损，使汽车只能以较低的速度前进。

选择宽敞的路面，左右转动转向盘，检查转向是否灵活、轻便。若转向沉重，说明汽车转向机构各球头缺油或轮胎气压过低。对于带助力转向的汽车，转向沉重可能是动力转向泵和齿轮齿条磨损严重，要修理或更换转向齿条，费用相当昂贵。动力转向问题有时还靠转向盘转动时的嘎吱声来识别，发出这种声音可能仅仅是转向油液面过低。

转向盘最大自由转动量每侧不允许大于10°（最高设计车速不小于100km/h的机动车）。若转向盘的自由转动量过大，意味着转向机构磨损严重，使转向盘的游动间隙过大，使转向不灵。

6. 检查汽车行驶平顺性

将汽车开到粗糙、有凸起路面行驶，或通过铁轨、公路有伸缩接缝处，感觉汽车的平顺性和乘坐舒适性。通常汽车排量越大，行驶越平顺，但燃油消耗也越多。

当汽车转弯或通过不平的路面时，倾听是否有从汽车前端发出忽大忽小的嘎吱声或低沉噪声，这可能是滑柱或减振器紧固装置松了，或轴衬磨损严重。汽车转弯时，若车身侧倾过大，则可能横向稳定杆衬套或减振器磨损严重。

在前轮驱动汽车上，前面发出咯哒声、沉闷金属声、滴答声可能是等速万向节已磨损，需要维修，等速万向节维修费用昂贵，和变速器大修费用差不多。

7. 检查汽车传动效率

在平坦的路面上，作汽车滑行试验。将汽车加速至30km/h左右，踏下离合器踏板，将变速器挂入空挡滑行，其滑行距离应不小于220m。否则，汽车传动系的传动阻力大，传动效率低，油耗增大，动力不足。汽车越重，其滑行距离越远。初始车速越高，其滑行距离亦越远。

将汽车加速至40~60km/h，迅速抬起加速踏板，检查有无明显的金属撞击声，如果有，说明传动系统间隙过大。

8. 检查风噪声

逐渐提高车速，使汽车高速行驶，倾听车外风噪声。风噪声过大，说明车门或车窗密封条变质损坏，或车门变形密封不严，尤其是整形后的事故车。

通常，车速越高，风噪声越大。对于空气动力学好的汽车，其密封和隔音性能好，风噪声较小。而对于空气动力学较差的汽车，或整形后的事故车，风噪声一般较大。

9. 检查驻车制动

选一坡路，将车停在坡中，拉上驻车制动，观察汽车是否停稳，有无滑溜现象。

2.3.4 自动变速器的路试检查

1. 自动变速器路试前的准备工作

在道路试验之前，应先让汽车以中低速行驶5~10min，让发动机和自动变速器都达到正常工作温度。

2. 检查自动变速器升挡

将操纵手柄拨至前进挡（D）位置，踩下节气门踏板，使节气门保持在1/2开度左右，让汽车起步加速，检查自动变速器的升挡情况。自动变速器在升挡时发动机会有瞬时的转速下降，同时车身有轻微的晃动感。正常情况下，随着车速的升高，试车者应能感觉到自动变速器能顺利地由1挡升入2挡，随后再由2挡升入3挡，最后升入超速挡。若自动变速器不能升入高挡（3挡或超速挡），说明控制系统或换挡执行元件有故障。

3. 检查自动变速器升挡车速

将操纵手柄拨至前进挡（D）位置，踩下节气门踏板，并使节气门保持在某一固定开度，让汽车加速。当察觉到自动变速器升挡时，记下升挡车速。一般4挡自动变速器在节气门开度保持在1/2时，由1挡升至2挡的升挡车速为25~35km/h，由2挡升至3挡的升挡车速为55~70km/h，由3挡升至4挡（超速挡）的升挡车速为90~120km/h。由于升挡车速和节气门开度有很大的关系，即节气门开度不同时，升挡车速也不同，而且不同车型的自动变速器各挡位传动比的大小都不相同，其升挡车速也不完全一样，因此，只要升挡车速基本保持在上述范围内，而且汽车行驶中加速良好，无明显的换挡冲击，都可认为其升挡车速基本正常。若汽车行驶中加速无力，升挡车速明显低于上述范围，说明升挡车速过低（即过早升挡）；若汽车行驶中有明显的换挡冲击，升挡车速明显高于上述范围，说明升挡车速过高（即太迟升挡）。

4. 检查自动变速器升挡时发动机转速

有发动机转速表的汽车在做自动变速器道路试验时，应注意观察汽车行驶中发动机转速变化的情况。它是判断自动变速器工作是否正常的重要依据之一。在正常情况下，若自动变速器处于经济模式或普通模式，节气门保持在低于1/2开度范围内，则在汽车由起步加速直至升入高速挡的整个行驶过程中，发动机转速都低于3000r/min。通常在加速至即将升挡时发动机转速可达到2500~3000r/min，在刚刚升挡后的短时间内发动机转速下降至2000r/min左右，如果在整个行驶过程中发动机转速始终过低，加速至升挡时仍低于2000r/min，说明升挡时间过早或发动机动力不足；如果在行驶过程中发动机转速始终偏高，升挡前后的转速在2500~3500r/min，而且换挡冲击明显，说明升挡时间过迟；如果在行驶过程中发动机转速过高，经常高于3000r/min，在加速时达到4000~5000r/min，甚至更高，则说明自动变速器的换挡执行元件（离合器或制动器）打滑，需要自动变速器拆修。

5. 检查自动变速器换挡质量

换挡质量的检查内容主要是检查有无换挡冲击。正常的自动变速器只能有不太明显的换挡冲击，特别是电子控制自动变速器的换挡冲击十分微弱。若换挡冲击太大，说明自动变速器的控制系统或换挡执行元件有故障，其原因可能是油路油压过高或换挡执行元件打滑，自动变速器有故障需要维修。

6. 检查自动变速器的锁止离合器工作状况

自动变速器的变矩器中的锁止离合器工作是否正常也可以采用道路试验的方法进行检查。试验中，让汽车加速至超速挡，以高于80km/h的车速行驶，并让节气门开度保持在低于1/2的位置，使变矩器进入锁止状态。此时，快速将节气门踏板踩下至2/3开度，同时检查发动机转速的变化情况。若发动机转速没有太大变化,说明锁止离合器处于接合状态;反之,若发动机转速升高很多,则表明锁止离合器没有接合,其原因通常是锁止控制系统有故障。

7. 检查发动机制动功能

检查自动变速器有无发动机制动作用时,应将操纵手柄拨至低挡(S、L或2、1)位置,在汽车以2挡或1挡行驶时,突然松开节气门踏板,检查是否有发动机制动作用。若松开节气门踏板后车速立即随之下降,说明有发动机制动作用;否则,说明控制系统或前进强制离合器有故障。

8. 检查自动变速器强制降挡功能

检查自动变速器强制降挡功能时,应将操纵手柄拨至前进挡(D)位置,保持节气门开度为1/3左右,在以2挡、3挡或超速挡行驶时突然将节气门踏板完全踩到底,检查自动变速器是否被强制降低一个挡位。在强制降挡时,发动机转速会突然上升至4000r/min左右,并随着加速升挡,转速逐渐下降。若踩下节气门踏板后没有出现强制降挡,说明强制降挡功能失效。若在强制降挡时发动机转速上升过高,达5000~6000r/min,并在升挡时出现换挡冲击,则说明换挡执行元件打滑,自动变速器需要拆修。

2.3.5 路试后的检查

1. 检查各部件温度

(1)检查油、冷却液温度。正常冷却液温度不应超过90℃,机油温度不应高于90℃,齿轮油温不应高于85℃。

(2)检查运动机件过热情况。查看制动鼓、轮毂、变速器壳、传动轴、中间轴轴承、驱动桥壳(特别是减速器壳)等,不应有过热现象。

2. 检查"四漏"现象

(1)在发动机运转及停车时散热器、水泵、气缸、缸盖、暖风装置及所有连接部位均无明显渗漏水现象。

(2)机动车连续行驶距离不小于10km,停车5min后观察不得有明显渗漏油现象。检查机油、变速器油、主减速器油、转向液压油、制动液、离合器油、液压悬架油等相关处有无泄漏。

(3)检查汽车的进气系统、排气系统有无漏气现象。

(4)检查发动机点火系统有无漏电现象。

知识拓展

理解二手车内行用语

收购二手车时，要清楚的问题很多，总结起来主要有以下几点：确定其手续完备情况和车辆状况；查询违章和欠交费用情况；弄清有没有年审、车辆车架和发动机号有没有更改、有没有锈蚀腐蚀、有无大的事故修复痕迹；与新车作对比，看发动机运转状况是否平稳、发动机有无漏油、车辆有无跑偏或异响、加速是否平顺等等。

最明显的外行行为就是不仔细看车，感觉好就交钱，或者只注重外表，开都不开，付了钱就了事。这样很容易给车行造成不应有的损失。

注意以下几个要点，可以使自己变得内行一些：

- 哪年的车？
- 能不能过户？
- 保险过期了没有？
- 有没有出过事故？
- 车架有没有做过翻新（看各梁是否有重新焊接并涂漆的痕迹）？
- 车面是不是原漆（看漆面质量及胶条、接缝等处是否有漆点）？
- 电喷或化油器发动机的尾气排放是不是达标（看排污证上最近年审的参数）？
- 百公里油耗是多少？
- 最低什么价位？

单元2.4 二手车仪器检测

学习要点

1. 二手车仪器检测；
2. 常用检测的仪器设备。

相关知识

利用静态检查和动态检查，可以对汽车的技术状况进行定性的判断，即初步判定车辆的运行情况是否基本正常、车辆各部分有无故障及故障的可能原因、车辆各总成及部件的新旧程度等。传统检测都是评估师经过对车辆静态观察与试车，根据评估经验主观判断出车辆的技术状况，肉眼无法检查出来的问题被忽视，这样很难让买主和卖主信服。

当对车辆各项技术性能及各总成、部件的技术状况进行定量、客观的评价时，通常需借助一些专用仪器、设备进行。用专业机器设备进行检测，肉眼无法检查出来的问题也清晰可见，车辆到底有多少损耗根据机器检测出来的数据来制定，这种方式公平、公正、公开。

目前，常用的机动车检测仪器有发动机综合分析仪、安全检测线、专用故障分析仪、汽车电脑解码仪、汽车专用内窥镜、车身涂料测厚仪、汽车减速仪、车轮定位检验仪器和设备、制动试验台、车轮动平衡检测设备、减振器试验台、底盘测功机等。

2.4.1 发动机和驱动电机性能检测

1. 发动机和驱动电机性能要求

国家标准《机动车运行安全技术条件》（GB 7258—2017）对发动机要求如下：

（1）发动机应能起动，怠速稳定，机油压力和温度正常。发动机功率应大于等于标牌（或产品使用说明书）标明的发动机功率的75%。

（2）柴油机停机装置应有效。

（3）发动机起动、燃料供给、润滑、冷却和进排气等系统的机件应齐全。

（4）纯电动汽车的电机系统应运转平稳。

2. 发动机功率检测

发动机输出的有效功率是发动机的综合性能评价指标，该指标直接确定了发动机的技术状况，并能定量地获得发动机的动力性。

目前应用较为广泛的是动态测功（即无负荷测功或无外载测功）。动态测功就是发动机怠速或空载某一低速时，突然全开节气门，测量加速过程中的某一参数（如角加速度、加速时间等），然后通过计算间接得出功率的一种方法。

动态测功使用的仪器为无负荷测功仪。在用车功率不得低于原标定功率的75%，大修后发动机最大功率不得低于标定值的90%。

2.4.2 发动机气缸密封性检测

发动机密封性是由气缸活塞组、气门、气门座、气缸盖、气缸体、气缸垫及相关零件保证的。发动机在长期使用过程中，会使气缸活塞组零件磨损，气门与气门座磨损、烧蚀以及缸体、缸盖密封面翘曲，将使气缸的漏气量增加，密封性下降，从而导致发动机功率下降，油耗增加。因此，为了保证发动机的正常工作状态，必须对发动机的密封性进行检测。通常通过检测气缸压缩压力来评价气缸密封性。

气缸压缩终了的压力与发动机的热效率和平均指示压力有密切关系。影响气缸压缩终了压力的因素有气缸活塞组的密封性、气门与气门座的密封性以及气缸垫的密封性等。因此，通过气缸压缩终了压力的测量，可以间接地判断上述部位的技术状况。检测活塞到达压缩行程上止点时，气缸压缩压力的大小可用气缸压力表检测。

1. 发动机气缸压缩压力的检测

气缸压力值应符合原设计规定；各缸压力差为汽油机不超过 8%，柴油机不超过 10%。

气缸压力检测结果异常判断

检测结果可分为超过标准、符合标准和低于标准三种情况。

若检测结果超过原厂标准，则是燃烧室容积减少了，其原因主要是燃烧室内积炭过多，气缸衬垫过薄或缸体与缸盖接合平面经过多次修理磨削过度造成。

若某缸检测结果低于原厂标准，则需要分析具体原因，可按以下步骤进行：向该缸火花塞孔内注入 20~30mL 润滑油，然后用气缸压力表重新测量气缸压力并记录。

① 若重新测量气缸压力比第一次高，接近于标准压力，则表明是气缸、活塞环、活塞磨损过大或活塞环对口、卡死、断裂及缸壁拉伤等原因造成气缸不密封。

② 若重新测量的气缸压力与第一次基本相同，即仍比标准压力低，表明是进、排气门或气缸衬垫不密封。

③ 两次检测结果均表明某相邻两缸压力都相当低，说明是两缸相邻处的气缸衬垫烧损窜气。

2. 曲轴箱窜气量的检测

采用差压式流量计检测发动机工作时曲轴窜气量，主要检查气缸活塞副的工作状况。

检测参数标准为单缸平均窜气量。

① 汽油机：新机 2~4L/min，达到 16~22L/min 时需大修。

② 柴油机：新机 3~8L/min，达到 18~28L/min 时需大修。

3. 气缸漏气量和气缸漏气率的检测

从火花塞孔处注入压缩空气，通过测量气缸内压力的变化，用气缸漏气检测仪检查整个气缸组件的密封性。

2.4.3 汽车传动系检测

传动系是汽车底盘的主要组成部分之一。传动系的技术状况直接影响发动机动力的传递。利用仪器设备检测离合器打滑、传动系游动角度可判断传动系的技术状况。

1. 离合器打滑的检测

离合器打滑会使发动机的动力不能有效地传递到驱动轮上，会使离合器自身过热、加剧磨损、烧焦，甚至损坏。

离合器打滑频闪测定仪可用来检测离合器是否有打滑现象。离合器打滑的检测可在底盘测功试验台或车速表试验台上进行，无试验台的可支起驱动桥进行。检测中应挂入直接挡，使汽车原地运转。将闪光灯发出的光亮点投射到传动轴上某一点（可预先设置标记）。若离合器不打滑，传动轴上某点与光亮点同步，看起来传动轴似乎不转动，若某点与光亮点不同步，而是逐渐滞后于光亮点，并看到传动轴似乎在慢慢转动，说明离合器打滑。

如果无上述频闪测定仪，也可以用发动机点火频闪正时灯代替。

2. 传动系游动角度的检测

传动系机件磨损松旷是由于各部分间隙（游动角度）超过允许值的结果，因而传动系游动角度可以作为评价汽车传动系技术状况的一般性综合诊断参数。利用传动系游动角度检验仪可对各传动部分的游动角度进行检验。

根据国外资料介绍，中型载货汽车传动系游动角度及各分段游动角度极限值如表 2-4-1 所示，仅供诊断传动系技术状况时参考。

表 2-4-1 游动角度参考数据

部位	游动角度	部位	游动角度
离合器与变速器	≤ 5°~15°	驱动桥	≤ 55°~65°
万向传动装置	≤ 5°~6°	传动系	≤ 65°~86°

1）万向传动装置游动角度的检测

把传动轴置于驱动桥游动范围的中间或将驱动桥支起，拉紧驻车制动，左右旋转传动轴至极端位置，测量仪便直接显示出固定在传动轴上的传感器的倾斜角度。将两个位置的倾斜角度记下，其差值即为万向传动装置的游动角度。该角度不包括传动轴与驱动桥之间的万向节的游动角度。

2）离合器和变速器各挡位游动角度的检测

放松驻车制动，将变速器挂入选定挡位，此时离合器处于接合状态。在传动轴置于驱动桥游动范围的中间或在驱动桥支起的情况下，左右旋转传动轴至极端位置，测量仪便显示出传感器的倾斜角度，求出两位置倾斜角的差值，便得到该挡位下的游动角度之和。

3）驱动桥游动角度的检测

放松驻车制动，将变速器置入空挡位置，踩下制动踏板，左右旋转传动轴至极端位置，即可测出驱动桥的游动角度。该角度包括传动轴与驱动桥之间的万向节的游动角度。多驱动桥的汽车，当需要检测每一段的游动角度时，传感器应分别固定在变速器与分动器之间的传动轴、前桥传动轴、中桥传动轴和后桥传动轴上。

在测量仪上读取数值时应注意，其显示的角度在0°～30°有效，出现大于30°的情况，可将固定在传动轴上的传感器适当转过一定角度，使传动轴两极限位置所示角度值在0°～30°即可。若其中一极限位置为0°，另一极限位置超过30°，说明该段游动角度＞30°，超出了仪器的测量范围。

2.4.4 转向系检测

转向系是汽车底盘的主要组成部分之一，其技术状况变化对汽车操纵稳定性和高速行驶的安全性有直接影响。利用仪器设备对转向盘的自由行程和转向力等参数进行检测，可诊断出转向系技术状况的好坏。

1. 转向系性能参数要求

国家标准《机动车运行安全技术条件》（GB 7258—2017）对转向力和转向盘自由转动量要求如下：

（1）机动车在平坦、硬实、干燥和清洁的水泥或沥青道路上行驶，以10km/h的速度在5s之内沿螺旋线从直线行驶过渡到直径为25m的圆周行驶，施加于方向盘外缘的最大切向力不应大于245N。

（2）机动车方向盘的最大自由转动量应小于等于：最高设计车速不小于100km/h的机动车为15°。

2. 转向盘转向力的检测

操纵稳定性良好的汽车，必须有适度的转向轻便性。如果转向沉重，不仅增加驾驶员的劳动强度，而且会因不能及时正确转向而影响行车安全。

转向轻便性可用一定行驶条件下作用在转向盘上的转向力（即作用在转向盘外缘的最大切向力）来表示。采用转向参数测量仪，可以测得转向力及对应转角。

转向力的检测方法可按转向轻便性试验方法进行，一般有原地转向力试验、低速大转角（8字行驶）转向力试验、转弯转向力试验等，这可参照有关国家标准的规定进行检测。

3. 转向盘自由转动量的检测

转向盘自由转动量，是指汽车保持直线行驶位置不动时，左右晃动转向盘时的自由转动量（游动角度）。转向盘自由转动量是一个综合诊断参数，当其超过规定值时，说明从转向盘至转向轮的传动链中一处或几处的配合松旷。转向盘自由转动量过大时，将造成驾驶员工作紧张，并影响行车安全。

转向参数测量仪或转向测力仪,一般都具有测量转向盘转角的功能,因此完全可以用来检测转向盘自由转动量。当转向盘自由转动量超过规定值时,可借助汽车悬架转向系间隙检测仪进一步检查诊断,直至查出松旷、磨损部位。

2.4.5 二手车制动性能检测

汽车的制动性能包括行车制动性能和驻车制动性能。行车制动性能是指汽车在行驶中能强制降低行驶速度以致停车,且维持方向稳定性的能力。驻车制动性能是指汽车在一定坡道能长时间停车的能力。汽车制动性能良好与否,直接关系到汽车行驶的安全性。

二手车制动性能直接关系到交通安全,评价制动性的指标主要有制动距离、制动时间、制动减速度和制动力等几项,可以应用检测仪器进行检测。在道路上进行汽车制动性能检测时,可利用五轮仪或制动仪等仪器进行;在室内进行汽车制动性能检测时,可利用制动试验台进行。

1. 二手车制动性能的要求

1)路试检测制动性能的要求

国家标准《机动车运行安全技术条件》(GB 7258—2017)规定,二手车制动性能和应急制动性能的路试检测在平坦、硬实、清洁、干燥且轮胎与地面间附着系数不小于0.7的水泥或沥青路面上进行。

二手车在规定初速度下的制动距离和制动稳定性要求应符合的规定如表2-4-2所示。制动减速度和制动稳定性要求应符合的规定如表2-4-3所示。

表2-4-2 二手车制动距离和制动稳定性要求

二手车类型	制动初速度/($km \cdot h^{-1}$)	满载检验制动距离要求/m	空载检验制动距离要求/m	试验通道宽度/m
三轮汽车	20	≤5.0		2.5
乘用车	50	≤20.0	≤19.0	2.5
总质量不大于3500kg的低速汽车	30	≤9.0	≤8.0	2.5
其他质量不大于3500kg的低速汽车	50	≤22.0	≤21.0	2.5
其他汽车、汽车列车	30	≤10.0	≤9.0	3.0
两轮摩托车	30	≤7.0		—
边三轮摩托车	30	≤8.0		2.5
正三轮摩托车	30	≤7.5		2.3
轻便摩托车	20	≤4.0		—
轮式拖拉机运输机组	20	≤6.5	≤6.0	3.0
手扶变型运输机	20	≤6.5		2.3

表 2-4-3 制动减速度和制动稳定性要求

机动车类型	制动初速度 /(km·h^{-1})	空载检验充分发出的平均减速度/(m·s^{-2})	满载检验充分发出的平均减速度/(m·s^{-2})	试验通道宽度/m
三轮汽车	20	≥3.8		2.5
乘用车	50	≥6.2	≥5.9	2.5
总质量不大于3500kg的低速货车	30	≥5.6	≥5.2	2.5
其他总质量不大于3500kg的汽车	50	≥5.8	≥5.4	2.5
铰接客车、铰接式无轨电车、汽车列车（乘用车列车除外）	30	≥5.0	≥4.5	3.0
其他汽车、乘用车列车	30	≥5.4	≥5.0	3.0

2）室内台式检验制动性能的要求

《机动车运行安全技术条件》(GB 7258—2017)对台式检验制动性能的要求如表 2-4-4 所示。

表 2-4-4 二手车制动性能的要求

机动车类型	制动力总和与整车质量的百分比		轴制动力与轴荷[1]的百分比	
	空载	满载	前轴[2]	后轴[2]
三轮汽车	—	—		≥60[3]
乘用车、其他总质量小于等于3500kg的汽车	≥60	≥50	≥60[3]	20[3]
铰接客车、铰接式无轨电车、汽车列车	≥55	≥45	—	—
其他汽车	≥60[4]	≥50	≥60[3]	≥50[5]
挂车	—	—	—	≥55[6]
普通摩托车			≥60	≥55
轻便摩托车	—	—	≥60	≥50

注：①用平板制动检验台检验乘用车、其他总质量小于等于3500kg的汽车时应按左右轮制动力最大时刻所分别对应的左右轮动态轮荷之和计算。

②机动车（单车）纵向中心线中心位置以前的轴为前轴，其他轴为后轴；挂车的所有车轴均按后轴计算；用平板制动试验台测试并装轴制动力时，并装轴可视为一轴。

③空载和满载状态下测试均应满足此要求。

④对总质量小于等于整备质量的1.2倍的专项作业车应大于等于50%。

⑤满载测试时后轴制动力百分比不做要求；空载用平板制动检验台检验时应大于等于35%；总质量大于3500kg的客车，空载用反力滚筒式制动试验台测试时应大于等于40%，用平板制动检验台检验时应大于等于30%。

⑥满载状态下测试时应大于等于45%。

3）驻车制动性能要求

当采用制动试验台检验汽车和正三轮摩托车驻车制动装置的制动力时，车辆空载，使用驻车制动装置，驻车制动力的总和应不大于等于该车在测试状态下整车重量的20%；对总质量为整备质量1.2倍以下的车辆此值为15%。

2. 制动性能的路试检测方法

（1）路试检验制动性能应在平坦（坡度不应大于1%）、干燥和清洁的硬路面（轮胎与路面之间的附着系数不应小于0.7）上进行。

（2）在试验路面上画出规定宽度的试验通道的边线，被测机动车沿着试验车道的中线行驶至高于规定的初速度后，置变速器于空挡（自动变速的机动车可置变速器于D挡），当滑行到规定的初速度时，急踩制动，使机动车停止。

（3）用制动距离检验行车制动性能时，采用速度计、第五轮仪或用其他测试方法测量机动车的制动距离，对除气压制动外的机动车还应同时测取踏板力（或手操纵力）。

（4）用充分发出的平均减速度检验行车制动性能时，采用能够测取充分发出的平均减速度和制动协调时间的仪器测量机动车充分发出的平均减速度和制动协调时间，对除气压制动外的机动车还应同时测取踏板力（或手操纵力）。

3. 台试制动性能检验方法

国家标准《机动车运行安全技术条件》（GB 7258—2004）规定了台试制动性能检验方法。

1）滚筒式制动检验台检测制动性能

滚筒式制动检验台滚筒表面应干燥，没有松散物质及油污，滚筒表面当量附着系数不应小于0.75。驾驶员将机动车驶上滚筒，位置摆正，置变速器于空挡。启动滚筒，在2s后测取车轮阻滞力；使用制动，测取制动力增长全过程中的左右轮制动力差和各轮制动力的最大值，并记录左右车轮是否抱死。

在测量制动时，为了获得足够的附着力，允许在机动车上增加足够的附加质量或施加相当于附加质量的作用力（附加质量或作用力不计入轴荷），在测量制动时，可以采取防止机动车移动的措施（例如加三角垫块或采取牵引等方法）。当采取上述方法之后，仍出现车轮抱死并在滚筒上打滑或整车随滚筒向后移出的现象，而制动力仍未达到合格要求时，应改用国家标准《机动车运行安全技术条件》（GB 7258—2017）规定的其他方法进行检验。

2）用平板制动检验台检测制动性能

制动检验台平板表面应干燥，没有松散物质及油污，平板表面附着系数不应小于0.75。驾驶员将机动车对正平板制动检验台，以5~10km/h的速度（或制动检验台制造厂家推荐的速度）行驶，置变速器于空挡（自动变速的机动车可置变速器于D挡），急踩制动，使机动车停止，测取参数值。

3）检验方法的选择

机动车安全技术检验时，机动车制动性能的检验宜采用滚筒反力式制动检验台或平板制动检验台检验制动性能，其中前轴驱动的乘用车更适合采用平板制动检验台检验制动性能。

不宜采用制动检验台检验制动性能的机动车及对台试制动性能检验结果有质疑的机动车应路试检验制动性能。

对满载/空载两种状态时后轴轴荷之比大于2.0的货车和半挂牵引车，宜加载（或满载）检验制动性能，此时所加载荷应计入轴荷和整车重量。加载至满载时，整车制动力百分比应按满载检验考核；若未加载至满载，则整车制动力百分比应根据轴荷按满载检验和空载检验的加权值考核。

2.4.6 二手车车轮侧滑检测

为保证二手车转向车轮无横向滑移地直线滚动，要求车轮外倾角与车轮前束有适当配合，否则，车轮就可能在直线行驶过程中产生侧滑现象。当侧滑现象严重时，将破坏车轮的附着条件，丧失定向行驶能力，并导致轮胎异常磨损。在二手车年度审检中，应用侧滑试验台对二手车侧滑量进行检测。

国家标准《机动车运行安全技术条件》（GB 7258—2017）对二手车侧滑量要求规定如下。

（1）转向轮横向侧滑量的检验应在侧滑检验台上进行。

（2）将汽车对正侧滑检验台，并使方向盘处于正中位置。

（3）使汽车沿台板上的指示线以3~5km/h车速平稳前行，在行进过程中，不允许转动方向盘。

（4）转向轮通过台板时，测取横向侧滑量。

2.4.7 二手车前照灯技术状况检测

前照灯在使用过程中，会产生灯泡老化、发光效率降低、照射位置变化等现象。当前照灯的发光强度不足或照射方向不正确时，会造成驾驶员夜间行车视线不清，极易造成交通事故。

1. 二手车前照灯的基本要求

国家标准《机动车运行安全技术条件》（GB 7258—2017）对二手车前照灯的技术要求包括以下几个方面。

（1）前照灯远光光束发光强度最小值要求（表2-4-5）。

表 2-4-5 前照灯远光光束发光强度最小值要求

二手车类型		发光强度最小值 /cd					
		新注册车			在用车		
		一灯制	二灯制	四灯制[1]	一灯制	二灯制	四灯制[1]
三轮汽车		8000	6000	—	6000	5000	—
最高设计车速小于 70 km/h 的汽车		—	10000	8000	—	8000	6000
其他汽车		—	18000	15000	—	15000	12000
普通摩托车		10000	8000	—	8000	6000	—
轻便摩托车		4000	3000	—	3000	2500	—
拖拉机运输机组	标定功率 > 18 kW	—	8000		—	6000	
	标定功率 ≤ 18 kW	6000[2]	6000		5000[2]	5000	—

注：[1]指前照灯具有四个远光光束；采用四灯制的二手车其中两只对称的灯达到两灯制的要求时视为合格。

[2]允许手扶拖拉机运输机组只装用一只前照灯。

（2）前照灯光束照射位置要求。

①前照灯近光光束。前照灯照射在距离 10m 的屏幕上，乘用车前照灯近光光束明暗截止线转角或中点的高度应为 0.7~0.9H（H 为前照灯基准中心高度，下同），其他二手车（拖拉机运输机组除外）应为 0.6~0.8H。二手车前照灯近光光束水平方向位置向左偏不允许超过 170mm，向右偏不允许超过 350mm。

②前照灯远光光束。前照灯照射在距离 10m 的屏幕上时，要求在屏幕中心离地高度，对乘用车为 0.9~1.0H，对其他二手车为 0.8~0.95H；二手车前照灯远光光束的水平位置要求，左灯向左偏不允许超过 170mm，向右偏不允许超过 350mm。右灯向左或向右偏均不允许超过 350mm。

2. 二手车前照灯检测

二手车前照灯检测方法有屏幕检测法和前照灯检测仪检测法。

（1）屏幕检测法：在屏幕上检查。检查用场地应平整，屏幕与场地应垂直。被检验的机动车应在空载、轮胎气压正常、乘坐一名驾驶员的条件下进行。将机动车停置于屏幕前，并与屏幕垂直，使前照灯基准中心距屏幕 10m，在屏幕上确定与前照灯基准中心离地面距离 H 等高的水平基准线及以机动车纵向中心平面在屏幕上的投影线为基准确定的左右前照灯基准中心位置线。分别测量左右远、近光束的水平和垂直照射方位的偏移值。

（2）前照灯检测仪检验。将被检验的机动车按规定距离与前照灯检测仪对正（宜使用车辆摆正装置），从前照灯检测仪的显示屏上分别测量左右远、近光束的水平和垂直照射方位的偏移值。

机动车安全技术检验时宜采用前照灯检测仪检验前照灯光束照射位置。

2.4.8 四轮定位检测

由于汽车行驶速度越来越高,汽车的操纵稳定性对汽车安全越来越重要。汽车不仅具有前轮定位参数要求,有些高速客车和轿车还具有后轮外倾角和后轮前束等参数。这些定位参数的变化会使汽车稳定性下降,同时增加轮胎的异常磨损和某些零部件过早的疲劳损伤。

例如,主销后倾角过大时,转向沉重,驾驶员容易疲劳;主销后倾角过小时,汽车直线行驶时容易产生前轮摆振,转向盘摇摆不定,方向自动回正能力下降;当左右车轮的主销后倾角不相等或前后桥不平行时,汽车会出现跑偏现象,会大大降低汽车的操纵性和增加驾驶员疲劳。

若四轮定位仪对定位参数的检测合格,则可增加汽车行驶的安全性,增加操纵稳定性,减少轮胎磨损,减小悬架系统和行驶系统部分零件的疲劳损伤,降低燃油消耗等。

四轮定位仪检测的项目包括前轮前束值/角(前轮前束角/前张角)、前轮外倾角、主销后倾角、主销内倾角、后轮前束值/角(后轮前束角/前张角)、后轮外倾角、轮距、轴距等。

因为各种汽车的四轮定位参数不尽相同,可调参数也不尽相同,所以在检测汽车四轮定位前必须先查阅被检测汽车生产厂的四轮定位参数标准,哪些参数是可调的,哪些参数是不可调的,一般可从维修手册或四轮定位仪内存中查阅。

专业的汽车评估人员在拿到四轮定位检测不合格的报告后,通常会同被评估汽车的专业维修人员对不合格项目进行认真分析。四轮定位修理中,通常的修理方法包括调整、更换部分零部件和车身校正。由多种原因造成不合格的项目还需进行现场检验,根据现场检验结果,分析最大和最小可能产生的原因,拟订维修方案,确定被评估汽车恢复到四轮定位合格可能所需的费用范围。

2.4.9 汽车排气污染物的检测

随着汽车保有量的急剧增加,汽车排气污染物造成的环境污染问题日趋严重,所以对汽车排气污染物监控和防治已成为政府及环保部门对汽车管理的一项重要工作。

汽车排放污染物主要有HC(碳氢化合物)、NO_x(氮氧化物)、CO(一氧化碳)、PM(微粒)等,它们主要通过汽车排气管排放,只有部分HC和极小量的其他污染物质由曲轴箱和燃油系统排放。其中,CO是燃油不完全燃烧的产物,对人的健康危害较大。HC主要是燃油蒸发及不完全燃烧的产物,由200多种不同的成分构成,含有致癌物质。NO_x是高温燃烧条件下,由氮和氧化合而成,排放到大气后变成NO_2(二氧化氮),其毒性很强,对人及植物生长均有不良影响,是形成酸雨及光化学烟雾的主要物质之一。PM主要成分是炭烟,上面附有大量化学物质,包含致癌物质,吸入人体后会在肺部长期停留。

1. 汽车排放污染物检测标准

我国汽车排放污染物检测标准是以欧洲汽车排放标准为蓝本而制定的,并逐渐向其靠拢。

（2）载货汽车和大型、中型非营运载客汽车10年以内每年检验1次；超过10年的，每6个月检验1次。

（3）小型、微型非营运载客汽车6年以内每2年检验1次；超过6年的，每年检验1次；超过15年的，每6个月检验1次。

（4）摩托车4年以内每2年检验1次；超过4年的，每年检验1次。

（5）拖拉机和其他机动车每年检验1次。

营运机动车在规定检验期限内经安全技术检验合格的，不再重复进行安全技术检验。

实践训练

【实训2-1】正确填写二手车鉴定评估委托书。

【实训2-2】按照接、打电话的程序要求，正确熟练地接、打电话。

【实训2-3】对于给定的二手车，查验其机动车行驶证、机动车登记证书与机动车号牌。

【实训2-4】对于给定的二手车，进行二手车的识伪检查。

巩固练习

1. 二手车评估委托书（合同）包括哪些主要内容？
2. 机动车的主要证件包括哪些？哪个证件是机动车合法行驶资格的证书？
3. 机动车来历凭证包括哪些？如何识伪？
4. 如何进行机动车行驶证的识伪检验？如何查验机动车登记证书？
5. 如何进行机动车号牌的识伪查验？
6. 机动车主要税费凭证包括哪些？
7. 机动车为何要进行投保？有哪些主要险种？
8. 我国为何要设置机动车交通事故责任强制保险？
9. 如何正确对二手车进行拍照？
10. 何谓二手车静态检查？其目的是什么？静态检查包括哪些项目？
11. 如何鉴别走私和拼装车辆？
12. 如何正确检查车舱？主要包括哪些项目？
13. 如何正确检查行李舱？主要包括哪些项目？
14. 如何进行车底检查？主要包括哪些项目？
15. 何谓汽车动态检查？其目的是什么？主要包括哪些内容？
16. 路试后要进行哪些检查工作？
17. 为何要利用仪器进行二手车检查？常用检测仪器设备有哪些？

学习情境 3

二手车评估

学习目标 →

通过本情境的学习,掌握二手车价值评估的常见方法与运用条件;熟悉事故车检查内容与损失评估方法;熟悉撰写二手车评估报告的基本要求、基本内容及编写步骤,并在车辆鉴定与评估后,能依据所掌握资料独立撰写二手车评估报告书。

能力目标 →

1. 具有正确运用二手车价值评估方法估算二手车价值的能力;
2. 具有对事故车进行检查与损失评估的能力;
3. 具有依据所掌握的资料独立撰写二手车评估报告书的能力。

学习引导 →

二手车评估的基本方法有收益现值法、清算价格法、重置成本法与现行市价法。二手车交易时,经常有事故车、水损车、火灾车等混入其中,部分经营者从中牟取暴利。为提高鉴别技能,降低收购风险,需掌握具体的检查内容与损失评估方法。二手车评估报告是按照评估工作制度的规定,在评估工作后向委托方和有关方面提交的说明车辆评估过程和结果的书面报告,是二手车评估的结论性文件。本情境设置三个学习单元:二手车的价值评估、事故车的检查与损失评估、二手车评估报告书撰写。

二手车的价值评估 → 事故车的检查与损失评估 → 二手车评估报告书撰写

单元 3.1 二手车的价值评估

学习要点

1. 收益现值法；
2. 清算价格法；
3. 重置成本法；
4. 现行市价法。

相关知识

二手车评估，也称旧机动车鉴定估价，是由专门的鉴定估价人员，根据特定的目的，遵循法定或公允的标准和程序，运用科学的方法对二手车进行手续检查、技术鉴定和价格估算的过程。

二手车评估的内涵由六大要素组成，即评估的主体、客体、目的、程序、标准和方法。评估的主体即评估师或评估机构；客体指被评估的二手车；评估的目的指评估是为二手车的哪种经济行为服务，是交易、资产清算，还是司法鉴定，评估目的不同，所选用的估价方法和标准也不同，当然最终得到的二手车的评估值也不同；评估程序是指整个评估过程所遵循的步骤和规则；评估标准是指评估时采用的计价标准，常见的计价标准有重置成本标准、现行市价标准、清算价格标准和收益现值标准，在我国，二手车评估机构的评估人员一般首选重置成本法进行价格估算，而市场交易行为则普遍采用现行市价法；评估方法是指用于确定二手车评估值的手段和途径。

3.1.1 二手车评估的目的与任务

1. 二手车评估的目的

二手车鉴定评估是以技术鉴定为基础的，以准确地确定二手车市场现时价格，并以此作为买卖双方成交的参考底价。也就是说为了正确反映二手车的价值量及其变动，为将要发生的经济行为提供公平的价格尺度。

2. 二手车评估的任务

对于同一辆车，因不同的评估目的，其评估出来的结果会有所不同。对于客户提出不同的委托目的，需要采用不同的评估方法，同时评估中的重要任务是鉴别车辆是否是走私车、盗抢车、非法拼装车、报废车、手续不全的车等，其任务主要有以下几点。

（1）确定二手车交易价格。由于二手车在交易时，买卖双方对交易价格的期望是不同的，需要鉴定评估人员站在公正、独立的立场，选择适宜的评估方法，对预交易车辆进行鉴定评估，评估价格作为买卖双方成交的参考底价。

（2）二手车认证。二手车认证是由第三方机构发起的，并通过评估、检测对车辆进行客观的估价。对于卖家，可以增加出售车辆的信息透明度，易于成交；对于买家，减少了由于缺少二手车方面专业知识，而买到问题车的风险。

（3）车辆置换。车辆置换是指以旧车换新车或者以旧车换旧车的业务。车辆的置换业务直接关系到置换双方的利益，需要鉴定评估师对预置换的车辆进行公平合理的鉴定评估，为置换双方提供现时价值依据。

（4）车辆拍卖。对于符合拍卖条件的车辆，如公务车辆、执法机关罚没车辆、抵押车辆、企业清算车辆、海关获得的抵税和放弃车辆等，预进行拍卖时，应先对车辆进行鉴定评估，为车辆拍卖提供拍卖底价。

（5）车辆的转籍、过户。二手车辆的转籍、过户可能因为交易行为，或者因为其他经济行为而发生。例如，某单位或个人用机动车辆来偿还其债务，且债权债务双方对车辆的价值出现异议时，需要委托二手车鉴定评估机构对有关车辆的价值进行评定估算，否则，车辆无法转籍和过户。

（6）法律诉讼咨询服务。当事人遇到机动车辆诉讼时，可以委托鉴定评估师对车辆进行评估，有助于把握事实真相。同时，法院在判决时，可以依据鉴定评估师的结论为法院裁定提供现时价值依据。

（7）抵押贷款。贷款人以机动车辆作为贷款抵押物，向银行进行贷款时，银行为了确保放贷安全，需要车辆鉴定评估机构对车辆进行准确的鉴定评估，并作为银行放贷的依据。

（8）车辆担保。车辆担保是指车辆产权人，用其拥有的机动车辆为他人或单位的经济行为进行担保时，需要二手车鉴定评估师对预担保车辆的价值进行公平评估，为担保人提供价值依据。

（9）车辆典当。当车辆产权人要将车辆进行典当时，若典当双方对典当车辆的价值出现异议，可以委托二手车鉴定评估师对典当车辆的价值进行评估，典当行以此作为放款的依据。对于典当车辆的处理，也需要二手车鉴定评估师为典当车辆进行鉴定评估。

（10）车辆保险。在对车辆进行投保时，车辆本身的价值大小与所缴纳的保费高低直接有关。同样，当保险车辆发生保险事故时，保险公司需要对事故车辆进行理赔。为了保障保险双方的利益，需要对核保理赔的车辆进行公平合理的鉴定评估。

二手车鉴定评估还有一个重要任务，就是要鉴定、识别走私车、盗抢车、非法拼装车、报废车、手续不全的车，严禁这些车辆在二手车交易市场上交易。

3.1.2 二手车评估的依据与原则

1. 二手车鉴定评估的依据

（1）理论依据。二手车鉴定评估的理论依据是资产评估学，其操作方法按国家规定的方法操作。

（2）政策法规依据。二手车鉴定评估工作的主要政策法规有《国有资产评估管理办法施行细则》《二手车交易管理办法》《汽车报废标准》等，以及其他政策法规。

（3）价格依据。价格依据有两个方面：历史依据和现实依据。历史依据主要是二手车辆的账面原值、净值等资料，它具有一定的客观性，但不能作为评估的直接依据；现实依据是以基准日这一时点的现时条件为准，即现时的价格、现时的车辆功能状态等。

2. 二手车鉴定评估的原则

为了保证二手车鉴定评估结果的真实、准确，并做到公平合理，被社会承认，就必须遵循一定的原则。二手车鉴定评估的基本原则是对二手车鉴定评估行为的规范。正确理解和把握二手车鉴定评估的原则，对于选择科学、合理的二手车鉴定评估方法，提高评估效率和质量具有十分重要的意义。

二手车鉴定评估的原则分为工作原则和经济原则两大类。

1）工作原则

（1）合法性原则。二手车鉴定评估行为必须符合国家法律、法规，必须遵循国家对机动车户籍管理、报废标准、税费征收等政策要求，这是开展二手车鉴定评估的前提。

（2）公平性原则。公平性原则是二手车鉴定评估工作人员遵守的最基本的道德规范。鉴定评估人员的思想作风、工作态度应当公正无私。评估结果应该是公正、合理的，而绝对不能偏向任何一方。当前在不规范的二手车市场，时有鉴定估价人员和二手车经销、经纪人员互相勾结损害消费者利益或私卖公高估而公卖私则低估的现象发生，这是严重违反职业道德的行为。

（3）独立性原则。独立性原则是要求二手车鉴定评估工作人员应该依据国家的有关法规和规章制度及可靠的资料数据，对被评估的二手车价格做出合理评定。不应受外界干扰和委托者意图的影响，从而使评估公正客观地进行。坚持独立性原则，是保证评定结果具有客观性的基础。要坚持独立性原则，二手车评估机构必须具有独立性，二手车评估机构不应从属于和交易结果有利益关系的二手车市场，目前已不允许二手车市场建立自己的评估机构。

（4）客观性原则。客观性原则是指评估结果应以充分的事实为依据。要求对二手车计算所依据的数据资料必须真实，对技术状况的鉴定分析应该真实客观。为此，应加大仪器检查项目，使检测结果更加科学。

（5）科学性原则。科学性原则是指在二手车评估过程中，必须根据评估的特定目的，选择适用的评估标准和方法，使评估结果准确合理。例如，以拍卖、抵押等适用清算价格标准计算，一般的车辆交易则选用重置成本标准或现行市价标准。

（6）专业性原则。专业性原则要求鉴定评估人员接受国家专门的职业培训，经职业技能鉴定合格后获得国家颁发的统一的资格证书，有注册汽车评估师证、注册汽车高级评估师证，才能持证上岗。

（7）可行性原则。可行性原则亦称有效性原则。要想使鉴定评估的结果真实可靠又简便易行，就要求鉴定评估人员是合格的，具有较高的素质；评估中利用的资料数据是真实可靠的；鉴定评估的程序与方法是合法的、科学的。

（8）评估时点原则。评估时点又称评估基准日、评估期日、评估时日，是一个具体日期，通常用年、月、日表示，评估额是在该日期的价格。二手车市场是不断变化的，二手车价格具有很强的时间性，它是某一时点的价格。在不同时点，同一辆二手车往往会有不同的价格。评估时点原则是要说明，评估实际上只是求取某一时点上的价格，所以在评估一辆二手车的价格时，必须假定市场情况停止在评估时点上，同时评估对象即二手车的状况通常也是以其在该时点时的状况为准。

"评估时点"并非总是与"评估作业日期"（进行评估的日期）相一致的。一般将评估人员进行实车勘察的日期定为评估时点，或因特殊需要将其他日期指定为评估时点。确立评估时点原则的意义在于评估时点是责任交代的界限和评估二手车时值的界限。

2）经济原则

二手车鉴定评估的经济原则是指在二手车鉴定评估过程中，进行具体技术处理的原则。它是二手车鉴定评估原则的具体体现，是在总结二手车鉴定评估经验及市场能够接受的评估准则的基础上形成的。经济原则主要包括预期收益原则、替代原则和最佳效用原则。

（1）预期收益原则。预期收益原则是指在对营运性车辆评估时，车辆的价值可以不按照其过去形成的成本或购置价格决定，但必须充分考虑它在未来可能为投资者带来的经济效益。车辆的市场价格，主要取决于其未来的有用性或获利能力。未来效用越大，评估值越高。预期收益原则要求在进行评估时，必须合理预测车辆的未来获利能力及取得获利能力的有效期限。

（2）替代原则。替代原则是商品交换的普遍规律，即价格最低的同质商品对其他同质商品具有替代性。据此原理，二手车鉴定评估的替代原则是指在评估中面对几个相同或相似车辆的不同价格时，应取较低者为评估值，或者说评估值不应高于替代物的价格。这一原则要求评估人员从购买者角度进行二手车鉴定评估，因为评估值应是车辆潜在购买者愿意支付的价格。

（3）最佳效用原则。最佳效用原则是指若一辆二手车同时具有多种用途，在公开市场条件下进行评估时，应按照其最佳用途来评估车辆价值。这样既可保证车辆出售方的利益，又有利于车辆的合理使用。

3.1.3 二手车评估的程序

二手车鉴定评估作为一个重要的专业领域，情况复杂、作业量大。严格遵循二手车鉴定评估的程序是保证鉴定评估工作科学性的重要表现。规范的鉴定评估可减少鉴定评估人员在操作时的随意性和个性化问题，从而降低由于鉴定评估人员素质不同给鉴定工作所带来的影响。

在进行二手车鉴定评估时，应分步骤、分阶段地实施相应的工作。从专业评估角度而言，二手车鉴定评估大致要经历这样八个阶段，如图3-1-1所示。

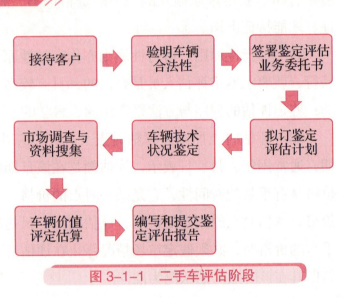

图3-1-1 二手车评估阶段

1. 接待客户，明确评估业务基本事项

接待客户具体应该了解的内容包括以下几个方面。

（1）客户基本情况。包括车辆权属和权属性质。

（2）客户要求。客户要求的评估目的、期望使用者和完成评估的时间。

（3）车辆使用性质。了解车辆是生产营运车辆还是生活消费车辆。

（4）车辆基本情况。包括车辆类别、名称、型号、生产厂家、初次登记日期、行驶里程数、所有权变动或流通次数、落籍地、技术状态等。

2. 验明车辆合法性

验明车辆合法性主要应该核查以下两个方面。

（1）来历和处置的合法性。查看《机动车登记证》或产权证明。

（2）使用和行驶的合法性。检查手续是否齐全、真实、有效，有无年检；检查《机动车行驶证》登记的事项与行驶牌照和实物是否相符。

3. 签署二手车鉴定评估业务委托书

二手车鉴定评估业务委托书是鉴定评估机构与委托方对各自权利、责任和义务的约定，是一种经济合同性质的契约。二手车鉴定评估委托书应写明：委托方和评估机构的名称、住所、工商登记注册号、上级单位、鉴定评估资格类型及证书编号；评估目的、评估范围、被评估车辆的类型和数量、评估工作起止时间、评估机构的其他具体工作任务；委托方须做好的基础工作和配合工作；评估收费方式和金额；反映评估业务委托方和评估机构各自的责任、权力、义务以及违约责任的其他具体内容。

二手车鉴定评估委托书必须符合国家法律、法规和二手车鉴定评估行业管理规定，并做到内容全面、具体，含义清晰准确。涉及国有资产占有单位的二手车鉴定评估项目，应由委托方按规定办妥有关手续后再进行评估业务委托。

4. 拟订评估计划

二手车鉴定评估机构要根据评估项目的规模大小、复杂程序、评估目的做出评估计划。二手车鉴定评估人员执行评估业务时，应该按照鉴定评估机构编制的评估计划，对工作做出合理安排，保证在预计时间内完成评估项目。二手车鉴定评估人员应当重点考虑以下因素。

（1）被评估午辆和评估目的。

（2）评估风险、评估业务的规模和复杂程度。

（3）相关法律、法规及宏观经济近期发展变化对评估对象的影响。

（4）被评估车辆的结构、类别、数量及分布。

（5）与评估有关资料的齐备情况及变现的难易程度。

（6）评估小组成员的业务能力、评估经验及其优化组合。

（7）对专家及其他评估人员的合理使用。

5. 二手车的技术状况鉴定

（1）技术鉴定要达到的基本目的：为车辆的价值估算提供科学的评估证据；为期望使用者提供车辆技术状况的质量公证；为由车辆发生的经济行为提供法律依据。

（2）技术鉴定要达到的基本事项：识别伪造、拼装、组装、盗抢、走私车辆；鉴别手续牌证的真伪；鉴别由事故造成的严重损伤；鉴别由自然灾害（水淹、火烧等）造成的严重损伤；鉴别车辆内部和外部技术状况。

（3）技术鉴定应检查的部位和检查的项目：包括静态检查、动态检查和仪器检查。

6. 市场调查与资料搜集

进行市场调查与资料搜集的目的是确定被评估车辆的现行市场价格。进行市场询价时，应重点做好以下工作。

(1)确定被评估车辆基本情况(车辆类型、厂牌型号、生产厂家、主要技术参数等)。

(2)确定询价参照对象及询价单位(询价单位名称、询价单位地址、询价方式、联系电话或传真号码、询价单位接待人员姓名等),并将询价参照对象情况与被评估车辆基本情况进行比较,在两者相一致的情况下,询到的市场价格才是可比的、可行的。

(3)确定询价结果。市场调查和询价资料经过整理,就可以编制成《车辆询价表》。《车辆询价表》亦是二手车鉴定评估主要的工作底稿之一。

7. 价值评定估算

1)确定估算方法

二手车鉴定评估应熟知、理解并正确运用市价法、收益法、成本法、清算价格法以及这些评估方法的综合运用。对同一被评估车辆宜选用两种以上的评估方法进行评估。有条件选用市价法进行评估的,应以市价法为主要的评估方法。营运车辆的评估在评估资料可查并齐全的情况下,可选用收益法为其中的一种评估方法。二手车鉴定评估一般适宜采用市价法和成本法进行评估。

2)评价评估结果

对不同评估方法估算出的结果,应进行比较分析。当这些结果差异较大时,应寻找并排除出现的原因。对不同评估方法估算出的结果应做下列检查。

(1)计算过程是否有误。

(2)基础数据是否准确。

(3)参数选择是否合理。

(4)是否符合评估原则。

(5)公式选用是否恰当。

(6)选用的评估方法是否适宜评估对象和评估目的。

在确认所选用的评估方法估算出的结果无误之后,应根据具体情况计算求出一个综合结果。在计算求出一个综合结果的基础上,应考虑一些不可量化的价格影响因素,对结果进行适当的调整或取用,认定该结果作为最终的评估结果。当有调整时,应在评估报告中明确阐述理由。

8. 编写和提交二手车鉴定评估报告

1)编写二手车鉴定评估报告

编写二手车鉴定评估报告书可分为以下两个步骤。

(1)在完成二手车鉴定评估数据的分析和讨论上,对有关部分的数据进行调整。由具体参加评估的二手车鉴定评估人员草拟出二手车鉴定评估报告书。

(2)将鉴定评估的基本情况和评估报告书初稿的初步结论与委托方交换意见,听取委托方的反馈意见后，在坚持独立、客观、公正的前提下，认真分析委托方提出的问题和建议，考虑是否应该修改评估报告书，对报告书中存在的疏忽、遗漏和错误之处进行修正，待修改完毕即可撰写出正式的二手车鉴定评估报告书。

2）提交二手车鉴定评估报告

二手车鉴定评估机构撰写出正式的鉴定评估报告书以后，经过审核无误，按以下程序进行签名盖章：先由负责该项目的二手车鉴定评估人员签章，再送复核人审核签章，最后送评估机构负责人审定签章并加盖机构公章。

二手车鉴定评估报告书签发盖章后即可连同作业表等送交委托方。

3.1.4 二手车评估的类型

按鉴定估价服务对象的不同，我们可以把鉴定估价的业务类型分为交易类业务和咨询服务类业务。交易类业务是服务于交易市场内部的二手车评估业务，主要目的是判定车辆的来历、确定收购价格、为买卖双方提供交易的参考价格等；而咨询服务类业务是服务于交易市场外部的非交易业务，如资产评估（涉及车辆部分）、抵押贷款估价和法院咨询等。

交易类业务和咨询服务类业务一般是有偿服务，其评估的程序和作业内容并没有太大的差别，但依评估的特定目的的不同，其评估作业的侧重点有所不同。例如，交易类评估的侧重点是车的来历、能否进入二手车市流通及车的估价；而咨询类服务牵涉到识伪判定、交易程序解答、市场价格询问、国家相关法规咨询等方面的内容多些，当然也有一些要求提供正式的车辆评估价。

3.1.5 二手车评估的主体与客体

1. 二手车评估主体

二手车评估主体是指二手车鉴定评估业务的承担者，即从事二手车鉴定评估的机构及专业评估人员。由于二手车鉴定评估直接涉及当事人双方的权益，是一项政策性、专业性都很强的工作，因此，无论是对专业评估机构还是对专业评估人员都有较高的要求。

由于汽车是技术含量极高的商品，二手车交易又属于特殊商品的流通，与其他资产评估师相比，二手车鉴定评估师必定要具有以下条件。

（1）要求掌握的知识面广。机动车鉴定评估理论和方法以资产评估学为基础，涉及经济管理、市场营销、金融、价格、财会及机械原理、汽车构造等多方面知识。

（2）要求有较高的政治、政策敏感度。汽车价格极易受到国家政策的影响而发生变动，因此既要熟知《二手车流通管理办法》等政策法规，还要及时掌握因国家相关政策的变动对车辆价格造成改变的情况。

（3）要求掌握必要的驾驶技术和实际技能。房地产评估师不要求一定会建房子，但二手车评估师一定要会开汽车，还能够使用检测仪器和设备，并能通过目测、耳听、手摸等手段了解二手车外观的基本状况，并能够通过上路测试判断出发动机、传动系、转向系和制动系等基本要素的工作性能。

（4）要求能够及时更新基准价。由于汽车产品更新换代快，技术创新日新月异，加之市场经济条件下市场价格难以预测，这就要求二手车鉴定评估人员能迅速收集相关信息，及时对基准价做出有效的调整。除了保证二手车鉴定评估质量，二手车鉴定评估的从业人员还需经过严格的考试或考核，取得人力资源和社会保障部门颁发的《二手车鉴定评估师》或《二手车高级鉴定评估师》证书。

根据《二手车流通管理办法》规定，二手车鉴定评估机构应当具备下列条件。

（1）是独立的中介机构。

（2）有固定的经营场所和从事经营活动的必要设施。

（3）有3名以上从事二手车鉴定评估业务的专业人员。

（4）有规范的规章制度。

2. 二手车评估的客体

二手车鉴定评估的客体是指被评估的车辆。二手车鉴定评估的一个主要目的就是在二手车的交易过程中准确地确定二手车价格，并以此作为买卖成交的参考底价。根据《二手车流通管理办法》的规定，以下9种车辆不允许进行交易。

（1）已报废或达到国家汽车报废标准的车辆。

（2）在抵押期间或未经海关批准的海关监管的车辆。

（3）在人民法院、人民检察院、行政执法部门依法查封、扣押期间的车辆。

（4）通过盗窃、抢劫、抢夺、诈骗等违法手段获得的车辆。

（5）发动机号码、车辆识别代码与登记号码不相符，或有锉改迹象的车辆。

（6）走私、非法拼（组）装的车辆。

（7）没有办理必备证件、税费、保险和无有效机动车安全技术检验合格标志的车辆，或手续不齐全的车辆。

（8）在本行政辖区以外的公安机关交通管理部门注册登记的车辆。

（9）国家法律、行政法规禁止经营的车辆。

此外，车辆上市交易前，必须先到公安交通管理机关申请临时检验，经检验合格，在其行驶证上签注检验合格记录后，方可进行交易。检验被交易车辆的车架号码和发动机号码的符号、数字及各种外文字母全部拓印，发现不一致或改动、凿痕、锉痕、重新打刻等人为改变或毁坏的，对车辆一律扣留审查。

3.1.6 二手车的价值评估

对车辆进行手续检查和技术鉴定后，就可以对这部二手车的价格进行估算，这是实现二手车鉴定评估价值的手段和途径。

二手车价格的估算方法很多，常见的有现行市价法、收益现值法、重置成本法和清算价格法4种方法，必须选择一种适用的方法将评估值计算出来（图3-1-2）。在这四种评估方法中，常采用重置成本法对车辆的价值进行评定和估算。评估方法各有各的特点，同时这些方法之间有些又是相互关联的，体现了评估方法的多样性。

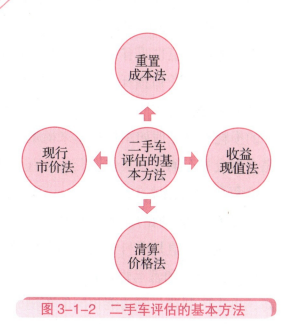

图3-1-2 二手车评估的基本方法

1. 重置成本法

1）重置成本法及其理论依据

重置成本法是指在现时条件下重新购置一辆全新状态的被评估车辆所需的全部成本（即完全重置成本，简称重置全价），减去该被评估车辆的各种陈旧贬值后的差额作为被评估车辆现时价格的一种评估方法。其计算公式为

被评估车辆的评估值 = 重置成本 − 实体性贬值 − 功能性贬值 − 经济性贬值

或

被评估车辆的评估值 = 重置成本 × 成新率

由上式可看出，被评估车辆的各种陈旧贬值包括实体性贬值、功能性贬值、经济性贬值。重置成本法的理论依据是：任何一个精明的投资者在购买某项资产时，它所愿意支付的价钱，绝对不会超过具有同等效用的全新资产的最低成本。如果该项资产的价格比重新建造，或购置全新状态的同等效用的资产的最低成本高，投资者肯定不会购买这项资产，而会去新建或购置全新的资产。这也就是说，待评估资产的重置成本是其价格的最大可能值。

重置成本是购买一项全新的与被评估车辆相同的车辆所支付的最低金额。按重新购置车辆所用的材料、技术的不同，可把重置成本区分为复原重置成本（简称复原成本）和更新重置成本（简称更新成本）。复原成本指用与被评估车辆相同的材料、制造标准、设计结构和技术条件等，以现时价格复原购置相同的全新车辆所需的全部成本。更新成本指利用新型材料、新技术标准、新设计等，以现时价格购置相同或相似功能的全新车辆所支付的全部成本。一般情况下，在进行重置成本计算时，如果同时可以取得复原成本和更新成本，应选用更新成本；如果不存在更新成本，则再考虑用复原成本。

和其他机器设备一样，机动车辆价值也是一个变量，它随其本身的运动和其他因素变化而相应变化。影响车辆价值量变化的因素，除了市场价格，还有以下几个方面。

（1）机动车辆的实体性贬值。

实体性贬值也叫有形损耗，是指机动车在存放和使用过程中，物理和化学原因导致的车辆实体发生的价值损耗，即由于自然力的作用而发生的损耗。二手车一般不是全新状态的，因而大多存在实体性贬值。确定实体性贬值，主要依据新旧程度，包括表体及内部构件、部件的损耗程度。假如用损耗率来衡量，一项全新的车辆，其实体性贬值为百分之零，而一项完全报废的车辆，其实体性贬值为百分之百，处于其他状态下的车辆，其实体性贬值率则位于这两个数字之间。

（2）机动车辆的功能性贬值。

功能性贬值是由科学技术的发展导致的车辆贬值，即无形损耗。这类贬值又可细分为一次性功能贬值和营运性功能贬值。一次性功能贬值是指由于技术进步引起劳动生产率的提高，再生产制造与原功能相同的车辆的社会必要劳动时间减少，成本降低而造成原车辆的价值贬值。具体表现为原车辆价值中有一个超额投资成本将不被社会承认。营运性功能贬值是指由于技术进步，出现了新的、性能更优的车辆，原有车辆的功能相对新车型已经落后而引起的价值贬值。具体表现为原有车辆在完成相同工作任务的前提下，在燃料、润滑材料、人力、配件材料等方面的消耗增加，形成了一部分超额运营成本。

（3）机动车辆的经济性贬值。

经济性贬值是指由于外部经济环境变化所造成的车辆贬值。所谓外部经济环境，包括宏观经济政策、市场需求、通货膨胀、环境保护等。经济性贬值是由于外部环境而不是车辆本身或内部因素所引起的达不到原有设计的获利能力而造成的贬值。外界因素对车辆价值的影响不仅是客观存在的，而且对车辆价值影响还相当大，在二手车的评估中不可忽视。

重置成本法的计算公式为评估二手车辆提供了思路。在评估操作中，要依此思路，确定各项评估技术、经济指标。

2）影响因素

（1）市场价格的影响。

（2）车辆有形损耗的影响。

（3）车辆无形损耗的影响。

（4）外界因素对车辆的影响。

3）适用范围

重置成本法主要适用于继续使用前提下的二手车评估，既充分考虑了被评估二手车的重置全价，又考虑了二手车已使用年限内的磨损以及功能性、经济性贬值，因而被广泛采用，尤其在中高档车辆评估中应用广泛。

4）评估方法及计算公式

重置成本的估算在资产评估中，其估算的方法很多，对于二手车评估定价，一般采用以下两种方法。

（1）直接法。直接法也称重置核算法，它是按待评估车辆的成本构成，以现行市价为标准，计算被评估车辆重置全价的一种方法。也就是将车辆按成本构成分成若干组成部分，先确定各组成部分的现时价格，然后加总得出待评估车辆的重置全价。

重置成本的构成可分为直接成本和间接成本两部分。直接成本是指可以直接构成车辆成本的支出部分，具体来说是按现行市价的买价，加上运输费、车辆购置税、消费税、人工费等；间接成本是指购置车辆发生的管理费、专项贷款发生的利息、注册登记手续费等。

以直接法取得的重置成本，无论国产或进口车辆，尽可能采用国内现行市场价作为车辆评估的重置成本全价。市场价可通过市场信息资料（如报纸、专业杂志和专业价格资料汇编等）和向车辆制造商、经销商询价取得。在重置成本全价中，二手车价格评估人员应该注意区别合理收费和无依据收费。

根据不同评估目的，二手车重置成本全价的构成一般分下述两种情况考虑。

①属于所有权转让的经济行为或为司法、执法部门提供证据的鉴定行为，可按被评估车辆的现行市场成交价格作为被评估车辆的重置全价，其他费用略去不计。

②属于企业产权变动的经济行为（如企业合资、合作和联营，企业分设、合并和兼并等），其重置成本构成除了考虑被评估车辆的现行市场购置价格，还应考虑将国家和地方政府对车辆加收的其他税费（如车辆购置税、教育费附加、车船税等）一并计入重置成本全价。

（2）物价指数法。物价指数法是在二手车辆原始成本基础上，通过现时物价指数确定其重置成本的一种方法。其计算公式为

$$车辆重置成本 = 车辆原始成本 \times \frac{车辆评估时物体指数}{车辆购买时物价指数}$$

或

$$车辆重置成本 = 车辆原始成本 \times (1+物价变动指数)$$

如果被评估车辆是淘汰产品，或是进口车辆，当询不到现时市场价格时，这是一种很有用的方法。用物价指数法时应注意以下几个问题。

①一定要先检查被评估车辆的账面购买原价。如果购买原价不准确，则不能用物价指数法。

②用物价指数法计算出的值，即为车辆重置成本值。

③运用物价指数法时，现在选用的指数往往与评估对象规定的评估基准日之间有一段时间差。这一时间差内的价格指数可由评估人员依据近期内的指数变化趋势结合市场情况确定。

④物价指数要尽可能选用有法律依据的国家统计部门或物价管理部门以及政府机关发布和提供的数据。有的可取自有权威性的国家政策部门所辖单位提供的数据。不能选用无依据、不明来源的数据。

5）实体性、功能性和经济性的贬值及其估算

（1）实体性贬值及其估算。机动车的实体性贬值是由于使用磨损和自然力损耗形成的贬值。实体性贬值的估算，一般可以采取以下两种方法。

①观察法，也称成新率法，是指由具有专业知识和丰富经验的工程技术人员对车辆的实体各主要总成、部件进行技术鉴定，并综合分析车辆的设计、制造、使用、磨损、维护、修理、大修理、改装情况和经济寿命等因素，将评估对象与其全新状态相比较，考察由于使用磨损和自然损耗对车辆的功能、技术状况带来的影响，判断被评估车辆的有形损耗率，从而估算实体性贬值的一种方法。其计算公式为

$$车辆实体性贬值 = 重置成本 \times 有形损耗率$$

②使用年限法，即通过确定被评估二手车已使用年限与该车辆预期可使用年限的比率来确定二手车有形损耗。其计算公式为

$$车辆实体性贬值 = (重置成本 - 残值) \times \frac{已使用年限}{规定使用年限}$$

式中，残值是指二手车辆在报废时净回收的金额，在鉴定评估中一般略去残值不计。

③修复费用法，也叫功能补偿法，即通过确定被评估二手车恢复原有的技术状态和功能所需要的费用补偿，来直接确定二手车的有形损耗。这种方法是对交通事故车辆进行评估的常用法。其计算公式为

$$二手车有形损耗 = 修复后的重置成本 - 修复补偿费用$$

（2）功能性贬值及其估算。

①一次性功能贬值的测定。

功能性贬值属无形损耗范畴，指由技术陈旧、功能落后导致二手车相对贬值。对目前在市场上能购买到的且有制造厂家继续生产的全新车辆，一般采用市场价即可认为该车辆的功能性贬值已包含在市场价中了，这是最常用的方法。从理论上讲，同样的车辆其复原重置成本与更新重置成本之差即是该车辆的一次性功能贬值。

但在实际评估工作中，具体计算某车辆的复原重置成本是比较困难的，一般采用更新重置成本（即市场价）作为已考虑其一次性功能贬值。

在实际评估时经常遇到的情况是：待评估的车辆其型号是现已停产或是国内自然淘汰的车型，这样就没有实际的市场价，只有采用参照物的价格，用类比法来估算。参照物一般采用替代型号的车辆。这些替代型号的车辆其功能通常比原车型有所改进和增加，故其价值通常会比原车型的价格要高（功能性贬值大时，也有价格降低的）。在与参照物比较，用类比法对原车型进行价值评估时，一定要了解参照物在功能方面改进或提高的情况，再按其功能

变化情况测定原车辆的价值，总的原则是被替代的旧型号车辆其价格应低于新型号的价格，这种价格有时是相差很大的。评估这类车辆的主要方法是设法取得该车型的市场现价或类似车型的市场现价。

②营运性功能贬值的估算。

测定营运性功能贬值的步骤如下：

- 选定参照物，并与参照物对比，找出营运成本有差别的内容和差别的量值。
- 确定原车辆尚可继续使用的年限。
- 查明应上缴的所得税率及当前的折现率。
- 通过计算超额收益或成本降低额，最后计算出营运性功能贬值。

【例3-1-1】A、B两台8t载货汽车，重置全价基本相同，其营运成本差别如表3-1-1所示。

表3-1-1　A车与B车的劳动成本

项　目	A车	B车
每百km耗油量/L	25	22
每年维修费用/万元	3.5	2.8

求A车的功能性贬值。

解： 按每日营运150km，每年平均出车日为250天计算，油价5元/L，则A车每年超额耗油费用 =（25-22）×5×（150÷100）×250=5625（元）

A车每年超额维修费用 =35000-28000=7000（元）

A车总超额营运成本 =5625+7000=12625（元）

所得税率为25%，则

税后超额营运成本 =12625×（1-25%）=9468.75（元）

取折现率为11%，并假设A车将继续运行5年，11%折现率5年的折现系数为3.696，故A车的营运性功能贬值 =9468.75×3.696=34996.5（元）

③经济性贬值及其估算。经济性贬值是由机动车辆外部因素引起的。外部因素不论多少，对车辆价值的影响不外乎两类：一是营运成本上升；二是车辆闲置。

二手车的经济性贬值通常与所有者或经营者有关，一般对单个二手车而言没有意义，由外部原因导致的营运成本上升和车辆闲置，对二手车本身价值影响不大。因此，对单个二手车进行评估时不考虑经济性贬值，这是由于二手车是否充分使用，在有形损耗的实际使用年限上给予了考虑。由于造成车辆经济性贬值的外部因素很多，并且造成贬值的程度也不尽相同，在评估时只能统筹考虑这些因素，而无法单独计算所造成的贬值。其评估的思考方法如下。

- 估算前提。车辆经济性贬值的估算主要以评估基准日以后是否停用、闲置或半闲置作为估算依据。

- 已封存或较长时间停用，且在近期内仍将闲置，但今后肯定要继续使用的车辆，最简单的估算方法是：按其可能闲置时间的长短及其资金成本估算其经济贬值。
- 根据市场供求关系估算其贬值。

6）二手车成新率的估算

二手车成新率的估算一般采用使用年限法和综合分析法。

（1）使用年限法估算成新率。

①估算方法。根据二手车折旧方法不同，使用年限法估算二手车成新率有两种方法，即等速折旧法和加速折旧法。

采用等速折旧法估算二手车成新率的计算公式为

$$C_n = \left(1 - \frac{Y}{G}\right) \times 100\%$$

式中，C_n 为使用年限成新率；G 为规定使用年限；Y 为使用年限。

【例3-1-2】某辆租赁轿车已使用了5年，试用等速折旧法计算其成新率。

解：由《机动车强制报废标准规定》可知，租赁载客汽车的规定使用年限为15年，即 $G=15$，$Y=5$，则

$$C_n = \left(1 - \frac{Y}{G}\right) \times 100\% = \left(1 - \frac{5}{15}\right) \times 100\% = 66.7\%$$

②规定使用年限与已使用年限。

- 规定使用年限。车辆规定使用年限是指《机动车强制报废标准规定》中对被评估车辆规定的使用年限。各种类型汽车规定使用年限应按《机动车强制报废标准规定》的规定执行。
- 已使用年限。使用年限是代表汽车运行量和工作量的一种计量，这种计量是以汽车正常使用为前提的，包括正常的使用时间和使用强度。对于汽车这种商品来说，它的经济使用寿命指标有规定使用年限，同时也以行驶里程数作为运行量的计量单位。从理论上讲，综合考虑已使用年限和行驶里程数要符合实际一些，即汽车的已使用年限应采用折算年限，即

$$折算年限 = \frac{总的累计行驶里程}{年平均行驶里程}$$

这种使用年限表示方法既反映了汽车的使用情况（即管理水平、使用水平、维护保养水平）、使用强度，又包括了运行条件和某些停驶时间较长的汽车的自然损耗。但在实际操作中，很难找到总的累计行驶里程和年平均行驶里程这一组数据，所以已使用年限只能取汽车从新车在公安交通管理机关注册登记之日起至评估基准日的年数。在估算成新率时，一定要有使用年限的概念。在汽车评估实务中，实际计算中，通常在使用等速折旧时，将已使用年限和规定使用年限换算成月数，在使用加速折旧时，已使用年限和规定使用年限按年数计算，不足一年部分按十二分之几折算。例如3年9个月，前3年按年计算，后9个月按第4

年折旧的 9/12 计算。汽车评估实务中通常不计算不足 1 个月的天数折旧。

汽车按年限折旧只能采取加速折旧的方法，而不能采取等速折旧的方法。二手车市场上旧汽车的市场价格也呈加速折旧的态势。通常，25 万元以上的汽车采用年份数求和法较好，25 万元以下的汽车采用双倍余额递减法较好。

（2）综合分析法估算成新率。

①估算方法。综合分析法是以使用年限法为基础，再综合考虑到影响二手车价值的多种因素，以系数调整确定成新率的一种方法。其计算公式为

$$C_z = C_n \times K \times 100\%$$

式中，C_z 为综合成新率；C_n 为使用年限成新率；K 为综合调整系数。

②综合调整系数。综合调整系数采用下述两种方法确定：

a. 车辆无须进行项目修理或换件的，可采用表 3-1-2 所示推荐的综合调整系数，用加权平均的方法进行微调。

b. 车辆需要进行项目修理或换件的，或需进行大修理的，综合考虑表 3-1-2 列出的影响因素，可采用"一揽子"评估方法确定一个综合调整系数。

表 3-1-2 综合调整系数

影响因素	因素分级	调整系数	权重
技术状况	好	1.0	30%
	较好	0.9	
	一般	0.8	
	较差	0.7	
	差	0.6	
维护	好	1.0	25%
	一般	0.9	
	较差	0.8	
制造质量	合资名牌车	1.0	20%
	国产名牌车	0.9	
	走私罚没车、国产非名牌车	0.7	
工作性质	私用	1.0	15%
	公务、商务	0.9	
	营运	0.7	
工作条件	较好	1.0	10%
	一般	0.9	
	较差	0.8	

影响二手车成新率的主要因素有车辆技术状况、车辆使用和维护状态、车辆原始制造质量、车辆工作性质、车辆工作条件5个方面。因此，综合调整系数由5个方面构成，即

$$K = K_1 \times 30\% + K_2 \times 25\% + K_3 \times 20\% + K_4 \times 15\% + K_5 \times 10\%$$

式中，K_1 为车辆技术状况调整系数；K_2 为车辆使用和维护状态调整系数；K_3 为车辆原始制造质量调整系数；K_4 为车辆工作性质调整系数；K_5 为车辆工作条件调整系数。

③各调整系数的选取。

a. 车辆技术状况调整系数 K_1。车辆技术状况调整系数是基于对车辆技术状况鉴定的基础上对车辆进行的分级，然后取调整系数来修正车辆的成新率。技术状况调整系数取值范围为 0.6~1.0，技术状况好的取上限；反之，取下限。

b. 车辆使用和维护状态调整系数 K_2。它是反映使用者对车辆使用、维护的水平，不同的使用者，对车辆使用、维护的实际执行情况差别较大，因而直接影响到车辆的使用寿命和成新率。使用和维护状态调整系数取值范围为 0.8~1.0。

c. 车辆原始制造质量调整系数 K_3。确定该系数时，应了解车辆是国产还是进口以及进口国别。是国产的应了解是名牌产品还是一般产品。一般来说，国家正规手续进口的车辆质量优于国产车辆，名牌产品优于一般产品，但又有较多例外，故在确定此系数时应较慎重。对依法没收的走私车辆，其原始制造质量系数建议视同国产名牌产品考虑。原始制造质量调整系数取值范围在 0.8~1.0。

d. 车辆工作性质调整系数 K_4。车辆工作性质不同，其繁忙程度不同，使用强度亦不同。把车辆工作性质分为私人工作和生活用车，机关企事业单位的公务用车和商务用车，从事旅客、货物运输、城市出租的营运用车。以普通小轿车为例，一般来说，私人工作和生活用车每年最多行驶约 2.5 万 km，公务、商务用车每年不超过 4 万 km，而营运出租车每年行驶有些高达 12 万 km。可见工作性质不同，其使用强度差异之大。车辆工作性质调整系数取值范围为 0.7~1.0。

e. 车辆工作条件调整系数 K_5。我国地域辽阔，各地自然条件差别很大，车辆的工作条件对其成新率影响很大。把工作条件分为道路条件和特殊使用条件。

• 道路条件可分为好路、中等路和差路三类。好路指国家道路等级中的高速公路，一、二、三级道路，好路率在 50% 以上；中等路指符合国家道路等级四级道路，好路率在 30%~50%；差路指国家等级以外的路，好路率在 30% 以下。

• 特殊使用条件。特殊使用条件主要指特殊自然条件，包括寒冷、沿海、风沙、山区等地区。

根据上述工作条件可适当取值，车辆长期在道路条件为好路和中等路行驶时，工作条件调整系数分别取 1 和 0.9；车辆长期在差路或特殊使用条件下工作，其系数取 0.8。

从上述影响因素中可以看出，各影响因素关联性较大。一般来说，其中某一影响因素加强时，其他项影响因素也随之加强；反之，则减弱。影响因素作用加强时，对其综合调整系

数不要随影响作用加强而随之无限加大。一般综合调整系数取值不要超过1。

④其他因素对成新率的影响。

a. 车辆大修。一辆机动车经过一段时间的使用后（或停用受自然力的影响）会产生磨损，磨损的补偿就是修理。当某零部件完全丧失功能而又无法修理时，必须换件以恢复其功能作用。当车辆主要总成的技术状况下降到一定程度时，需要用修理或更换车辆任何零部件的大修方法，以恢复车辆的动力性、经济性、工作可靠性和外观的完整美观性，这样对车辆的追加投入从理论上讲，无疑是增加了车辆的使用寿命，对成新率的估算值可适当增加。但是在实际使用和维修中又不尽如人意：一是使用者对车辆的技术管理水平低，不清楚自己车辆的实际技术状况，而不能做到合理送修、适时大修；二是社会上有些维修企业，维修设备落后，维修安装技术水平差；三是有些配件质量差。因此，经过大修的车辆不一定都能很好地恢复车辆使用性能。对于老旧的国产车辆刚完成大修，即使很好地恢复使用性能，其耐久性也差。更重要的是，有些高档进口车辆经过大修以后，不仅难以恢复原始状况，而且有扩大故障的可能性。

鉴于上述分析，对于重置成本在7万元以下的旧车或老旧车辆，一般不考虑其大修对成新率的增加问题；对于重置成本在7万~25万元的车辆，凭车主提供的车辆大修结算单等资料可适当考虑增加成新率的估算值；对于25万元以上的进口车或国产高档车，凭车主提供的车辆大修或一般维修换件的结算单等资料，分析车辆受托维修厂家的维修设备、维修技术水平、配件来源等情况，或者对车辆进行实体鉴定，考查维修对车辆带来的正面作用或者可能出现的负面影响，从而酌情决定是否增加成新率的估算值。

b. 重大事故。重大事故通常是指汽车因碰撞、倾覆造成汽车主要结构件的严重损伤，尤其以承载式汽车的车身件为代表，汽车发生过重大事故后，往往存在严重的质量缺陷，并且不易修复，在汽车交易实务中，往往对汽车的交易价格形成重大影响，必须非常重视。因此，出现重大事故的汽车应给予一定的折扣率。

【例3-1-3】2021年10月，在某省二手车交易市场内，一辆奔腾B70轿车，发动机排量2.0L，初次登记为2017年4月，是某汽车租赁公司营运车辆，主要在市区行驶，累计行驶里程7万多公里。维护保养一般，路试车况较好。2021年10月该车市场新车价11.0万元，请用综合分析法计算成新率，其综合调整系数采用加权平均的方法确定。

已使用年限：3年6个月=42个月，即$Y=42$。

规定使用年限：15年=180个月，即$C=180$。

该车路试车况较好，取车辆技术状况调整系数为：$K_1=1.0$。

维护保养一般，取车辆使用与维护状态调整系数为：$K_2=0.9$。

奔腾B70轿车为国产名牌车，取车辆原始制造质量调整系数为：$K_3=0.9$。

该车为租赁营运车辆，且累计行驶里程7万多公里，则取车辆工作性质调整系数为：$K_4=1.0$。

该车主要在市区内行驶,取车辆工作条件调整系数为:$K_5=0.9$。

综合调整系数 $K = K_1 \times 30\% + K_2 \times 25\% + K_3 \times 20\% + K_4 \times 15\% + K_5 \times 10\%$

$= 1.0 \times 30\% + 0.9 \times 25\% + 0.9 \times 20\% + 1.0 \times 15\% + 0.9 \times 10\%$

$= 0.945$

该车成新率为

$$C = \left(1 - \frac{Y}{G}\right) \times K \times 100\% = \left(1 - \frac{42}{180}\right) \times 0.945 \times 100\% = 72.45\%$$

（3）技术鉴定法估算成新率。

技术鉴定法是评估人员用技术鉴定的方法测定二手车成新率的一种方法。这种方法是以技术鉴定为基础的。首先是评估人员对二手车辆进行技术观察和技术检测来鉴定二手车的技术状况,再以评分的方法或分等级的方法来确定成新率。技术鉴定法分部件鉴定法和整车观测法。

① 部件鉴定法。

部件鉴定法是对二手车辆按其组成部分对整车的重要性和价值量的大小予以加权评分,最后确定成新率的一种方法。做法是:将车辆分成若干个主要部分,根据各部分的制造费用占车辆制造成本的比重,按一定百分比例确定权重,若各部分功能与全新车辆对应的功能相同,则该部分成新率为100%,若其功能完全丧失,则成新率为0。再根据这若干部分的技术状况给出各部分成新率,分别与权重相乘即得各部分的权分成新率,最后将各部分的成新率加权即得二手车的成新率。

这种方法费时费力,车辆各组成部分权重难以掌握,但评估值更接近客观实际,可信度高。它既考虑了二手车实体性损耗,也考虑了二手车维修换件会增大对车辆的价值。这种方法一般用于价值较高的机动车辆评估。

② 整车观测法。

整车观测法主要是采用人工观察的方法,辅之以简单的仪器检测,对二手车技术状况进行鉴定、分级以确定成新率的一种方法。对二手车技术状况分级的办法是先确定两头,即先确定刚投入使用不久的车辆和将报废处理的车辆,然后根据车辆评估的精细程度要求在刚投入使用不久与报废车辆之间分若干等级。其技术状况分级如表3-1-3所示。

表3-1-3 技术状况分级

车况等级	新旧程度	有形损耗率	技术状况描述	成新率
1	使用不久	0~10%	刚使用不久,行驶里程一般在3万~5万km,在用状态良好,能按设计要求正常使用	90%~100%
2	较新车	11%~35%	使用一年以上,行驶15万km左右,一般没有经过大修,在用状态良好,故障率低,可随时出车使用	65%~89%

续表

车况等级	新旧程度	有形损耗率	技术状况描述	成新率
3	旧车	36%~60%	使用4~5年，发动机或整车经过大修较好地恢复原设计性能，在用状态良好，外观中度受损，恢复情况良好	40%~64%
4	老旧车	61%~85%	使用5~8年，发动机或整车经过二次大修，动力性能、经济性能、工作可靠性能都有所下降，外观油漆脱落受损、金属件锈蚀程度明显。故障率上升，维修费用、使用费用明显上升。但车辆符合国家标准《机动车运行安全技术条件》（GB 7258—2017），在用状态一般或较差	15%~39%
5	待报废处理车	86%~100%	基本到达或到达使用年限，通过国家标准《机动车运行安全技术条件》（GB 7258—2017）检查，能使用但不能正常使用，动力性、经济性、可靠性下降，燃油费、维修费、大修费用增长速度快，车辆收益与支出基本持平，排放污染和噪声污染到达极限	15%以下

二手车成新率评估参考表是就一般车辆成新率判定的经验数据，仅供参考。整车观测法对车辆技术状况的评判，大多数是由人工观察的方法进行的，成新率的估值是否客观、实际，取决于评估人员的专业水准和评估经验。这种方法简单易行，但评估值没有部件鉴定法准确，一般用于中、低等价值的二手车的初步估算，或作为综合分析法鉴定评估要考虑的主要因素之一。

7）采用重置成本法的优缺点

采用重置成本法的优点包括：①比较充分地考虑了车辆的损耗，评估结果更趋于公平合理；②有利于二手车辆的评估；③在不易计算车辆未来收益或难以取得市场（二手车交易市场）参照物条件下可广泛应用。

运用重置成本法的缺点是工作量较大，且经济性贬值也不易准确计算。

2. 现行市价法

现行市价法又称市价法、市场价格比较法和销售对比法，是指通过比较被评估车辆与最近出售类似车辆的异同，并将类似车辆市场价格进行调整，从而确定被评估车辆价值的一种评估方法。

1）基本原理

现行市价法的基本原理是：通过市场调查，选择一个或几个与评估车辆相同或类似的车辆作为参照车辆，分析参照车辆的结构、配置、功能、性能、新旧程度、地区差别、交易条件及成交价格等，并与待评估车辆一一对照比较，找出两者的差别及差别所反映的价格上的差额，经过调整，计算出二手车的评估价格。

现行市价法是最直接、最简单的一种评估方法，也是二手车价格评估最常用的方法之一。

2）应用前提

运用现行市价法对二手车进行价格评估，必须具备以下两个前提条件。

（1）需要有一个充分发育、活跃的二手车交易市场，即二手车交易公开市场。在这个市场上有众多的卖者和买者，有充分的参照车辆可取，这样可以排除交易的偶然性。市场成交的二手车价格可以准确反映市场行情，这样评估结果更加公平公正，易于为双方所接受。

（2）评估中参照的二手车与被评估的二手车有可比较指标，并且这些可比较的指标技术参数的资料是可收集到的，价值影响因素明确，可以量化。

运用市价法，重要的是要能够找到与被评估二手车相同或类似的参照车辆。但与被评估资产完全相同的资产是很难找到的，这就要求对类似资产参照车辆进行调整，有关调整的指标、技术参数能否获取，是决定市场运用与否的关键。

3）影响因素

（1）二手车交易市场是否活跃，直接影响现行市价评估法的准确性。因为我国很多地方二手车市场建立时间短、不完善，有些评估车未在交易市场上出现过，这样用市价法评估没有可比性。

（2）评估车辆是否畅销。因为对畅销车型评估时，参照车容易寻找，且参照车的一些数据充分可靠。

（3）由于使用条件、维护水平的不同，而带来车辆技术状况的不同，这样可能造成二手车评估价值差异。

（4）评估人员的从业经验和对车辆技术状况的鉴定能力，也将影响评估的公平、公正性。

4）适用范围

现行市价法适用于产权转让的畅销车型的评估，如二手车收购、典当等业务。畅销车型的数据充分可靠，市场交易活跃，使评估人员能快速并比较合理地进行评估定价。

5）评估步骤

（1）明确评估对象。

（2）进行公开市场调查，收集相同或相类似资产的市场基本信息资料，寻找参照物。

（3）分析整理资料并验证其真实性，判断选择参照物。

（4）确定比较单位，将两者换算为同一计量单位，然后进行比较。

（5）分析对比评估与参照物的差异，并计算每项差异对价值的影响程度。

（6）根据定量分析计算的结果，考虑其他影响后进行调整，计算确定资产的评估价值。

6）评估方法与计算

在实际评估中，现行市价法又分为直接市价法和类比调整市价法。直接市价法是指在市场上能找到与被评估车完全相同的参照车辆的现行市价，并参照车辆的价格直接作为被评估车的评估价格。类比调整市价法是指评估二手车时，在公开市场上找不到与被评估车辆完全相同的参照车辆，只能找到与之相似的车辆作为参照车辆，再根据车辆技术状况和交易条件等数据对参照车辆的价格作出相应调整，综合比较来确定被评估车的评估价格。

（1）直接市价法。当被评估车与参照车辆完全相同时，被评估车的评估价格计算公式为

$$P_1 = P_2$$

式中，P_1 为被评估车的评估价格，元；P_2 为参照车辆的交易价格，元。

说明：

①参照车辆一般为畅销车型，市场保有量大、交易比较频繁。

②当被评估车与参照车辆相近，即车辆类别相同、主参数相同、结构性能相同，只是生产序号不同，只作局部改动，交易时间相近时，可用同样计算方法。

（2）类比调整市价法。

①影响因素。类比调整市价法对参照车辆的条件要求不太严，只要求参照车辆与被评估车大体相同即可。主要是对被评估二手车和参照车辆之间的差异进行分析、比较，并进行适当的量化，然后调整为可比的因素。主要差异一般体现在以下几点。

a. 结构性能的差异。车辆结构配置会对车辆的成交单价产生影响。例如，同类型的手动变速器车和自动变速器车，由于结构配置不同，则成交价格也不同。

b. 销售时间的差异。在选择参照物时，应尽可能地选择在接近评估基准日成交的案例，以免去由于销售时间的不同而引起的价格差异。若参照车的交易时间在评估基准日之前时，可采用价格指数法进行调整。

c. 新旧程度的差异。在评估过程中，往往被评估车辆与参照车在新旧程度上不能完全一致，这时评估人员应对参照车和被评估车辆的新旧程度进行量化，即先算出参照车和被评估车辆成新率，然后再计算出两种车的新旧差异量，计算公式为

$$差异量 = 参照物价格 \times （被评估车辆成新率 - 参照物成新率）$$

d. 销售数量的差异。销售数量大小会对车辆的成交单价产生影响。当被评估车辆是成批交易时，其参照车辆不应是单车，也应以成批车交易作为参照车；当被评估车辆是单车交易时，其参照车辆不应是成批交易车，也应以单车交易作为参照车；若没有对应的参照车时，评估人员应进行差异分析并适当调整，才能准确评估二手车价格。

e. 付款方式的差异。对付款方式差异的调整，被评估车辆通常是以一次性付款方式为假定前提，若参照车辆采用分期付款方式，则可按当期银行利率将各期分期付款额折现累加，即可得到分期付款总额。

②计算公式。将以上各种差异进行调整并量化，以适当的方式加以汇总，来确定被评估车的评估价格。相关计算公式为

$$P_1 = P_2 \pm \sum K$$

式中，P_1 为被评估车的评估价格，元；P_2 为参照车辆的交易价格，元；$\sum K$ 为各种差异调整量化值，元。

7）采用现行市价法的优缺点

（1）现行市价法的优点。

①能够客观反映二手车辆目前的市场情况，其评估的参数、指标直接从市场获得，评估值能反映市场现实价格。

②评估结果易于被各方面理解和接受。

（2）现行市价法的缺点。

①需要公开及活跃的市场作为基础。然而我国二手车市场建立时间不长，发育不完全、不完善，寻找参照物有一定的困难。

②可比因素多而复杂，即使是同一个生产厂家生产的同一型号的产品，同一天登记，由不同的车主使用，因使用强度、使用条件、维护水平等多种因素作用，其实体损耗、新旧程度都各不相同。

3. 收益现值法

收益现值法是将被评估的车辆在剩余寿命期内的预期收益用适用的折现率折现为评估基准日的现值，并以此确定评估价值的一种方法。采用收益现值法对二手车辆进行评估所确定的价值，是指为获得该机动车辆以取得预期收益的权利所支付的货币总额。

从原理上讲，收益现值法是基于这样的事实，即人们之所以占有某车辆，主要是考虑这辆车能为自己带来一定的收益。如果某车辆的预期收益小，车辆的价格就不可能高；反之，车辆的价格肯定就高。投资者投资购买车辆时，一般要进行可行性分析，其预计的内部回报率只有在超过评估时的折现率时才肯购买车辆。

1）收益现值法运用的前提条件

（1）被评估的二手车必须是营运性车辆，具有继续经营能力，并不断获得收益。消防车、救护车和自用轿车等非营运性的二手车不能用收益法评估。

（2）被评估的二手车能够继续营运而且必须用货币金额来表示。

（3）影响被评估车辆未来营运风险的各种因素能够转化为数据加以计算，体现在折现率中。

2）影响因素

（1）被评估车继续运营和获利的能力。

（2）被评估车预期获利年限及预期收益的预测值。

（3）被评估车在剩余寿命期内所担风险的预测值。

3）适用范围

运用收益现值法进行评估是以车辆投入使用后连续获利为基础的。在机动车的交易中，人们购买的目的往往不是在于车辆本身，而是车辆获利的能力。评估的前提是车辆必须能投入使用，且在剩余寿命期内能连续获利，因此该方法较适用于投资营运车辆的评估。

4）评估方法及计算公式

用收益现值法计算二手车评估值，就是对被评估二手车未来预期收益进行折现的过程。二手车的评估值等于剩余寿命期内各收益期的收益现值之和。

若收益期的收益折现值不同时，其计算公式为

$$P = \sum_{t=1}^{n} \frac{A_t}{(1+i)^t} = \frac{A_1}{(1+i)^1} + \frac{A_2}{(1+i)^2} + \cdots + \frac{A_n}{(1+i)^n}$$

式中，P 为评估值，元；A_t 为未来第 t 个收益期的预期收益额，元；n 为收益年期，年；i 为折现率，%；t 为收益期，年。

若收益期的收益折现值相同时，$A_1 = A_2 = \cdots = A_n = A$，其计算公式为

$$P = A\left[\frac{1}{1+i} + \frac{1}{(1+i)^2} + \cdots + \frac{1}{(1+i)^n}\right] = A\frac{(1+i)^n - 1}{i(1+i)^n}$$

简记为

$$P = A \cdot (P/A, i, n)$$

式中，$\frac{1}{(1+i)^t}$ 为第 t 个收益期的现值系数；$\frac{(1+i)^n - 1}{i(1+i)^n}$ 为年金现值系数，简写为 $(P/A, i, n)$。

收益年期指从评估基准日到二手车报废日之间的年限（即二手车剩余使用寿命的年限）。收益年期是确定二手车评估值的关键，如果收益年期估算得长，则计算的收益额就多，车辆的评估价格就高；反之，则会低估二手车价格。所以，评估师要依照《机动车强制报废标准规定》确定二手车收益年期。

【例3-1-4】某人拟购一辆新捷达出租车，作为个体出租车经营使用，该车各项数据和情况如下。

（1）评估基准日：2021年12月15日。

（2）初次登记年月：2017年12月。

（3）技术状况正常。

（4）每年营运天数：350天。

（5）每天毛收入：500元。

（6）日营业所得税：50元。

（7）每天燃、润油费：120元。

（8）每年日常维修、保养费：6000元。

（9）每年保险及各项规费：12000元。

（10）营运证使用费：18000元。

（11）两名驾驶员劳务、保险费：60000元。

用收益现值法求评估值是多少？

解： 首先，求预计年收入：350×500=175000（元）

预计年支出情况如下：

税费：350×50=17 500（元）

油费：350×120=42 000（元）

维修、保养费：6000元

保险及规费：12000元

营运证使用费：18000元

驾驶员劳务、保险费：60000元

年收入 =175000-17500-42000-6000-12000-18000-6000=19500（元）

其次，根据目前银行储蓄和贷款利率、债券、行业收益等情况，确定资金预期收益率为10%，风险报酬率为5%，折现率为15%。

该车剩余使用年限4年，假定每年的年收入相同，则由收益现值法公式：

$$P = \sum_{t=1}^{n} \frac{A_t}{(1+i)^t} = \frac{A_1}{(1+i)^1} + \frac{A_2}{(1+i)^2} + \cdots + \frac{A_n}{(1+i)^n}$$

$$= \frac{1.95}{(1+0.15)^1} + \frac{1.95}{(1+0.15)^2} + \frac{1.95}{(1+0.15)^3} + \frac{1.95}{(1+0.15)^4} = 5.57(万元)$$

5）收益现值法中各评估参数的确定

（1）剩余经济寿命期的确定。

剩余经济寿命期是指从评估基准日到车辆报废的年限。如果剩余经济寿命期估计过长，就会高估车辆价格；反之，则会低估价格。因此，必须根据车辆的实际状况对剩余寿命作出正确的评定。

（2）预期收益额的确定。

收益现值法运用中，收益额的确定是关键。收益额是指由被评估对象在使用过程中产生的超出其自身价值的溢余额。对于收益额的确定应把握以下两点。

①收益额指的是车辆使用带来的未来收益期望值，是通过预测分析获得的。无论对于所有者还是购买者，判断某车辆是否有价值，首先应判断该车辆是否会带来收益。对其收益的判断，不仅仅是看现在的收益能力，更重要的是预测未来的收益能力。

②收益额的构成，以企业为例，目前有几种观点：企业所得税后利润；企业所得税后利润与提取折旧额之和扣除投资额；利润总额。

关于选择哪一种作为收益额，针对二手车的评估特点与评估目的，为估算方便，推荐选择第一种观点，目的是准确反映预期收益额。为了避免计算错误，一般应列出车辆在剩余寿命期内的现金流量表。

6）折现率的确定

确定折现率，首先应该明确折现的内涵。折现作为一个时间优先的概念，认为将来的收益或利益低于现在的收益或利益，并且，随着收益时间向将来推迟的程度而有系统地降低价值。同时，折现作为一个算术过程，是把一个特定比率应用于一个预期的将来收益流，从而得出当前的价值。从折现率本身来说，它是一种特定条件下的收益率，说明车辆取得该项收益的收益率水平。收益率越高，车辆评估值越低。因为在收益一定的情况下，收益率越高，意味着单位资产增值率高，所有者拥有资产价值就低。折现率的确定是运用收益现值法评估车辆时比较棘手的问题。折现率必须谨慎确定，折现率的微小差异，会带来评估值很大的差异。确定折现率，不仅应有定性分析，还应寻求定量方法。折现率与利率不完全相同，利率是资金的报酬，折现率是管理的报酬。利率只表示资产（资金）本身的获利能力，而与使用条件、占用者和使用用途没有直接联系；折现率则与车辆以及所有者使用效果有关。一般来说，折现率应包含无风险利率、风险报酬率和通货膨胀率。无风险利率是指资产在一般条件下的获利水平，风险报酬率则是指冒风险取得报酬与车辆投资中为承担风险所付代价的比率。风险报酬能够计算，而为承担风险所付出的代价为多少却不好确定，因此风险报酬率不容易计算出来，只要求选择的报酬率中包含这一因素即可。

4. 清算价格法

清算价格法是以清算价格为依据，对二手车价格进行评估的一种方法。即指企业由于停业或破产等原因，要求在一定的期限内将车辆变现，在企业清算之日预期出卖车辆可收回的快速变现价格。

1）影响因素

在二手车评估中，影响清算价格的主要因素有破产形式、债权人处置车辆的方式、车辆清理费用、拍卖时限、车辆现行市价和参照车辆价格等。

（1）破产形式。如果企业丧失车辆处置权，则卖方无讨价还价的可能，就以买方出价决定车辆售价；如果企业尚未丧失处置权，则卖方仍有讨价还价余地，就以双方议价决定售价。

（2）债权人处置车辆的方式。按抵押时的合同契约规定执行，如公开拍卖或收回己有。

（3）拍卖时限。一般情况下，规定的拍卖时限长，售价就会高些；若规定时限短，则售价就会低些。这是由资产快速变现原则的作用所决定的。

（4）车辆清理费用。在企业破产等情况下评估车辆价格时，应对车辆清理费用及其他费用给予充分的考虑。

（5）车辆现行市价。车辆现行市价是指车辆交易成交时，使交易双方都满意的公平市价。

（6）参照车辆价格。参照车辆价格是指与被拍卖车辆相同或类似的交易车辆现行价格，若参照车辆价格高,则被拍卖车辆价格通常也会高。

2)适用范围

清算价格法一般适用于企业被迫停业或破产、资产抵押、停业清理等情况,是一种急于将车辆拍卖、出售的价格评估方法。清算价格法评估的车辆价格往往大大低于现行市场价格。

若企业在破产、抵押、清理中,存在机动车辆进行评估,可用清算价格为标准。

3)前提条件

以清算价格法评估车辆价格的前提条件有以下三点。

(1)具有法律效力的破产处理文件或抵押合同及其他有效文件为依据。

(2)车辆在市场上可以快速出售变现。

(3)所卖收入足以补偿因出售车辆的附加支出总额。

4)评估方法及计算公式

用清算价格法确定二手车价格时,主要有以下三种方法。

(1)现行市价折扣法。

首先在市场上找到参照车辆,然后根据市场调查和快速变现原则,确定一个合适的折扣率,再确定二手车的评估价格。其计算公式为

$$P = P' \cdot Y$$

式中,P 为二手车的评估价格,元;P' 为参照车交易价格,元;Y 为折扣率。

例如,一辆奔腾 B70 轿车经调查在二手车市场上成交价为 4 万元,根据销售情况调查,折价 20% 可以当即出售。则该车辆清算价格为 3.2 万元 [4×(1-20%)]。

(2)模拟拍卖法。

模拟拍卖法是通过向被评估车辆的潜在购买者询价,以此来获得市场信息,最后经评估人员分析确定其价格的一种方法,也称意向询价法。这种方法确定的清算价格受供需关系影响很大,要充分考虑其影响的程度。

例如,2021 年 12 月 20 日,有大型拖拉机一台,拟评估其拍卖清算价格,评估人员经过对三个农场主、两个农机公司经理和一个农机销售员征询,其评估分别为 6 万元、7.3 万元、4.8 万元、5 万元、6.5 万元和 7 万元,平均价为 6.1 万元。考虑年关将至和其他因素,评估人员确定清算价格为 5.8 万元。

(3)竞价法。

竞价法是由法院按照破产清算的法定程序或由卖方根据评估结果提出一个拍卖的底价,在公开市场或拍卖会上,由买方竞争出价,谁出的价格高就卖给谁。

5. 二手车鉴定估价方法的选择

1)鉴定估价方法应考虑的因素

(1)二手车评估方法的选择必须严格与机动车评估的计价标准相适应。

（2）二手车评估方法的选择还要受数据收集和信息资料的制约。

（3）在选择二手车评估方法时，要充分考虑二手车鉴定估价工作的实际情况，采用切实可行的方法。

2）评估方法比较

（1）现行市价法。由于我国二手车交易市场发育尚不健全，较难寻找与被评估车辆相同的车辆类型、相同的使用时间、相同的使用强度和相同的使用条件的参照物。

（2）收益现值法。投资者对预期收益额预测难度较大，且受较强的主观判断和未来不可预见因素的影响等。

（3）清算价格法。受其适用条件的局限，主要适用于破产、抵押、停业清理的车辆。

（4）重置成本法。具有收集资料信息便捷，操作简单易行，评估理论贴近二手车的实际等特点，最常采用。

评估方法的比较如表3-1-4所示。

表3-1-4 评估方法的比较

项目	收益现值法	清算价格法	现行市价法	重置成本法
适用范围	有收益或潜在收益的评估	受其适用条件的局限，主要适用于破产、抵押、停业清理的车辆	使用最简单、快捷、方便的评估方法	评估理论贴近二手车的实际，是最常用的二手车评估方法
优点	结果较准确	简单、工作量小	结果较准确，反映资产的现实价值；计算简单	实用性强、应用广泛；考虑因素比较全面
缺点	范围有限；收益率、贴现率和资本化率难确定；受较强的主观判断和未来不可预见因素的影响等	准确性难以把握	参照物难寻找；取决于二手车市场的发展	工作量大；成新率不是很准确

知识拓展

成本折旧评估法

成本折旧评估法是确定被评估车辆在预计的使用年限内由于时间的推移或使用而逐渐转移的价值。这部分价值从产品销售成本中逐年提取，存入建立的车辆折旧基金中，用于当旧车辆不能使用或不再使用时购置新的车辆，实现车辆的更新。

1. 特点

成本折旧评估法按计算方法的不同分为等速折旧法和加速折旧法两种。

等速折旧评估法是将二手车的转移价值平均摊配于其使用年限中，它的优点是计算简单,容易理解。但是,这种方法没有考虑车辆在各个使用年度中使用成本的摊配比例,没考虑车辆在各个使用年度中无形损耗(功能性损耗和经济性损耗)的摊配比例。

加速折旧法克服了等速折旧法的不足,充分考虑了各个使用年度负担的二手车使用成本的均衡性,同时也反映了由于技术进步所带来的价值损耗情况。

2. 影响因素

(1)计算方法的选择。

(2)被评估车辆折旧年限的确定。

(3)被评估车辆的技术状况。

3. 适用范围

由于成本折旧评估法采用的是经济使用年限评估车辆价值,二手车剩余价值相对比较小,这对二手车买方来说是比较有利的,减少了买方的风险,因此,成本折旧评估法适用于二手车的收购。

单元 3.2 事故车的检查与损失评估

学习要点

1. 事故车辆检查与鉴别;
2. 汽车修理工时费用。

相关知识

目前交易的二手车,有一部分是事故车辆,有的车辆是轻微刮碰过,有的车辆是较重碰撞过,这些事故车一般经过维修或更换零部件之后,车主才决定将车卖掉。还有的车主直接将事故车辆转让。虽然事故车辆经过了维修,但车辆技术性能有好有坏。为准确地鉴定评估事故车辆的技术状况,使车辆潜在的故障能被检测出来,为以后再次维修所需价格作出正确估算，使买卖双方都满意，要求鉴定评估师应熟练掌握事故车的辨别、维修方法判断及正确估价。

3.2.1 碰撞车辆鉴定评估

1. 正面碰撞损伤鉴定评估

汽车正面碰撞的事故很多，即使一个小的追尾，保险杠也会向后移动，中度正面碰撞会使保险杠支架、散热器框架、前翼子板、前纵梁弯曲。如果冲击力再大，前翼子板将接触前车门，前纵梁在前悬架横梁处产生折皱损伤。如果冲击力非常大，车身A柱（特别是汽车前门上部铰链安装部分）将会弯曲，这将引起前车门的脱落、前纵梁折皱、前悬架横梁弯曲、仪表板和车身底板弯曲并吸收能量。

如果正面碰撞是以一定角度碰撞的，以前横梁的接触点为轴，向侧面和垂直方向弯曲。因为左右纵梁是通过横梁连接的，汽车碰撞的冲击力从碰撞接触点通过前横梁传递到汽车另一侧纵梁上引起变形。评估检查要注意类似间接损伤的影响，检查重点包括以下内容。

1）前保险杠及吸能装置

检查保险杠是否有打磨、焊接、喷漆的迹象，检查保险杠与前照灯、翼子板等零件的配合间隙是否均匀，进而判别是否有过事故。

检查时，应该注意检查吸能器的固定轴和固定板是否弯曲，橡胶垫是否撕裂。当固定轴出现弯曲或者橡胶垫脱离安装位置时，吸能器就必须予以更换。

2）散热器支架

散热器支架一般焊接在前翼子板和前横梁上形成车辆前板。在一些非承载式车身结构的车辆中，散热器支架用螺栓固定在翼子板、车轮罩和车架总成上，除了提供前部钣金件的支撑，也支撑散热器以及相关冷却系统零部件。

检查时，仔细观察散热器支架是否经过维修，检查散热器支架两端的密封剂是否完好，标牌是否完好。如果密封剂、漆面有维修痕迹，意味该车前部有过碰撞损伤。

3）发动机室罩

检查发动机室罩与两侧翼子板之间的缝隙是否均匀，检查内、外板及外部边缘减振胶是否均匀。如果密封剂、漆面有维修痕迹，意味该车发动机室罩有过碰撞损伤。

4）前翼子板

检查翼子板紧固螺钉是否有维修过的痕迹，检查其表面腰线是否规整。用手指轻轻敲击表面，判别是否有打磨迹象。如果声音浑厚为进行过打磨、喷漆。

5）前纵梁

前纵梁是前部最重要的结构件，影响乘客的安全性及关键部件的安装尺寸。发生碰撞出现弯曲，以拉伸校正为主。经拉伸后如严重开裂应进行更换，可根据不同损伤程度截取更换。检查时要仔细查看前纵梁是否有钣金、喷漆迹象。

2. 侧面碰撞损伤鉴定评估

1）车门

汽车侧面受到碰撞时，常常会导致车门、车身中柱，甚至车身底板都会发生弯曲变形，车门检查时要多次开关车门。如果关闭车门听见"嘭、嘭"声音，说明车门密封良好；检查车门与车身的配合间隙，如果间隙较大说明该车门有过事故。检查玻璃的年份标签是否和车本身生产年份一致。车门玻璃年份与17位编码年份不一致，说明该车有过较大事故，玻璃曾经更换过。

2）前围板及仪表板损伤评估

现代汽车的前围板和仪表板通常焊接在前底板、左右车门槛板和前门铰链立柱上。在采用承载式车身的车辆上，轮罩（挡泥板）和前纵梁也焊接在前围板上。当车辆A柱侧面受到严重撞击时会造成前围板损伤。

仪表板总成安装在前围板上的仪表板上，是车身附属设备中最重要的组成部分之一。仪表板多采用塑料件为框架，将各部件组装到框架上后，再用螺栓固定到车身上。检查仪表台紧固螺栓是否松动，位置是否正确。

3）A柱

A柱是指前门铰链立柱和风窗玻璃立柱的统称，包括内、外板件。内、外板件焊接在一起形成牢固紧凑的结构。车辆A柱损伤无法通过校正维修时可通过切割、分离，再将配件焊接在此位置上的方法维修。通常在维修手册中提供能切割的部位，切割时，必须按要求进行，而且不能对车辆的整体结构造成损伤。

4）B柱

B柱又叫中柱，通常由内板件和外板件组成，焊接在车门槛板、底板和顶盖纵梁上，形成一个紧凑的结构。B柱不仅为车顶盖提供支撑，而且为前门提供门锁接触面，又作为后门门柱。

B柱被碰撞而严重变形时，应进行更换。更换B柱前，通常在车顶盖下沿处切割B柱。切割部位在维修手册中可找到。当B柱和车门槛板同时毁坏时，一般把B柱和车门槛板作为总成进行更换。损伤评估时，要考虑B柱的切割和焊接作业工时，同时要考虑拆除后车门、前座，松开汽车衬里，卷起垫子和地毯、B柱饰件、车门密封条拆卸和安装等工时，以及抗腐蚀材料费用及防腐处理工时等。

5）车门槛板

车门槛板通常由内、外板件组成，是承载式车身重要的结构组成部分。在一些车辆上，外板件被直接焊接在底板上。它为驾驶室底板提供支撑。承载式车身车辆的车门槛板由高强度钢板制成，其两侧经电镀处理，以提高其抗腐蚀能力。

损伤评估时要考虑防腐材料的费用。

6）车顶

车顶包括前后横梁、侧边纵梁和一大块金属板，作用是将车身顶部围住。

3. 后面碰撞损伤鉴定评估

汽车后面受到碰撞时，如果碰撞冲击力较小时，后保险杠、后围板、车尾行李箱盖和车身底板会变形；如果碰撞冲击力较大时，后翼子板、后纵梁等将会压溃。

3.2.2 水淹车辆鉴定评估

车辆在水淹后外观上没有太大变化，但水淹后操作或维修不当致使发动机损坏、电控系统损坏的情形很常见。浸泡数日的汽车不但维修费用很高，以后还会经常出现许多故障。因此，要准确鉴别水淹车，掌握一些技巧和方法，这样才能对水淹车的维修及损失作出准确评估。

1. 水淹车的鉴别方法

在二手车市场里，辨认是否是水淹车通常很难，在这里介绍几点鉴别水淹车的技巧。

（1）检查行李箱、杂物箱、仪表板以及座椅下是否有污水毁坏的印迹，如死角里是否存有淤泥、泥浆印迹或生锈。

（2）检查内饰和地板，如果有不匹配或松动，很可能是被更换掉的，而且变色、染色或褪色的材料通常有水损坏的痕迹。

（3）转动点火钥匙，确保各相关配件、警告灯和仪表工作正常，并确保安全气囊和ABS指示灯工作正常。

（4）应多试验几次电源和电子设备工作情况，如内室和外部的灯、窗户、车门锁、收音机、点烟器、加热器和空调等是否正常工作。

（5）检查仪表板下边的电线是否有龟裂。如果经水泡过数日的电线一旦干了后，表层的塑料皮会比较脆，同时有稍许变色。

（6）检查驾驶室、行李箱内是否可以闻到发霉的气味。

（7）将安全带完全拉出，仔细检查是否有染色或褪色等水损坏的痕迹。

上述检查方法是水淹车的简易检查方法。被水浸泡数日的汽车维修费用很高，而且以后还会经常出现各种各样潜在的故障，收购二手车时要特别警惕。

2. 规避水淹车风险

对于普通消费者，判别水淹车是很难的事情。如果不幸从个人处购买到水淹车，也很难通过合同约定进行索赔。消费者购买二手车，除了寻求专业人士陪同，选择有信誉的商家甚为关键。并且在购买合同上，注明"非水淹车"等条款必不可少，为此，购买或收购二手车时应注意以下的提醒。

（1）是否签订了有问题车的合同。目前，部分省份的工商部门推荐使用的二手车买卖合同上，有明确披露是否事故车一项，包括泡水、严重撞击、火烧、发动机改动都属必须申报之列。合同还规定了违约责任，如果经销商隐瞒事故车，消费者不但有权终止买卖，还可以要求经销商赔偿相关损失。如果条款未能涉及该条款，应附加相应条款。

（2）是否选择了品牌二手车商家。目前二手车市场活跃着大量的个人经纪。这些经纪人在一些二手车市场临时租赁一个小的摊位。车主在发现车辆出现质量问题后，想要求索赔，对方早已人去楼空。因此，购买二手车时，要选择有规模的商家，降低购买问题车的风险。

（3）对特价二手车应多加警惕。消费者对于车行的"便宜车"，应多加警惕，避免购买到问题车。

3. 水淹程度确定的参数

水的种类、水淹时间、水淹高度都是确定水淹损失程度的重要参数。不同的水质（海水会损坏漆面）、水淹时间、水淹高度对汽车的损伤各不相同，必须在现场查勘时仔细检查，并作明确记录。

4. 水淹车维修方法

1）电器排水

容易受损的电器，如各类电脑模块、仪表、继电器、电动机等，应尽快从车上拆下，进行排水清洁，电子元件用无水酒精清洗并晾干，避免因进水引起电路某些价值昂贵的电器设备报废。

汽车电脑最严重的损坏形式就是芯片损坏。尤其是装有电喷发动机的汽车，其控制电脑更是害怕受潮。应及时对进水电脑进行晾晒烘干处理。

对于可以拆解的电动机，可以采用"拆解—清洗—烘干—润滑—装配"的流程进行处理，如起动机、天线电动机、步进电动机、风扇电动机、座位调节电动机等。对于无法拆解的电动机，如刮水器电动机、喷水电动机、玻璃升降电动机、后视镜电动机、鼓风机电动机、隐藏式前照灯电动机等，则无法按上述办法进行，进水后即使当时检查是好的，使用一段时间后也可能会发生故障，一般应考虑一定的损失率，损失率通常为20%~40%。

2）汽车机械系统及内饰排水

（1）检查气缸是否进水。

汽车从水中施救出来以后，首先检查发动机气缸有没有进水。将发动机上的火花塞全部拆下，转动曲轴，把水从火花塞螺孔处排出。如果用手转动曲轴时感到异常阻力，说明发动机内部可能存在某种程度的损坏，不要借助外力强制转动，要查明原因，排除故障，以免引起损坏的进一步扩大。

（2）检查机油里是否进水。

将发动机机油尺抽出，查看油尺上机油的颜色。如果油尺上的油呈乳白色或有水珠，就要将机油全部放掉，在清洗发动机后，更换新的机油。

如果通过检查未发现发动机机械部分有异常现象，可以从火花塞螺孔处加入少量的机油，用手转动曲轴数次，使整个气缸壁都涂一层油膜，以起到防锈、密封的作用，同时也有利于发动机的起动。

（3）检查变速器、主减速器。

查看变速器、主减速器是否进水，如果进了水，会使其内的齿轮油变质，造成齿轮早期磨损。对于采用自动变速器的汽车，还要检查 ATF 是否进水。

（4）检查制动系统。

对于水位超过制动储液罐的，应更换全车制动液。制动储液罐里进水会使制动油变质，致使制动效能下降，甚至失灵。

（5）检查排气管。

如果排气管进了水，要尽快地把积水排除，以免水中的杂质堵塞三元催化转化器和损坏氧传感器。

（6）清洗、脱水、晾晒、消毒及美容内饰。

如果车内因潮湿而出现霉味，除了在阴凉处打开车门，让车内水气充分散发，消除车内的潮气和异味外，还需对汽车内部进行大扫除，要注意换上新的或晾晒后的地毯及座套。还要注意车内生锈的痕迹检查，查看车门的铰链部分、行李箱地毯之下、座位下的钢铁部分以及备用轮胎的固定锁部位有没有生锈的痕迹。

（7）保养汽车。

如果汽车整体被水浸泡，除按以上排水方法进行处理外，还要及时擦洗外表，防止酸性雨水腐蚀车体。最好对全车进行一次二级维护，全面检查、清理进水部位，通过清洁、除水、除锈、润滑等方式，恢复汽车的性能。

5. 汽车水损程度分析

汽车水损程度影响因素包括水质、水淹时间、水淹高度等。水损级别如图 3-2-1 所示。水损损失评估如表 3-2-1 所示。

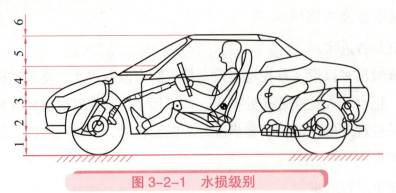

图 3-2-1 水损级别

表 3-2-1 水损损失评估

水损等级	水淹时间	水淹高度	水损分析
一级	$H \leqslant 1h$	制动盘和制动鼓下沿以上，车身地板以下，乘员舱未进水	可能造成的受损零部件主要是制动盘和制动鼓。损坏形式主要是生锈，生锈的程度主要取决于水淹时间的长短以及水质
二级	$1h < H \leqslant 4h$	车身地板以上，乘员舱进水，而水面在驾驶人座椅坐垫以下	除一级损失外，还会造成以下损失： ①四轮轴承进水； ②全车悬架下部连接处因进水而生锈； ③配有ABS的汽车的轮速传感器失准； ④地板进水后，如果车身地板防腐层和油漆层本身有损伤就会造成锈蚀； ⑤部分控制模块水淹后会失效
三级	$4h < H \leqslant 12h$	乘员舱进水，水面在驾驶人座椅坐垫面以上，仪表工作台以下	除二级损失外，还会造成以下损失： ①座椅潮湿和污染； ②部分内饰的潮湿和污染； ③真皮座椅和内饰损伤，桃木内饰板会分层开裂； ④车门电动机进水； ⑤变速器、主减速器及差速器可能进水； ⑥部分控制模块被水淹； ⑦起动机被水淹； ⑧中高档车行李箱中CD换片机、音响功放被水淹
四级	$12h < H \leqslant 24h$	乘员舱进水，水面至仪表工作台中部	除三级损失外，还可能造成以下损失： ①发动机进水； ②仪表台中部分音响控制设备、CD机、空调控制面板受损； ③蓄电池放电、进水； ④大部分座椅及内饰被水淹； ⑤各种继电器、熔丝盒可能进水； ⑥大量控制模块被水淹

续表

水损等级	水淹时间	水淹高度	水损分析
五级	24h < H ≤ 48h	乘员舱进水，仪表工作台面以上，顶篷以下	除四级损失外，还可能造成以下损失：①全部电器装置被水泡；②发动机严重进水；③离合器、变速器、后桥可能进水；④绝大部分内饰被泡
六级	H > 48h	水面超过车顶，汽车被淹没顶部	汽车所有零部件都受到损失

3.2.3 火灾车辆鉴定评估

汽车火灾损失令人触目惊心，无论是什么原因导致的起火燃烧，都会使车主及周边的人措手不及。即使扑救及时，汽车也会被烧得满目疮痍。如扑救不及时，整个汽车转眼之间就会烧毁。若在行驶中起火，还会给驾乘者造成严重的人身伤害。汽车起火原因与损失结果息息相关，所以要了解汽车火灾损失规律，无论对车主还是评估人员都具有十分积极的意义。

1. 车辆火灾类型

按照起火原因，汽车火灾可以分为自燃、引燃、碰撞起火、雷击和爆炸五种类型。

1）自燃

自燃是指在没有外界火源的情况下，由本车电器、线路、供油、机械系统等车辆自身故障或所载货物起火燃烧。汽车自燃的可能原因有以下几个方面。

（1）供油系统。

严重的汽车自燃一般是燃油系统出现问题，燃油的泄漏可以说是引发严重汽车自燃的罪魁祸首，油箱中泄漏出来的汽油是汽车上最可怕的助燃物。漏油点大多集中在管件接头处、油管与车身易摩擦处、油管固定部位与非固定部位的结合处等薄弱地方。

无论是行进中还是停驶时，汽车上都可能存在火源，如点火系产生的高压电火花、蓄电池外部短路时产生的高温电弧、排气管排出的高温废气或喷出的积炭火星等，当泄漏的燃油遇到了火花，就会造成火灾。

安装于发动机室内的汽油滤清器距缸体及分电器很近，因汽油滤清器经常更换，接头处极易出现泄漏现象，一旦燃油泄漏，混合气达到一定的浓度，只要有明火出现，自燃事故将不可避免。

对汽油发动机来说，可燃混合气的比例调节不当（过稀或过浓）会产生化油器回火或排气管放炮的现象，甚至排出火星，引发火灾。

电喷发动机喷油器清洗后密封圈必须更换，个别维修厂为微小的利益重复使用喷油器密封圈，常常引发汽车火灾。

采用柴油发动机的汽车，有时冬季会出现供油管路挂蜡的现象。为了解决问题，某些驾驶人会在油箱外用明火烘烤，极易引起火灾。

（2）电器系统。

①高压漏电。发动机工作时，点火线圈自身温度很高，有可能使高压线绝缘老化、龟裂，导致高压漏电；另外，高压线脱落引起跳火也是高压漏电的一种常见形式。由于高压漏电是对准某一特定部件持续进行的，必然引发漏电处的温度升高，遭遇油泥等可燃物就会引发火灾，定期清洁发动机可有效预防此类火灾的发生。

②低压短路。低压线路老化、过载或磨损搭铁漏电是引发汽车自燃事故的另一主要原因。由于搭铁处会产生大量的热能，如果与易燃物接触，便会导致起火。

私自改装导致个别线路用电负荷加大，如加装高档音响、增加通信设备、加装电动门窗、添加空调等，如未对整车线路布置进行分析及功率复核，火灾在所难免。

③接触电阻过大。线路接点不牢或触点式开关接触电阻过大等，会使局部电阻加大，长时间大电流通电时发热引起可燃材料起火，蓄电池电源线与起动机的连接螺钉松动极易引发发动机火灾。

④点火顺序错乱。点火提前角过早、过晚或者点火顺序错乱会造成车辆加速无力，如急剧加油则会出现回火、放炮现象，有时会造成汽车火灾。

⑤加大熔丝容量。在汽车电路维修中，有随意加大熔丝容量的现象，更有甚者用铜线代替熔丝，看似简单的问题，有时会酿成大祸。由于熔丝无法断开，线路短路便会引发火灾。

（3）机械系统。

汽车的相关部件因汽车超载而处于过度疲劳和过热状态，一旦超过疲劳极限，就有可能发生自燃。

制动系统工作时，制动蹄片上的摩擦片与制动鼓或制动盘之间的摩擦产生大量的热量。如果汽车超载行驶，频繁的制动会使产生的热量更多。聚集的热量就会将润滑脂或制动液点燃。另外，长时间高强度的制动，也会造成制动鼓过热，制动鼓随之又将热量传导到附近可燃物（轮胎），增加了自燃的可能性。

近年来高速路上轮胎过热起火现象较为常见。轮胎摩擦过热有几种情况：一是气压不足；二是超载；三是气压不足与超载的综合效应。这些情况都会造成轮胎的侧壁弯曲。轮胎弯曲所产生热量的速度要比机动车行驶中散发热量的速度快得多，其结果是侧壁的温度升高。将侧壁纤维与橡胶材料的结构破坏，所形成的分离又加剧了松散线绳与橡胶间的摩擦，从而产生了更多的热量。聚积的热量会很快使侧壁的温度上升而造成自燃。轮胎起火以在高速公路上行驶的超载载货车辆居多。对于货车或拖挂车上的双轮胎来说，则危险性更大。当两个轮胎中有一个气压不足时就会发生这种现象，原因是相邻的轮胎承受了双倍载荷而形成过载，因此导致了轮胎的摩擦过热。

（4）其他。

排气管上的三元催化转化器温度很高，且安装位置较低。如果停车时恰巧将其停在麦秆等易燃物附近，会引燃可燃物。

如果驾驶人夏季将汽车长时间地停放在太阳下暴晒，会将车内习惯性放置在前窗玻璃下的一次性打火机晒爆，如果车内恰巧有火花（如吸烟、正在工作的电器设备产生的电火花、爆炸打破的仪表火线等），就会引燃车内的饰品。

2）引燃

引燃是指汽车被其自身以外的火源引发的燃烧。建筑物起火引燃、周边可燃物起火引燃、其他车辆起火引燃、被人为纵火烧毁等，都属于汽车被引燃的范畴。

3）碰撞起火

当汽车发生追尾或迎面撞击时，由于基本不具备起火的条件，一般情况下不会起火。只有当撞击后导致易燃物（如汽油）泄漏且与火源接触时，才会导致起火。如果一辆发动机前置的汽车发生了较为严重的正面碰撞，散热器的后移有可能使油管破裂，由于此时发动机尚处于运转状态，一旦高压线因脱落或漏电引起跳火，发生火灾的可能性就很大。

当汽车因碰撞或其他原因导致翻滚倾覆时，极易发生油箱泄漏事件，一旦遇上电火花或摩擦产生的火花，就会起火爆炸。

4）雷击

在雷雨天气里，露天停放的汽车有可能遭遇雷击。由于雷击的电压非常高，完全可以使正在流着雨水的车体与地面之间构成回路，从而将汽车上的某些电气电子设备击穿（如车用电脑），严重者可以引起汽车起火。

5）爆炸

车内违规搭载的爆炸物品（如雷管、炸药、鞭炮）极易引发爆炸及火灾。

2. 火灾车的鉴别方法

在二手车市场里，辨认是否是火灾车通常很难，在这里介绍几点鉴别火灾车技巧。

（1）检查发动机室内外是否有新近喷漆痕迹，检查发动机室死角是否有熏黑的迹象。

（2）检查发动机室线束是否有更换迹象，检查发动机室盖保温板是否异常新。

（3）检查发动机电器件是否有大量更换迹象。

（4）检查驾驶室内饰是否有整体大量更换迹象，线束是否有更换迹象。

（5）检查行李箱内饰是否有整体大量更换迹象，线束是否有更换迹象。

由于火灾车的车身强度有很大下降，故障率很高，其价格影响很大，所以，收购二手车要特别警惕火灾车辆。

3.2.4 事故车维修费用确定

事故车辆修复费用包括事故损失部分维修工时费、事故损失部分需更换的配件费（包含管理费）和残值。对于国内不同地区的同一款汽车零件来说，虽然因为各地采购途径不尽相同，价格可能略有差异，但总体差异不大，差异较大的是各地的维修工时费标准。

1. 维修工时费的组成

维修工时费一般包括事故相关部件拆装工时费、事故部分钣金修复工时费（包括辅助材料费）、事故相关的机电维修工时费（含外加工费）、事故部分喷漆费（包含原材料费用）等。

1）事故相关部件拆装工时费

事故相关部件拆装工时费包括事故造成零件更换的工时费；为完成相关作业，必须拆装某些并没有损伤的零部件或总成所发生的工时费（如严重变形的前纵梁校正必须拆装发动机、副梁等零件）。在对被评估汽车拆装项目的确定有疑问时，可查阅相关的维修手册和零部件目录。拆装工时费标准可参考当地交通主管部门关于拆装工时费的相关标准，也可以查阅汽车制造厂规定的工时定额。

2）事故部分钣金修复工时费

（1）钣金修复工时费的影响因素。

①零件价格差异的影响。零件的价格决定着零件修理工时的上限，不同的汽车上的同样一个名称的零件价格差距甚远，从而造成修理工时差距非常大。

②损伤位置的影响。与平面部位损伤相比，车身腰线、棱角部位的损伤钣金工时会略有提高。

③维修设备差异的影响。对不可拆卸的后翼子板来说，利用整形机维修会收到事半功倍的效果。

（2）常见钣金修复工时费的计算。

钣金工时费的估算是定损工作的又一难题。另外，事故较严重的车辆在修复过程中，很多钣金工作都是起连带作用的，在定损时应考虑车辆的整体钣金金额，不要进行重复的定价。例如，车门、车顶维修时需有内饰及附件拆装工时费；后侧翼子板重大变形维修与更换隐含拆装后风窗玻璃。

3）事故相关的机电维修工时费

汽车零件修理工时的确定非常复杂，其主要影响因素包括零件价格差异、地域差异及维修设备差异等。零件的价格决定着零件修理工时的上限，同样一个名称的零件，在不同的汽车上价格差距甚远，从而造成同样一个名称的零件修理工时差距非常大。地域的差异是指同样一个零件在甲地市场的价格是100元，在乙地市场的价格是200元；同样的损失程度，在乙地被认为应该修理，而在甲地则认为已不值得修理。所以，同样一个零件在甲地的修理工时范围可能是1~2小时，而在乙地的修理工时范围可能是1~4小时。最后，维修设备的差异也影响零件修理工时。由于上述客观原因的存在，造成汽车零件修理工时定额的制定相当困难，评估人员应当根据自己的理论知识和实践经验，灵活掌握。

工时费的计算公式为

$$工时费 = 工时定额 \times 工时单价 + 外加工费$$

（1）工时定额。

机电维修工时定额的确定，应以当地的《汽车维修工时定额标准》为基准，结合评估人员自己的理论知识和实践经验，考虑本地实际情况灵活掌握。但要注意下面的情况。

①机修：独立式前悬架只有事故损坏更换上、下悬架、拉杆等相关附件才需进行电脑前轮定位调整（注意：不是四轮定位）；制动器只有拆装或更换油管路零件才需系统排气；吊装发动机工时已包含了拆装与发动机相连的散热系统、变速器及传动系统工时；发动机只有更换气缸体才可按大修工时计算；更换新气缸盖时，要包括铰削气门座和研磨气门工时、气门导管拆装工时。

②电工：更换前照灯包含调整灯光工时，空调系统中更换任何涉及制冷剂泄漏零件均需查漏、抽真空、补加制冷剂工时；更换电控系统电脑、部分传感器（如节气门体）需解码仪检测解码。

③其他：所有维修工时费均包含辅助材料费（消耗材料费、电工焊接材料费）和管理费（利润、税金）。

（2）工时单价。

工时单价指维修事故车辆单位工作时间的维修成本费用、税金和利润之和。工时单价随地区等级变化，一般以二类地区价格为基础。在二类地区营业的一类维修企业最高限价为80元/h，二类维修企业最高限价为60元/h，三类维修企业最高限价为40元/h。

（3）外加工费。

如曲轴的变形校正及磨削、缸筒维修、制动盘的磨削、断螺钉的取出及加工等，大多在专业的维修公司进行，核算时要考虑外加工费。本厂不得再加收管理费。凡是已含在维修工时定额范围内的外加工费，不得另行列项，重复收费。

4）事故部分喷漆费

各地区的车身喷漆费用计算方法各不相同，有以面积乘以单价的计算方法，也有以常见覆盖件单件计算的方法。喷漆工时费应包含喷漆需要的原子灰、漆料、油料、辅助添加剂等材料费。

（1）喷漆面积的确定。

局部喷漆范围以最小范围喷漆为原则（即以该部位最近的接缝、明显棱边为断缝收边），如翼子板腰线上部损伤以腰线以上的面积计算，而不是整个翼子板全喷面积。

（2）喷漆单价的确定。

常见的面漆大多为进口或合资品牌。面漆的种类与名称繁多，但大致可归结为喷漆和磁漆。漆种的鉴别也较为简单，可用原车加油口盖直接通过电脑分析判断汽车原面漆的种类。也可以现场用蘸有硝基漆稀释剂（香蕉水）的白布摩擦漆膜，观察漆膜的溶解度。如果漆膜溶解，并在白布上留下印迹，则是喷漆，反之则为磁漆。如果是磁漆，再用砂纸在损伤部位的漆面轻轻打磨几下，鉴别是否漆了透明漆层，如果砂纸磨出白灰，就是透明漆层；如果砂纸磨出颜色，就是单级有色漆层。最后借光线的变化，用肉眼看一看颜色有无变化，如果有变化，则为变色漆。汽车面漆分为硝基喷漆、单涂层烤漆、双涂层烤漆、变色烤漆等四类。

（3）常见覆盖件的喷漆费。

在实际定损工作中，常以覆盖件单件计算方法确定喷漆费用。

2. 更换配件费确定

1）配件价格形式

（1）由汽车生产厂家对其特约售后服务站规定的配件销售价格，即厂家指导价。

（2）当地大型配件交易市场上销售的原装零配件价格，即市场零售价。

（3）符合国家及汽车厂家质量标准，合法生产及销售的装车件、配套件（OEM）价格，即生产厂价格。

2）配件管理费

维修企业进行配件报价时一般采用市场零售价为基础，再加一定的管理费为原则。配件管理费是指维修企业因维修需更换的配件在采购过程中发生的采购、装卸、运输、保管、损耗等费用以及维修企业应得的利润和出具发票应缴的税金而给出的综合性补偿费用。

3）配件费计算

（1）计算公式：配件费 = 配件进货价 ×（1+ 管理费比例）- 残值。

（2）配件进货价：以该配件的市场零售价为准。

（3）配件管理费确定的原则：根据维修厂技术类别、专修车型综合考虑进行确定。

（4）残值：车辆因事故遭受损失后残余部分或损坏维修更换下来的配件，只需经再加工就可产生再利用的价值，由此，对因事故遭受损失后残余部分，按照维修行业惯例和废旧物资市场行情估算出这部分价值，这部分价值称为残值。

零配件询报价

汽车配件价格信息的准确度对降低赔款有着举足轻重的影响。由于零配件生产厂家众多,市场上不但有原厂或正规厂家生产的零配件,而且还有许多小厂家生产的零配件,因此市场价格差异较大。另外,由于生产厂家的生产调整、市场供求变化、地域差别等多种原因也会造成零配件价格不稳定,处于波动状态,特别是进口汽车零部件缺乏统一的价格标准,其价格差异更大。为此,多数保险公司已建立了完整、准确、动态的询报价体系。独立报价系统的建立,使定损人员在定损过程中能够争取主动,保证定出的零配件价格符合市场行情。同时,由于询价与报价效率高、准确性强,这极大地加快了整个理赔的速度,缩短了赔案周期。除了利用独立的报价系统,有些保险公司还采用与专业机构合作的方式或安排专人定期收集整理配件信息,掌握和了解配件市场行情变化情况,与各汽配商店及经济信息部门联系,以期取得各方面的配件信息,为零配件的询价与报价提供丰富、准确的信息。

零配件询报价中常见的问题及其处理方式有以下几个方面。

(1)询价单中车型信息不准确或不齐全,甚至前后互相矛盾,造成无法核定车型,更无法确定配件,导致报价部门不能顺利报价。针对这种情况,一般要求准确填写标的车辆的详细信息,以帮助报价部门准确辨认车型。

(2)配件名称不准确或配件特征描述不清楚。此时,一般要求选择准确的配件名称或规范术语,并在备注栏加以说明,对于重要或特殊配件,可查找实物编码或零件编码,也可上传照片。

(3)把总成与零部件混淆或有单个配件而报套件。一般要求定损人员必须熟悉车辆结构和零配件市场供给情况,实在把握不住时,可向配件商咨询或上传照片。

(4)对老旧、稀有车型的配件报价,应准确核对车型,积极寻找通用的替换件。

(5)报价时效一般为3~7天,受市场规律影响,零配件的市场价格也是不断波动的,当货源紧张时价格上涨,货源充足时价格下跌,所以报价要有时效性,同时要求供货时间要快,避免涨价或缺货。

(6)无现货而必须订货的,原则上按海运价报价,不能按空运价报价。

单元 3.3 二手车鉴定评估报告书的撰写

学习要点

1. 二手车鉴定评估报告书的基本要求与内容;
2. 二手车鉴定评估报告书的编写步骤。

相关知识

二手车鉴定评估报告书是二手车交易市场完成某一鉴定评估工作后,向委托方提供说明鉴定评估的依据、范围、目的、基准时间、评估方法、评估前提和评估结论等基本情况的公正性的工作报告,是二手车交易市场履行评估委托协议的总结。报告不仅反映出二手车交易市场对被评估车辆作价的意见,也确认了二手车交易市场对所鉴定评估的结果应负的法律责任。

3.3.1 撰写鉴定评估报告书的基本要求

(1)鉴定评估报告必须依照客观、公正、实事求是的原则由二手车交易市场独立撰写,如实反映鉴定评估的工作情况。

(2)鉴定评估报告应有委托单位(或个人)的名称、二手车交易市场的名称和印章、二手车交易市场法人代表或其委托人和二手车鉴定评估师的签字,以及提供报告的日期。

(3)鉴定评估报告要写明评估基准日,并且不得随意更改。所有在评估中采用的税率、费率、利率和其他价格标准,均应采用基准日的标准。

(4)鉴定评估报告中应写明评估的目的、范围、二手车的状态和产权归属。

(5)鉴定评估报告应说明评估工作遵循的原则和依据的法律法规,简述鉴定评估过程,写明评估的方法。

(6)鉴定评估报告应有明确的鉴定估算价值的结果,鉴定结果应有二手车的成新率。评估结果应有二手车原值、重置价值、评估值等。

(7)鉴定评估报告还应有齐全的附件。

3.3.2 二手车鉴定评估报告书正文的基本内容

1. 评估的依据

（1）《中华人民共和国资产评估法》。

（2）评估立项批文。

（3）《二手车流通管理办法》《机动车强制报废标准规定》。

（4）客户提供的原始购车发票，有关合同、协议，人民法院出具的发生法律效力的判决书、裁定书、调解书。

（5）产权证明材料。

（6）当地政府的有关规定。

2. 鉴定评估目的

对鉴定评估目的的相关内容应有一定叙述。

3. 评估范围和评估基准时间

对评估范围的描述主要是明确评估了哪些类型的二手车辆，是轿车，或是卡机，还是叉车。评估基准时间是表明评估结论相对于哪一天发表的价值意见。由于车辆是在不断运动的，它的价值随着自身的运动和外部环境而发生变化，因而鉴定评估的结论也只是反映某天的静态价值意见。

4. 评估前提

主要说明前提性条件，如采用的评估标准、评估方法等。

5. 鉴定评估结论

一般应说明在完成了哪些鉴定评估程序后发表鉴定评估的结论意见。

3.3.3 二手车鉴定评估报告书附件的内容

鉴定评估报告的有关附件是对鉴定评估报告正文的有关重要部分的具体说明和必要补充，其内容一般包括以下几个方面。

（1）产权证明文件。

（2）评估立项批文。

（3）二手车鉴定评估登记表、作业表。

（4）鉴定评估的计算说明。它主要叙述采用的具体方法和评估的计算过程，对某些参数、系数的取定，以及对某些情况的考虑说明。

3.3.4 二手车鉴定评估报告书的内容与格式

目前二手车鉴定评估报告书没有统一样式，但撰写二手车鉴定评估报告书时，一般包括以下内容：

（1）封面。

（2）首部。

①标题。

②报告书序号。报告书序号应符合公文的要求，包括评估机构特征字、公文种类特征字、年份、文件序号等。

（3）绪言。写明该评估报告委托方的全称、受委托评估事项及评估工作的整体情况。

（4）委托方与车辆所有方简介。在报告中应写明委托方、委托方联系人的名称、联系电话及住址，以及车主的名称。

（5）鉴定评估目的。应写明本次鉴定评估是为了满足委托方的何种需要及其所对应的经济行为类型。

（6）鉴定评估对象。需简要写明车辆的厂牌型号、车牌号码、发动机号、车辆识别代号/车架号、注册登记日期、年审检验合格有效日期、公路规费交至日期、车辆购置税证号码、车船使用税缴纳有效期。

（7）鉴定评估基准日。写明车辆鉴定评估基准日的具体日期，式样：鉴定评估基准日是××××年××月××日。

（8）评估原则。严格遵循"客观性、独立性、公正性、科学性"的原则。

（9）评估依据。评估依据一般包括行为依据、法律法规依据、产权依据和评定及取价依据等。

①行为依据。行为依据是指二手车鉴定评估委托书、法院的委托书等经济行为文件。

②法律法规依据。法律法规依据包括车辆鉴定评估的有关条款、文件及涉及车辆评估的有关法律、法规等。

③产权依据。产权依据是指被评估车辆的机动车登记证书或其他能够证明车辆产权的文件等。

④评定及取价依据。评定及取价依据为鉴定评估机构收集的国家有关部门发布的统计资料和技术标准资料，以及评估机构收集的有关询价资料和参数资料等。

（10）评估方法及计算过程。简要说明评估人员在评估过程中所选择并使用的评估方法；简要说明选择评估方法的依据或原因；如评估时采用一种以上的评估方法，应适当说明原因并说明该资产评估价值的确定方法；对于所选择的特殊评估方法，应适当介绍其原理与适用范围；简要说明各种评估方法的主要计算步骤等。

（11）评估过程。评估过程应反映二手车鉴定评估机构自接受评估委托起到提交评估报告为止的工作过程，包括接受委托、验证、现场查勘、市场调查与询证、评定估算和提交报告等过程。

（12）评估结论。给出被评估车辆的评估价格、金额（小写、大写）。

（13）特别事项说明。鉴定评估人员认为需要说明的其他问题，但非评估人员职业水平和能力所能评定估算的有关事项，应提示评估报告使用者注意。

（14）评估报告的法律效力。揭示评估报告的有效日期，特别提示评估基准日的期后事项对评估结论的影响以及评估报告的使用范围等，常见写法如下：

①本项评估结论有效期为90天，自评估基准日至××××年××月××日止。

②当评估目的在有效期内实现时，本评估结果可以作为交易价参考依据；超过90天，需重新评估。另外，在评估报告的有效期内若被评估车辆的市场价格发生变化或因交通事故等原因导致车辆的价值发生变化，对车辆评估结果产生明显影响时，委托方也需重新委托评估机构进行评估。

③鉴定评估报告书的使用权归委托方所有，其评估结论仅供委托方为本项目评估目的使用或送交二手车鉴定评估主管机关审查使用，不适用于其他目的。因使用本报告书不当而产生的任何后果与签署本报告书的鉴定评估师无关。未经委托方许可，本鉴定评估机构承诺不将本报告书的内容向他人提供或公开。

（15）鉴定评估报告的提出日期。写明评估报告应提交委托方的具体时间，评估报告原则上应在确定的评估基准日后1周内提出。

（16）附件。附件包括二手车鉴定评估委托书、二手车鉴定评估作业表、车辆行驶证、车辆购置税、车辆登记证书复印件，二手车鉴定评估师资格证书复印件，鉴定评估机构营业执照复印件，鉴定评估机构资质复印件和二手车照片等。

（17）尾部。写明出具评估报告的评估机构名称并盖章，写明评估机构法定代表人姓名并签名，鉴定评估师盖章并签名，高级鉴定评估师审核签章，注明报告日期。

3.3.5 二手车鉴定评估报告书的撰写方法

评估报告不仅要真实准确地反映评估工作情况，而且要明示评估人员在今后一段时期里对评估的结果和有关的全部附件资料承担相应的法律责任。同时，评估报告也是记述鉴定评估成果的文件，是鉴定评估机构向委托方和二手车鉴定评估管理部门提交的主要成果。因此，评估人员编制的报告要思路清晰、文字简练准确、格式规范、有关的取证与调查材料和数据真实可靠。为了达到这些要求，评估人员应按下列方法和步骤编制评估报告。

1. 评估资料的分类整理

被评估二手车的有关背景资料、技术鉴定情况资料及其他可供参考的数据记录等评估资料是编制二手车鉴定评估报告的基础，所以，应由专人将评估资料进行分类整理，包括评估鉴定作业表的审核、评估依据的说明和最后形成评估的文字材料等。

2. 鉴定评估资料的分析讨论

在资料整理工作完成后，评估工作人员应对评估的情况和初步结论进行分析讨论。如果发现存在提法不妥、计算错误、作价不合理等方面的问题，要进行必要的调整，最终应在充分讨论的基础上得出一个正确的结论。

3. 鉴定评估报告书的撰写

评估人员通过对资料的汇总编排，确定二手车鉴定评估的基本情况，完成评估报告的初稿，然后与委托方交换意见，认真分析委托方提出的问题和意见，在坚持客观、公正、科学、可行的前提下修改评估报告书，修改完毕后可撰写正式的二手车鉴定评估报告书。

4. 评估报告的审核

完成的评估报告应先由项目负责人审核，再报评估机构经理审核签发，再由二手车鉴定评估人员签字并加盖评估机构公章，最后送达客户签收。

知识拓展

二手车鉴定评估报告书

××二手车辆评估中心评估机构评报字（2021年）第053号

一、绪言

××二手车辆评估中心（评估机构）接受重庆市×××区人民法院的委托，根据国家有关资产评估的规定，本着客观、独立、公正、科学的原则，按照公认的资产评估方法，对渝×·×××××（车辆）进行了评估。本机构评估人员按照必要的程序，对委托评估车辆进行了实地查勘与市场调查，并对其在2021年7月20日所表现的市场价值作出了公允反映。现将车辆评估情况及评估结果报告如下：

二、委托方与车辆所有方简介

（一）委托方重庆市×××区人民法院，委托方联系人×××，联系电话：023-××××××××。

（二）根据机动车行驶证所示，委托车辆车主××市×××有限公司。

三、评估目的
根据委托方的要求，本项目评估目的（在□处填√）

□交易　□转籍　□拍卖　□置换　□抵押　□担保　□咨询　□司法裁决

四、评估对象

评估车辆的厂牌型号（SGM××××）；号牌号码（渝×·×××××）；发动机号（××××××）；车辆识别代号/车架号（××××××）；登记日期（2019年4月）；年审检验合格至2021年4月；公路规费交至2021年12月；购置附加税（费）证齐全，车船使用税（2021年已交）。

五、评估基准日

评估基准日：2021年7月20日。

六、评估原则

严格遵循"客观性、独立性、公正性、科学性"原则。

七、评估依据

（一）行为依据

二手车评估委托书第〔2021〕053号。

（二）法律、法规依据

1.《中华人民共和国资产评估法》。

2.其他相关的法律、法规等。

（三）产权依据

委托评估车辆的机动车登记证书编号。

（四）评定及取价依据

技术标准资料：《汽车标准汇编》。

技术参数资料：《随车说明书》。

技术鉴定资料：《汽车质检技术》《汽车维修手册》。

八、评估方法（在□处填√）

□重置成本法　□现行市价法　□收益现值法　□清算价格法　□其他[①]

计算过程如下：因该车鉴定评估目的为司法裁决用，故采用清算价格法（按重置成本法估算成新率），重置成本全价为现时新车价加上车辆购置附加税。本车确定成新率为74.9%，清算折扣率确定为80%。计算公式为

$$评估值 = 重置成本全价 \times 成新率 \times 清算折扣率$$
$$= 249\,800 \times (1+10\%) \times 74.9\% \times 80\% = 164\,648（元）$$

九、评估过程

按照接受委托、验证、现场查勘、评定估算、提交报告的程序进行。

十、评估结论

车辆评估价格 165 000 元，金额大写壹拾陆万伍仟圆整。

十一、特别事项说明[②]

十二、评估报告法律效力

（一）本项评估结论有效期为90天，自评估基准日至2021年10月20日止。

（二）当评估目的在有效期内实现时，本评估结果可以作为作价参考依据。超过90天，需重新评估。另外，在评估有效期内若被评估车辆的市场价格或交通事故等原因导致车辆的价值发生变化，对车辆评估结果产生明显影响时，委托方也需重新委托评估机构重新评估。

（三）评估报告书的使用权归委托方所有，其评估结论仅供委托方为本项目评估目的使用和送交二手车评估主管机关审查使用，不适用于其他目的。因使用本报告书不当而产生的任何后果与签署本报告书的鉴定评估师无关。未经委托方许可，本评估机构承诺不将本报告书的内容向他人提供或公开。

附件：

1. 二手车评估委托书
2. 二手车评估作业表
3. 车辆行驶证、购置附加税（费）证复印件
4. 鉴定评估师职业资格证书复印件
5. 评估机构营业执照复印件
6. 二手车照片（要求外观清晰，车辆牌照能够辨认）

注册二手车评估师（签字、盖章）：×××　复核人★（签字、盖章）：×××

（二手车评估机构盖章）

重庆市××二手车辆评估中心

2021年7月20日

①其他指利用两种或两种以上的评估方法对车辆进行评估，并以所有评估结果的加权值为最终评估结果的方法。

②特别事项是指在已确定评估结果的前提下，评估人员认为需要说明在评估过程中已发现可能影响评估结论，但非评估人员执业水平和能力所能评定估算的有关事项以及其他问题。

③复核人必须具有高级鉴定评估师资格。

备注：1. 本报告书和作业表一式三份，委托方两份，受托方一份。

2. 本报告书由重庆市物资流通协会二手车交易专业委员会按国家标准，统一发放和管理。

二手车评估作业表

车主	重庆市××××× 有限公司		所有权性质	☑公 □私	联系电话	023-××××××××
地址	××市××区××路××号				经办人	张先生
原始情况	车辆类型	□轿车 ☑客车 □越野车 □载货车 □摩托车 □其他				
	车辆品牌	×××		型号	SGM×××	
	车牌号码	渝×·×××××		产地	☑国产 □进口	
	发动机号	××××××		车架号	××××××	
	车身颜色	黑		燃料种类	☑汽油 □柴油	
	已使用年限	27个月		规定年限	□96个月 □120个月 □180个月	
	累计行驶里程	7.5万km				
核对证件	证件	☑原始发票 ☑机动车登记证书 ☑机动车行驶证 ☑资产证明或车主身份证 □其他				
	税费	☑购置附加税 ☑养路费 ☑车船使用税 □其他				
	结构特点	发动机前置，后轮驱动				
	现时技术状况	使用强度正常，工作条件一般，整车动力性、经济性、可靠性、排放污染等与车辆新旧程度相适应				
	维护保养情况	☑好 □一般 □较差				
	制造质量	□进口 ☑国产名牌 □国产非名牌				
	工作性质	□私用 ☑公务 □商务 □营运				
	工作条件	☑较好 □一般 □较差				
价值反映	购入原价/元	298000		车主报价/元	200000	
	重置成本/元	249800	成新率	74.9%	评估价格/元	165000

评估目的：为法院司法裁定提供价值。

备注说明：因该车估价目的为司法裁决用，故采用清算价格法（按重置成本法估算成新率），重置成本全价为现时新车价加上车辆购置附加税。本车确定成新率为74.9%（因车辆价值较高，采用总成部件法估算成新率，清算折扣率确定为80%。计算公式为

评估值 = 重置成本全价 × 成新率 × 清算折扣率 = 249 800 元 ×（1+10%）× 74.9% × 80% = 164 648 元

注册二手车评估师（签名）：×××　　　复核人（签名）×××

2021年7月20日　　　　　　　　　　　2021年7月21日

填表说明：

①现时技术状况：必须如实填写对车辆进行技术鉴定的结果，客观真实地反映出二手车主要部分（含车身、底盘、发动机、电气、内饰等）以及整车的现实技术状况。

②评估说明：应详细说明重置成本的计算方法、成新率的计算方法以及评估价格的计算方法。

成新率估算明细表

总成部件	权分 /%	成新率 /%	加权成新率 /%
发动机及离合器总成	28	80	22.4
变速器及传动轴总成	10	80	8
前桥及转向器、前悬架总成	10	60	6
后桥及后悬架总成	10	85	8.5
制动系统	5	80	4
车架总成	5	80	4
车身总成	22	70	15.4
电气设备及仪表	6	60	3.6
轮胎	4	75	3.0
合计	100		74.9

实践训练

【实训 3-1】正确撰写二手车鉴定评估报告书。

【实训 3-2】根据提供的一辆二手车，按所学的内容完成下表中所列项目。

	基本信息			权重分值
车辆基本信息	车辆 VIN 码		车辆类型	10%
	厂牌型号		登记日期	
	已使用年限		报废年限	
	行驶里程		使用性质	
	税费		其他	
现行市价法评估	公式及计算过程		结果	20%
收益现值法评估				20%
重置成本法评估				20%
清算价格法评估				20%
综合分析				10%

巩固练习

1. 二手车评估的原则有哪些？
2. 目前评估二手车的方法有哪些？分别在什么范围内适用？

3. 一辆剩余年限为两年的旧机动车，预测这两年预期收益：第一年 1.5 万元，第二年 1.2 万元，设折现率为 15%，用收益现值法估价其值应为多少？

4. 何谓清算价格法？简述清算价格法的基本原理。

5. 评估报告的评估依据有哪些？

6. 二手车价值评估的原则？

7. 二手车的估价程序？

8. 何谓折现率？确定折现有哪 4 个方面的原则？

9. 某人欲购买一辆捷达二手车，准备从事出租经营，经调查分析，其预期收益为每年 15 万元，运营成本为 10 万元，个人所得税率为 33%，该二手车已使用 4 年，每年报酬率为 14%，试评估其价值。[已知（P/A，14%，4）=2.9173]

10. 一辆矿山专用车，该车已使用 5 年，经市场调查和预测，该车未来每年可带来预期收入 7.6 万元，而年投入运营成本为 3 万元，所得税率为 30%，折现率按 9% 计算。试评估该车的价值。[已知（P/A，9%，3）=2.5313]

11. 有一辆上海通用别克 GL8 私用轿车，初次登记日为 2016 年 3 月。于 2021 年 3 月到交易市场进行评估，经检查该车已经行驶 16 万公里，该车档次较高，车辆外观较完整，车辆侧面有几条划痕，右前翼子板更换过，后保险杠也有轻微碰撞痕迹，前风挡玻璃有轻微破损修复痕迹，传动带有老化痕迹，底盘两侧加强钢梁下方有轻微损伤，其他基本正常。该款新车类似配置的最低包牌价 30 万元，请用综合分析法评估该车价格。

12. 现有一辆宇通大型豪华客车，在北京—天津之间进行长途客运，该车按国家汽车报废标准还可以用 4 年，现车主欲将其转让，经进行可行性分析认为，该车每年可有 81 万元的收益，而运营成本约为 50 万元，按 35% 的税率纳税，折现率为 15%。试评估该车的价值。[已知（P/A，15%，4）=2.8550）]

13. 现有奔腾 B70 一辆，为 2019 款家用轿车，初次登机日为 2019 年 11 月，于 2021 年 10 月到市场评估，市场该款新车型的包牌价格为 11 万元。经检查知，该车左前侧有轻微剐蹭，右侧反光镜也有剐蹭，常规液体需补充，维护不令人满意，换挡过程比较迟钝，技术状况尚好。请用综合分析法评估其价值。

14. 一辆正常使用的载货汽车，该车评估时已使用 6 年，经市场调查和预测，该车未来每年可带来预期收入 8 万元，而汽车投入运营成本每年为 3.4 万元，企业所得税为 25%，折现率为 12%，试评估该车的价值。[已知（P/A，12%，4）=3.0373]

15. 某市汽车租赁公司一辆捷达出租车，初次登记日为 2016 年 2 月，2021 年 8 月该款全新捷达车辆的市场销售价为 8 万元，该车常年工作在市区或市郊，工作繁忙，工作条件较好；经外观检查日常维护、保修状况较好；技术状况一般。评估时点车辆购置税为新车价格的 10%，其他税费不计。试用综合分析法评估该车辆的价值。

学习情境 4

二手车交易

学习目标 →

通过本情境的学习,学生应能掌握二手车直接交易、经销交易及拍卖交易的标准程序及二手车办理转籍过户的程序;能够正确分析影响二手车收购定价和销售定价的影响因素;能够选择合适的定价方法与计算方法,确定不同类型二手车的收购价格与销售价。

能力目标 →

1. 具有引导客户办理二手车转籍过户的能力;
2. 具有选择合适的定价方法,确定不同类型二手车收购价格的能力;
3. 具有根据企业的定价目标,选择合适的定价方法与计算方法的能力;
4. 具有选择合适的销售定价策略,确定不同类型二手车的销售价格的能力;
5. 具有把握二手车进行质量认定与索赔的规范的能力。

学习引导 →

二手车交易环节是二手车收购、置换、销售、拍卖与过户的重要环节,必须掌握相关的交易规定及置换的方法。本情境设置两个学习单元:二手车交易与二手车营销。

二手车的交易 → 二手车的营销

单元 4.1 二手车交易

学习要点

1. 二手车交易的类型、规定、程序与合同；
2. 二手车交易的标示、质量认定与索赔。

相关知识

4.1.1 二手车交易概述

二手车交易是指以二手车为交易对象，在国家规定的二手车交易市场或其他经合法审批的交易市场中进行的二手车的商品交换和产权交易。二手车交易作为商品的一种交易，具有商品交易的共性，一是交易双方都是自由的；二是交易双方都认为是合适的。前者是交易发生的基础，后者是交易成立的原则。

1. 二手车交易的要素

二手车交易的基本要素有交易双方、交易物品、交易条件、时间和地点、交易合同。

（1）交易双方：一般是指二手车使用者和二手车经营者。《二手车流通管理办法》允许二手车在私人之间转让，但必须到有指定的二手车办证大厅办理交易手续，否则不能办理过户手续。

（2）交易物品：至少有　方的物品是二手车，否则就称不上二手车交易了，双方提供的物品都是汽车的（其中至少有一方为二手车），就是汽车的置换。必须强调的是双方提供的物品必须具有使用价值和经济价值，一辆国家法律规定不能进入流通的走私车或报废车纵使具有使用价值但因无经济价值，也不是二手车的交易物品。

（3）交易条件：交易条件应透明，以防止欺诈，为二手车交易创造良好的交易条件，促进二手车市场的健康发展。

（4）交易合同：在《二手车流通管理办法》中明确规定二手车交易必须签订交易合同，

这样可迫使交易双方执行承诺，这是规范二手车交易强有力的措施。二手车交易由于信息的不对称和交易一方的刻意隐瞒，极易引发各种经济纠纷，比如原车主为了将车卖一个好价钱，有意隐瞒交通事故经历或车辆的性能缺陷，甚至将盗抢车、走私车、非法拼装车等作为手续齐全的车辆卖给车行，车行有时也会将假牌车或套牌车卖给消费者。新车销售有时也会有类似现象，所谓"夸大事实、店大欺客"就是如此，因此要求有明确的符合法律要求的交易合同作为保障。

2. 二手车交易的特殊性

二手车的交易是汽车交易的一种，具有汽车交易的共同特点，但同时又有别于新车的交易，主要有以下特点。

（1）技术性和专业性：汽车商品是经过复杂加工而成的产品，包含着丰富的技术内容。这点新车旧车都是一样的。旧车的技术状况差异很大，从事旧车交易的人员对汽车性能的各种检查检测方法、故障现象、故障原因以及维修工艺和费用都要有较深的了解，还要熟悉二手车交易的相关法律法规和交易程序，所以技术性和专业性都很强。

（2）交易技巧要高：二手车虽然有时有评估值，但只是作为交易的参考价，而不是指导价，价格弹性大，销售人员有很大的发挥空间，销售技巧对公司赢利有很大影响。

3. 二手车交易的类型

依据交易双方的行为和参与程度的差异可以分为二手车的收购、销售、寄售、代购、代销（售）、租赁、经销、经纪、拍卖、鉴定评估、直接交易（转让）、置换、让与等。现将有关交易行为介绍如下。

（1）寄售：卖车方与二手车车行签订协议，将所售车辆委托车行保管及寻找买主，车行从中收取一定的场地费、服务费及保管费。

（2）代购：在无须客户进场直接购置的前提下，二手车经营主体（二手车车行）按照客户的要求，代客户购置旧车的行为。车行可帮助客户办理其他手续，但领新的行驶证一定要新车车主本人亲自去。

（3）代销（售）：在无须客户进场直接销售的前提下，二手车车行按照客户的要求代为销售二手车的行为。代销与收购的不同之处是，收购原车主可立即收到售车款，代销要等到旧车卖出去后才能收到售车款，代销有可能卖出一个较高的价钱。

（4）租赁：二手车车行将二手车租给用户使用，按日或按周收取租金的行为，这项业务在一般专门的汽车租赁公司进行，二手车车行很少开展这项业务，只有已过户给二手车车行的车才能租出去，否则一旦出交通事故对原车主不好交代。

（5）经纪：二手车经营主体（经纪公司）以收取佣金为目的，为促成他人交易二手车而从事居间提供信息服务的行为。

（6）直接交易（转让）：二手车所有人不通过经销企业、拍卖企业和经纪机构等二手车经营主体，将车辆直接出售给买方的行为。直接交易的双方必须到办证大厅开专用的二手车交易发票交过户费和其他费用后才能办理过户手续，未经过户的交易行为法律不予承认，车主还是原来的车主，一切有关车辆的官司都由原来的车主承当。

（7）置换：用旧的机动车来更换新的机动车，当然必须补足一定的款项后才能换得到，一般由各品牌专卖店从事这项业务。

（8）让与：将二手车让与别人而不要求任何实体的东西作为回报的一种二手车处理方式。只有直系亲属之间的让与不需到二手车办证大厅办理过户手续，只要到车管所申请办理变更手续即可，一般人之间的车辆让与等同于二手车直接交易，否则该收的费用国家就收不到了。

4. 二手车交易的流程

二手车交易基本流程如图 4-1-1 所示。

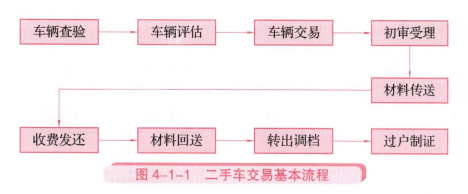

图 4-1-1　二手车交易基本流程

5. 二手车交易的工作程序

1）直接交易、中介交易类的工作程序

直接交易、中介交易类的工作程序如图 4-1-2 所示。

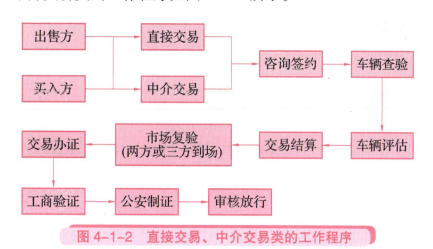

图 4-1-2　直接交易、中介交易类的工作程序

2）经销类的工作程序

经销类的工作程序如图 4-1-3 所示。

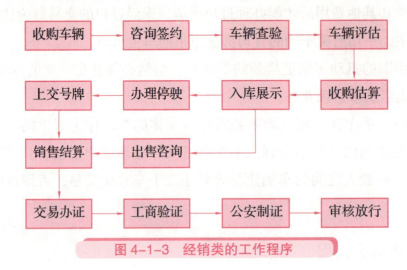

图 4-1-3 经销类的工作程序

3）退牌、上牌类工作程序

退牌、上牌类工作程序如图 4-1-4 所示。

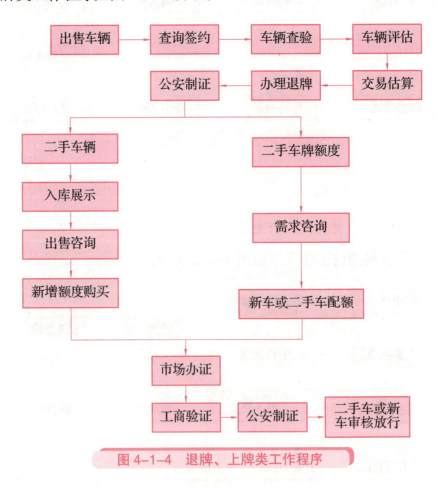

图 4-1-4 退牌、上牌类工作程序

4）寄卖或拍卖类工作程序

寄卖或拍卖类工作程序如图 4-1-5 所示。

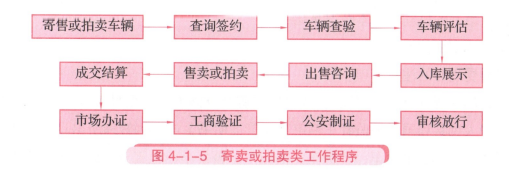

图 4-1-5 寄卖或拍卖类工作程序

6. 二手车交易所需的材料

《机动车登记规定》规范了二手车交易过户、转籍登记行为,全国车辆管理机关执行这一法定程序时,由于各地区情况不一,在执行时根据实际情况略有变化。对二手车鉴定评估人员来说,除了掌握二手车交易过户、转籍的办理程序,也有必要熟悉新机动车车牌号、行驶证的核发程序。

1)过户类交易需提供的材料

(1)提交的证件和材料。所提交的证件和材料有很强的针对性,不同产权归属、要求也不尽一致,因此,二手车所有人或委托代理人,应按要求提交下列证件和材料。

①机动车行驶证。

②机动车登记证书。

③机动车注册/转入登记表(副表)。

④机动车过户、转入、转出登记申请表。

⑤现机动车所有人身份证明原件和复印件(企事业单位需提供《组织机构代码证》和IC卡,个人需提供户口簿和身份证)。

⑥机动车照片。

⑦机动车来历凭证,包括:

a. 二手车销售发票或二手车中介业务发票。

b. 人民法院调解、裁定或裁决所有权转移的车辆,应出具已经生效的调解书、裁定书或裁决书及相应的协助执行通知书原件和复印件。

c. 仲裁机构裁决的所有权转移的车辆,应出具已经生效的《仲裁裁决书》和人民法院出具的协助执行通知书原件和复印件。

d. 继承、赠与、协议抵债的车辆,应提供相应文件和公证机关的公证书原件和复印件。

e. 国家机关已注册登记并调拨到下属单位的车辆,应出具该部门的调拨证明。

f. 资产重组或者资产整体买卖中包含的机动车,其来历凭证是资产主管部门的批准文件。

g. 买入方为机关、事业单位还需提供车辆编制证。

⑧已封袋的《机动车登记业务流程记录单》。

⑨出让方填写的机动车基本情况承诺书。

⑩二手车鉴定评估报告书。

（2）材料受理时的注意事项。

①香港、澳门特别行政区居民的"Z"字号牌和外国人的外籍号牌以及领事馆号牌转入，需提供《中华人民共和国海关监管车辆解除监管证明书》或车辆管理所出具的联系单。

②使用性质为工程抢险车、救护车、消防车、警备车、施工车、邮电车、环卫车需改变使用性质过户的。

③公务车自初次登记之日起满3年方可办理过户；未满3年办理过户的，计算日期按《机动车行驶证》初次登记日期计算。

④留学回国人员和特批的自备车、摩托车，自初次登记之日起满5年方可办理过户，未满5年办理过户手续的，须由过入方提供上牌额度，计算日期按《机动车行驶证》初次登记日期计算。

⑤企事业单位的车辆自初次登记之日起满2年方可过户给个人，未满2年的，须由过入方提供上牌额度，计算日期按《机动车行驶证》初次登记日期计算。

⑥公安系统"警"字号牌车辆过户，须经市公安局后勤保障部装备处批准。

2）转出（转籍）类交易需提供的材料

（1）提交的证件和材料。

所递交的证件、牌证和材料应严格按照《机动车登记规定》办理。因为全国有统一的车辆和车辆档案的接收标准，否则有可能退档。它要求机动车所有人或委托代理人，应提交下列材料。

①机动车行驶证。

②机动车登记证书。

③机动车注册/转入登记表（副表）。

④机动车过户、转入、转出登记申请表。

⑤机动车转籍更新申请表、机动车退牌更新申请表、机动车置换（过户、转籍）联系单。

⑥机动车号牌（退牌、置换车辆除外）。

⑦机动车照片。

⑧海关监管车辆，应出具《中华人民共和国海关监管车辆解除监管证明书》或车管所出具的联系单。

⑨现机动车所有人身份证明原件和复印件［个人凭外省（市）居民身份证、企事业单位凭外省（市）《组织机构代码证》和介绍信］。

⑩机动车来历凭证：

a. 二手车销售发票或二手车中介业务发票。

b.人民法院调解、裁定或裁决所有权转移的车辆,应出具已经生效的调解书、裁定书或裁决书及相应的协助执行通知书原件和复印件。

c.仲裁机构裁决的所有权转移的车辆,应出具已经生效的仲裁裁决书和人民法院出具的协助执行通知书原件和复印件。

d.继承、赠与、协议抵偿债务的机动车,应出具继承、赠与、协议抵偿债务的相关文件和公证机关的公证书原件和复印件。

e.资产重组或者资产整体买卖中包含的机动车,应出具资产主管部门的批准文件。

f.国家机关已注册登记并调拨到下属单位的车辆,应出具该部门的调拨证明。

⑪处级以上机关、事业单位,还需提供车辆编制证。

⑫已封袋的《机动车登记业务流程记录单》。

⑬出让方填写的机动车基本情况承诺书。

（2）注意事项。

①非标准改装的机动车且没有《机动车登记证书》的,不得受理。

②对转入地车辆管理部门有特殊要求的,不得受理。

③超过使用年限的或者有其他约定的,不得受理。

④定期检验期失效的（人民法院调解、裁定或裁决,仲裁机构裁决的除外,但须检验合格后办理）,不得受理。

⑤品牌、型号、规格、结构不符合国家颁布的公告、目录的,不得受理。

⑥抵押、查封或司法保全的车辆,在计算机系统和纸质档案中注明"不准过户"的,不得受理。

⑦海关监管且未解除监管的车辆,不得受理。

3）机动车退牌需提供的材料

机动车退牌业务应递交下列材料：

（1）机动车登记证书。

（2）机动车行驶证。

（3）机动车注册/转入登记表（副表）。

（4）机动车退牌更新申请表。

（5）机动车号牌。

（6）机动车照片。

（7）原机动车所有人身份证明原件和复印件。

（8）经驻场民警查验确认的车辆识别代码（发动机号、车架号）无凿改嫌疑并在拓印骑缝处签章的《机动车登记业务流程记录单》（装入专用纸袋并密封）。

（9）海关监管车辆,应出具《中华人民共和国海关监管车辆解除监管证明书》或车管所出具的《联系单》。

（10）代理人身份证明。

4）机动车（新车）上牌需提供的材料

机动车（新车）上牌是指在二手车交易市场内通过收旧供新的车辆，或经车辆管理所授权的汽车销售公司出售的新车，范围是那些厂牌型号经认定获免检资质的新车，其递交材料如下。

（1）机动车来历凭证：经市公安局车辆管理所档案科备案，可在二手车交易市场上牌的全国统一机动车销售发票。

（2）整车出厂合格证。

（3）机动车注册/登记申请表。

（4）机动车所有人的身份证明（企事业单位凭《组织机构代码证》和IC卡，个人凭户口簿、身份证等）。

（5）车辆购置税纳税证明。

（6）由代理申请注册登记的，需提供代理人的身份证明原件和复印件。

（7）经驻场警察查验确认的车辆识别代码（发动机号、车架号）与其拓印相一致，并已在《机动车登记业务流程记录单》拓印骑缝处盖章生效。

（8）第三者责任险凭证。

5）机动车（二手车）上牌需提供的材料

机动车（二手车）上牌是指在二手车交易市场内，被经营公司退牌停搁的二手车，落实客户后需上牌的车辆。其递交材料如下。

（1）二手车经营公司开具的销售发票。

（2）机动车注册/登记申请表。

（3）现机动车所有人的身份证明（企事业单位凭《组织机构代码证》和IC卡，个人凭户口簿、身份证等）。

（4）经驻场警察查验确认的车辆识别代码（发动机号、车架号）无凿改嫌疑并与其拓印相一致，在《机动车登记业务流程记录单》的拓印骑缝处盖章生效（并装袋密封）。

（5）经驻场警察签章的《机动车退牌更新申请表》。

（6）车辆附加购置税确认单。

4.1.2 二手车的标示

1. 二手车标示的目的

二手车标示的目的是为顾客提供待出售二手车的基本信息，供顾客了解二手车的来源及技术状况等内容。二手车标示应规范、正确，内容要真实，不得弄虚作假，否则会引起交易双方之间的矛盾。二手车标示信息粘贴在车辆前挡风玻璃左上方，并填写完整、正确。

2. 二手车标示的主要内容

1）出售车辆展示单位及联系方式

（1）收购后出售的车辆标示该经营单位名称，委托寄售的车辆标示接受代理单位名称。

（2）联系方式：该单位固定电话、手机号码。

2）车辆型号、车号及装备

（1）车辆型号按车管部门核发车辆行驶证上的标准标示。

（2）车辆的牌号按车管部门核发车辆行驶证上的号码标示（退牌车辆按原号码标示）。

（3）车辆装备按如下所示。

①供油方式标示为电喷。

②变速方式标示为手动或自动。

③电控门锁标示为有（效）或无（效）。

④ABS 制动系统标示为有（效）或无（效）。

⑤安全气囊标示为有（效）或无（效）。

⑥定速巡航系统标示为有（效）或无（效）。

⑦转向助力系统标示为有（效）或无（效）。

⑧空调系统标示为有（效）或无（效）。

3）车辆的初次注册登记日期及使用年限

（1）车辆初次注册登记日期按车辆行驶证上的登记日期标示。

（2）车辆使用年限按公安部规定的该车型使用年限标示。

4）车辆的使用性质及检验有效日期

（1）车辆的使用性质按营运或非营运标示。

（2）车辆的检验有效日期按车辆行驶证上的有效日期标示。

5）车辆出售总价及包含费用项目

（1）车辆出售价格应标示其交付顾客使用时的现金价格（人民币）。

（2）应标明出售总价中是否包含牌照价格、交易手续费、购置附加费、养路费、保险金等项目。

6）车辆行驶里程

（1）里程标示精确到 km，不满 1km 时应四舍五入。

（2）如对行驶里程数有疑问时，若有根据能进行推定时，应标示"？"及"推测 km

数",若无根据不能推定时,应标示"?"及"不明"。

(3)如有明显更改里程表的情况,应标示"已更改"或标示"已更换"里程表。

(4)如果里程表不能正常工作,应标示"里程表已损伤"。

7)车辆质量保用条件

(1)如该车符合保用条件,则标示保用行驶里程数或保用时间月数。

(2)如该车符合回收条件,则标示"承诺回购",若不符合回购条件,则标示"不回购"。

8)车辆事故、瑕疵

(1)如该车曾发生事故并有维修履历的情况,应将维修过的部位,如车架(车架纵梁、车架横梁)、(车身)前内外板、车身支柱内板(前上、中部、后下)、发动机挡板、顶板、底板、后备厢底、散热器芯等处标示清楚,并标示"已修复"或标示"已更换"。

(2)如该车还存在尚未修复的瑕疵,应将瑕疵标示清楚。

(3)对该车是否发生过事故或是否存在瑕疵不了解时,应标示"?"及"不明"。

9)随车备件

(1)千斤顶标示为有或无。

(2)备用轮胎标示为有或无。

(3)轮胎扳手标示为有或无。

(4)车辆使用说明书标示为有或无。

4.1.3 二手车的质量认证

消费者在购买二手车时最担心的就是质量问题。必须建立二手车质量的认证制度。所谓认证,就是由汽车生产企业或者大型经销商对二手车进行全方位的质量检测,以确保汽车的品质达到一定的出售标准。国内各大汽车厂商都有其认证二手车服务业务。经过认证的二手车还可以在一定时期内享受与新车同样的售后待遇。尽管认证的二手车要比没经过认证的二手车平均售价高,但仍然受到消费者的青睐。现在,汽车厂商进入二手车经营领域使目前混乱的二手车市场逐步进入正轨,同时让消费者购买二手车建立了信心。经过质量认证的二手车,必须有质量认证书,各大二手车公司的质量认证书可能不一致,但其基本内容相同。

1. 二手车质量认证的流程

下面以东风悦达起亚(简称DYK)二手车质量认证为例,介绍质量认证流程。如图4-1-6所示。

（1）维修站负责108项车辆检测。

（2）根据检查结果，预估整修费用，分析成本控制，决定车辆是否认证。

（3）送维修站整修认证车辆，整修完毕，维修站必须设定验收环节，对108项进行验收。

（4）准备认证文件，向东风悦达起亚提出认证申请。

（5）DYK审批认证申请。

（6）认证申请通过，东风悦达起亚通知授权经销商，授权经销商展示二手车。

（7）二手车销售。

（8）授权经销商填写二手车销售情况表，并反馈给东风悦达起亚，还需提供准确的最终用户联系电话和邮寄地址。表4-1-1~表4-1-3所示分别为《二手车108项质量检验标准》《二手车108项技术检查表》《二手车36项鉴定估价表》。

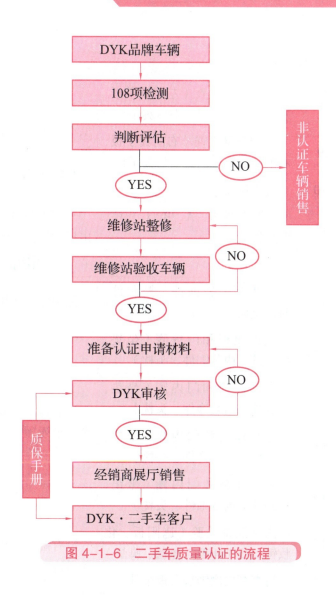

图4-1-6 二手车质量认证的流程

表4-1-1 二手车108项质量检验标准

标号	检查内容	质量标准
	一、车身检验	
1	前风挡（刮痕、擦痕、裂痕、凹痕）	玻璃无明显裂纹、无刮痕、擦痕、裂痕、凹痕，无渗水漏风
2	后风挡（刮痕、擦痕、裂痕、凹痕）	
3	发动机盖（油漆、表面光洁）/内侧隔音垫无破损	部件、饰板齐全，且没有锈蚀；允许有漆面划痕、凹痕小于10处；油漆损伤不能伤及钣金件基部，表面不得有任何锈迹。不得有抛光机无法处理的污迹
4	前保险杠（表面油漆）	
5	后保险杠（表面油漆）	
6	中网防护罩（汽车标志）	没有凹痕、扭曲、锈蚀、遗失、破损和松动
7	前大灯、其他灯光罩壳	部件、饰板齐全，且没有锈蚀和破损

续表

标号	检查内容	质量标准
8	左侧车身检查（左前翼子板、左前门、左后门、左后翼子板）	部件、饰板齐全，且没有明显锈蚀；允许有漆面划痕，但长度不得超过5cm，表面凹痕不得大于5角硬币，并且每辆车划痕、凹痕小于10处；油漆损伤不能伤及钣金件基部，表面不得有任何锈迹和腐蚀痕迹。不得有抛光机无法处理的污迹
9	右侧车身检查（右前翼子板、右前门、右后门、右后翼子板）	
10	行李箱盖	
11	车顶及顶边，A、B、C三柱，两后视镜	车门框与A、B、C三柱平整无修理痕迹，接缝自然平整与出厂时保持一致
	二、内饰检验	
12	仪表板（装饰件、控制件、时钟重设）	无缺件，无松动、损坏的部件
13	左前座椅和门内侧（坐垫、控制件、内装饰件、头枕）	没有撕裂、破损、烧焦的痕迹、污迹，座椅轨道弹座无断裂、卡死
14	右前座椅和门内侧（坐垫、控制件、内装饰件、头枕）	
15	左后座椅和门内侧（坐垫、控制件、内装饰件、头枕）	
16	右后座椅和门内侧（坐垫、控制件、内装饰件、头枕）	
17	内部装饰检验（遮阳板、化妆镜、行李托架、地毯、脚垫）	没有烧焊、松旷、修复痕迹；无破损、烧焦的痕迹；无裂缝和污迹
18	行李箱内侧饰板及钣金件	
	三、功能件检验	
19	喇叭	功能正常
20	钥匙/遥控钥匙	功能正常；备有两套钥匙及遥控器
21	内部照明灯（仪表板灯）	车内所有的照明系统：仪表台背景灯、顶灯、车内灯、阅读灯、手套箱灯、副仪表台灯、标记灯正常工作，开关自如；灯泡及插座无损坏
22	前座椅（功能）	电动功能、记忆功能、安全带功能正常
23	后座椅（功能）	电动功能、安全带功能正常
24	后视镜（电动外后视镜）	调节功能、记忆功能正常
25	风挡雨刷及喷嘴	雨刮器无松旷、角度正常；洗涤器喷嘴顺畅，无清洗液泄漏；雨刷条工作无抖动和异常噪声；各部件齐全，固定牢靠
26	四车窗玻璃（操控开关/电控按钮正常）	正常工作，车窗工作升降顺畅无卡滞，防夹功能正常。儿童保护装置功能正常

续表

标号	检查内容	质量标准
27	自动天窗（功能状况正常）	正常工作，车窗工作无振动、噪声，升降顺畅无卡滞，与原厂设计一致；外观无裂纹破损等，密封正常
28	暖风和风扇开关	工作正常，无噪声
29	工具箱	工具箱无裂纹损坏，内部工具齐全
30	汽油箱锁/行李箱锁/前盖锁	工作正常；按键和拉锁无磨损和松旷，开关自如
31	车载警报器/车载电话（遥控装置功能正常）	功能正常，配件齐全
32	车载电源/点烟器	
33	时钟	功能正常，指示正确
34	门拉手/门锁（锁止装置/儿童保护装置功能正常）	正常，无裂纹、不松旷，密封严密；饰条齐全
35	前部照明	边灯、停车灯、近光灯、远光灯、雾灯、转向灯、示宽灯能正常工作，开关自如；转向开关和组合开关工作正常；外观无损坏，不存在松旷现象
36	后部照明	倒车灯、牌照灯、刹车灯、雾灯、转向灯、示宽灯工作正常；外观无损坏，不存在松旷现象
四、引擎检验		
37	视觉观察（遗失/缺损配件、渗漏、商标、标志铭牌）	视觉观察部件是否渗漏、磨损、丢失；所有的标记和指示标贴、铭牌必须为原厂件
38	检测仪诊断校对车辆VIN、发动机、自动变速箱传感器	电脑检测无故障，功能测试及相关数据在正常数值内
39	电路系统（各类线束）	线束布置符合原要求，无破损裂纹；接头接触牢靠
40	蓄电池/发电机	蓄电池电眼颜色呈绿色，电瓶桩头无锈蚀、牢固
41	启动马达	结合平稳，无异响，回位迅速
42	发动机冷却系统/水泵（液面、盖子，液体状况）	水箱护罩、横梁、发动机下纵梁、引擎室侧副梁无严重变形和修理过的痕迹
43	散热器及冷却风扇	工作正常，固定牢固；冷却液无滴漏
44	机油泵/汽油泵	工作正常，无异响
45	动力转向系统（液面，方向机泵，油路管路）	液面正常，转向系统工作正常，无滴漏、无噪声
46	制动系统（刹车油液面，制动助力泵，制动液管路）	刹车系统工作正常，无泄漏，无噪声。制动总泵和真空助力器工作正常，制动液在正常水平，管路无滴漏及破损（包括制动分泵）
47	点火系统（火花塞，点火线圈）	高压线点火线圈外观无裂纹、破损；发动机运转平衡

续表

标号	检查内容	质量标准
48	油气循环系统（曲轴箱通风）	曲轴箱各单阀门齐全、有效
49	汽油油路系统（油路，管路及连接处渗漏检查）	汽油油路系统（油路，管路及连接处应该无渗漏，连接牢固
50	真空系统（状况）	真空软管连接牢固、无裂纹、无磨损
51	空调压缩机（渗漏，管路）	空调系统管路布置符合原厂规定；无渗漏；空调系统线路无老化、裂纹、破损，空调制冷剂 R134 A 检查并充注
52	车辆冷凝器，蒸发器系统（渗漏，管路）	
53	发动机皮带/正时链条（涨紧轮磨损）	工作正常；无裂纹、老化现象，张紧度符合要求
	五、底盘检验	
54	目视检查（车身，车身底部，车身下部）	无变形、修复烧焊痕迹，结合部位牢固，无悬吊物、松旷等现象
55	减振器/支柱（功能，渗漏）	无松旷、变形、撞击、磨损、滴漏等，减振器功能良好，转向无异常噪声
56	减振器弹簧和支座（安装，衬套）状况	安装正确无松旷、无磨损、无变形
57	催化反应器（外侧）	无撞击、无磨损、无变形
58	所有 V 形皮带	无磨损、无变形
59	排气管状况	工作正常、通过国家规定的在用机动车尾气排放标准
60	转向节	工作正常
61	转向系统	助力转向随动正常
62	稳定杆/平衡杆	连接牢固，无撞击、无变形、完好不变形
63	传动轴（状况、护套）	传动轴无磨损，护套无损坏
64	所有制动管接头	无变形、撞击、松旷等，无渗漏，无磨损，无锈蚀
65	后卡钳，半轴，制动蹄（状况）	无变形、撞击、松旷等，无渗漏滴流现象，无磨损无锈蚀，衬垫卡簧齐全，制动蹄有足够厚度
66	前制动摩擦片，鼓（状况，衬套）	刹车片，盘和刹车蹄磨损正常，平整无弯曲变形
67	后制动摩擦片，鼓（状况，衬套）	
68	碳罐及控制阀、管路	连接牢固，无撞击、完好不变形
69	发动机下侧部件（状况）	连接牢固，无撞击、无变形、油液无滴漏，完好不变形，变速箱的支撑无破损
70	变速箱下侧部件（状况）	

续表

标号	检查内容	质量标准
71	自动变速箱液压系统（渗漏，润滑油）	管路连接正常牢固，软管无裂纹、不滴漏
72	驱动系统（驱动半轴，防尘罩球笼结合部分）	连接牢固，无撞击、无变形、油液无滴漏，完好不变形
73	后桥	无变形、撞击、松旷等，没有发现严重撞过的痕迹，无磨损无锈蚀，完好不变形
74	ABS传感器和线路	自检功能正常，工作稳定可靠（检测仪检测）
75	方向机齿轮齿条装置（液压油检查渗漏，安装）	方向机齿轮齿条装置无滴漏，安装正确无松旷
76	驱车制动拉线（状况，磨损程度）	具有较强劲制动效果，释放自如，无噪声，制动液清洁且液位正常，刹车片磨损正常
77	轮胎状况（凹痕、擦痕及气压）	四轮胎型号一致，同一轴的轮胎必须是同一品牌；胎面无损伤和严重单边磨损，花纹深度不少于3mm；轮胎磨损均匀，侧面无鼓包、划痕及凹凸不均；备胎及轮辋无损伤，无不正常的褪色
六、路试检验		
78	发动机运行状况	发动机起动迅速、工作有力，高低速过渡平稳安静，点火正时正确，无烧机油敲缸声，无漏油、气、水、电等现象
79	加速性和通过性	加速性能正常平稳，不存在抖动缺缸等异常现象
80	传动装置运行情况	自动变速箱各挡传动比正常，换挡正常无冲击
81	后车轴噪声水平	在正常范围
82	离合器液压助力系统	无异响、无渗漏
83	手动排挡	操作灵活，不松旷，换挡自如无卡滞，所有挡位正常
84	离合器分离程度/踏板行程	离合器操作轻便，结合平稳，分离彻底
85	车速表情况	工作正常、指示准确
86	里程表情况	
87	油量表情况	
88	反光镜/后窗除霜操作（电热丝、内外后视镜）	无破损和磨损，电动及手动调节功能正常；漆面无划痕，固定不松动
89	刹车系统，防锁止制动系统驾驶性能（ABS）	电脑检测无故障，仪表指示工作正常；ABS制动正常，能够感觉到系统工作；无跑偏、甩尾；制动距离达到国家规定的在用机动车安全运行技术条件
90	转弯、直线行驶轻松无噪声，方向盘水平置中	无跑偏（规定范围内）、车轮摆动，发飘和方向盘振动。通过前轮侧滑检测

续表

标号	检查内容	质量标准
91	被动安全系统（双气囊，全部安全带）	气囊完整，检测仪显示 SRS 系统正常，气囊盖表面无裂纹、掉色和开裂；仪表指示灯工作正常；安全带的搭扣、调节和卷缩器正常，安全带无严重磨损、切口和裂缝
92	车身四门（噪声/振动/车身线束）	所有车门和门锁开启顺畅；防水胶条平整，门铰链和制转杆工作正常；遥控门锁、电动门锁能正常工作，与原厂设计一致
93	底盘/悬挂系统/轮胎（噪声/振动/车身线束）	底盘/悬挂系统整体无异常噪声、松旷、振动；车身线束固定牢靠
94	巡航控制系统	工作正常，控制开关按键齐全有效
95	可调整式方向盘（功能/声音）	方向盘调整功能正常
96	音响系统（收音机/卡式磁带/CD/VCD/DVD/扬声器/天线）	功能及正常工作；液晶显示、背景照明正常。外观没有明显损伤，按键开关齐全有效
97	冷暖空调（鼓风机操控系统供气分配系统）	空调的制冷和加热工作正常，制冷速度达到一定设计要求；风扇、温度、模式控制、除雾、除霜功能达到设计要求；空调系统过滤网干净，通风道流畅
98	风噪检验	风噪在标准范围内
99	车内 CO 水平	CO 浓度在标准范围内
	七、保养与清洁	
100	变速箱润滑油/发动机机油/汽油	视情况进行添加，保持正常
101	机油/空调/空气/汽油的滤清器	检查各滤清器（必要时用原厂认可零件更换），进气系统正常
102	防冻/制动/风窗洗涤器的油液	视情况进行添加，保持液面正常
103	润滑枢轴点（机盖/门铰链,手制动）	工作正常，无严重异响
104	排放/自诊系统	尾气排放/自诊系统达到国家或地区规定的车辆年检标准
105	备胎状态及胎压	在标准状态
108	车门铰链	检查铰链，视情况添加润滑油，使保持正常
107	随车工具、用户手册和原质保手册	齐全有效，如遗失请尽快通过维修站补齐
108	车辆清洗（车身、内部座椅、内饰、地毯、行李箱、发动机室）	清洁灰尘、污渍，使之清洁悦目

表 4-1-2 二手车 108 项技术检查表

一、车辆基本信息

VIN 号码（17 位）：　　　　　　　　发动机号码（11 位）：

出厂年月：　　　　　　　　　　车型 / 配置号：　　　　　　　　牌照：

变速器：□手排　□自排　　　排气量：　L　　里程数：　km　　颜色：

□原客户为新车客户　□未发生重大事故或维修　□车源清楚（非强盗车、泡水车、火烧车）

□内装饰外观可接受　□4 年内车龄，行驶里程低于 80000km　□车龄保养手册档案记录完整清晰

□钣金油漆外观可接受　□没有因为改装造成车龄状况下降

□检查保养记录确认里程表数与车况相匹配　□非出租车

二、注意事项

□第一次打钩表示达到检验标准；空白或打叉表示未达到检验标准

□第二次表示整修后进行质量验收时检查情况，打钩表示达到检验标准；空白或打叉表示未达到检验标准

三、检查内容

标号		检查内容	标号		质量标准
\multicolumn{6}{c}{一、车身检验}					

标号		检查内容		标号	质量标准
□□	1	前风挡（刮痕、擦痕、裂痕、凹痕）	□□	6	前大灯、其他灯光罩壳
□□	2	后风挡（刮痕、擦痕、裂痕、凹痕）	□□	7	左侧车身检查（左前翼子板、左前门、左后门、左后翼子板）
□□	3	发动机盖（油漆、表面光洁）/ 内侧隔音垫无破损	□□	8	右侧车身检查（右前翼子板、右前门、右后门、右后翼子板）
□□	4	前保险杠（表面油漆）	□□	9	行李箱盖
□□	5	后保险杠（表面油漆）	□□	10	车顶及顶边，A、B、C 三柱，两后视镜
□□	11	中网防护罩（汽车标志）			
\multicolumn{6}{c}{二、内饰检验}					
□□	12	仪表板（装饰件、控制件、时钟重设）	□□	16	右后座椅和门内侧（坐垫、控制件、内装饰件、头枕）
□□	13	左前座椅和门内侧（坐垫、控制件、内装饰件、头枕）	□□	17	内部装饰检验（遮阳板、化妆镜、行李托架、地毯、脚垫）
□□	14	右前座椅和门内侧（坐垫、控制件、内装饰件、头枕）	□□	18	行李箱内侧饰板及钣金件
□□	15	左后座椅和门内侧（坐垫、控制件、内装饰件、头枕）			

标号		检查内容		标号	质量标准
			三、功能件检验		
☐☐	19	喇叭	☐☐	28	暖风和风扇开关
☐☐	20	钥匙/遥控钥匙	☐☐	29	工具箱
☐☐	21	内部照明灯（仪表板灯）	☐☐	30	汽油箱锁/行李箱锁/前盖锁
☐☐	22	前座椅（功能）	☐☐	31	车载警报器/车载电话（遥控装置功能正常）
☐☐	23	后座椅（功能）	☐☐	32	车载电源/点烟器
☐☐	24	后视镜（电动外后视镜）	☐☐	33	时钟
☐☐	25	风挡雨刷及喷嘴	☐☐	34	门拉手/门锁（锁止装置/儿童保护装置功能正常）
☐☐	26	四车窗玻璃（操控开关/电控按钮正常）	☐☐	35	前部照明
☐☐	27	自动天窗（功能状况正常）	☐☐	36	后部照明
			四、引擎检验		
☐☐	37	视觉观察（遗失/缺损配件、渗漏、商标、标志铭牌）	☐☐	46	制动系统（刹车油液面、制动助力泵、制动液管路）
☐☐	38	检测仪诊断校对车辆VIN、发动机、自动变速箱传感器	☐☐	47	点火系统（火花塞、点火线圈）
☐☐	39	电路系统（各类线束）	☐☐	48	油气循环系统（曲轴箱通风）
☐☐	40	蓄电池/发电机	☐☐	49	汽油油路系统（油路、管路及连接处渗漏检查）
☐☐	41	启动马达	☐☐	50	真空系统（状况）
☐☐	42	发动机冷却系统/水泵（液面、盖子、液体状况）	☐☐	51	空调压缩机（渗漏、管路）
☐☐	43	散热器及冷却风扇	☐☐	52	车辆冷凝器、蒸发器系统（渗漏、管路）
☐☐	44	机油泵/汽油泵	☐☐	53	发动机皮带/正时链条（涨紧轮磨损）
☐☐	45	动力转向系统（液面、方向机泵、油路管路）			

续表

标号	检查内容		标号	质量标准
五、底盘检验				
☐☐ 54	目视检查（车身、车身底部、车身下部）	☐☐	66	前制动摩擦片，鼓（状况、衬套）
☐☐ 55	减振器/支柱（功能、渗漏）	☐☐	67	后制动摩擦片，鼓（状况、衬套）
☐☐ 56	减振器弹簧和支座（安装、衬套）状况	☐☐	68	碳罐及控制阀、管路
☐☐ 57	催化反应器（外侧）	☐☐	69	发动机下侧部件（状况）
☐☐ 58	所有V形皮带	☐☐	70	变速箱下侧部件（状况）
☐☐ 59	排气管状况	☐☐	71	自动变速箱液压系统（渗漏、润滑油）
☐☐ 60	转向节	☐☐	72	驱动系统（驱动半轴、防尘罩球笼结合部分）
☐☐ 61	转向系统	☐☐	73	后桥
☐☐ 62	稳定杆/平衡杆	☐☐	74	ABS传感器和线路
☐☐ 63	传动轴（状况、护套）	☐☐	75	方向机齿轮齿条装置（液压油检查渗漏，安装）
☐☐ 64	所有制动管接头	☐☐	76	驱车制动拉线（状况，磨损程度）
☐☐ 65	后卡钳、半轴、制动蹄（状况）		77	轮胎状况（凹痕、擦痕及气压）
六、路试检验				
☐☐ 78	发动机运行状况	☐☐	89	刹车系统、防锁止制动系统驾驶性能（ABS）
☐☐ 79	加速性和通过性	☐☐	90	转弯、直线行驶轻松无噪声，方向盘水平置中
☐☐ 80	传动装置运行情况	☐☐	91	被动安全系统（双气囊，全部安全带）
☐☐ 81	后车轴噪声水平	☐☐	92	车身四门（噪声/振动/车身线束）
☐☐ 82	离合器液压助力系统	☐☐	93	底盘/悬挂系统/轮胎（噪声/振动/车身线束）
☐☐ 83	手动排挡	☐☐	94	巡航控制系统
☐☐ 84	离合器分离程度/踏板行程	☐☐	95	可调整式方向盘（功能/声音）
☐☐ 85	车速表情况	☐☐	96	音响系统（收音机/卡式磁带/CD/VCD/DVD/扬声器/天线）
☐☐ 86	里程表情况	☐☐	97	冷暖空调（鼓风机操控系统供气分配系统）
☐☐ 87	油量表情况	☐☐	98	风噪检验
☐☐ 88	反光镜/后窗除霜操作（电热丝、内外后视镜）	☐☐	99	车内CO水平

标号		检查内容	标号		质量标准
七、保养与清洁					
□ □	100	变速箱润滑油/发动机机油/汽油	□ □	104	排放/自诊系统
□ □	101	机油/空调/空气/汽油的滤清器	□ □	105	备胎状态及胎压
□ □	102	防冻/制动/风窗洗涤器的油液	□ □	106	车门铰链
□ □	103	润滑枢轴点（机盖/门铰链，手制动）	□ □	107	随车工具、用户手册和原质保手册
□ □	108	车辆清洗（车身、内部座椅、内饰、地毯、行李箱、发动机室）			

表 4-1-3　二手车 36 项鉴定估价表

经销商代码：		经销商名称：		填表日期：	
客户名：		地址：		电话：	
车辆 VIN：		发动机编号：		车辆拍照：	车辆型号：
制造年份：		发动机排量：		颜色：	变速箱：　　　行驶里程：
方便联系时间：		您是经由何种渠道获知起亚二手车：			

鉴定结果及预估维修费用

车身外部油漆和钣金件	前后四车门	车厢内部及静态检查	电动后视镜/电动天线
	前后四翼子板		安全带安全气囊驻车系统
	前引擎盖/水箱护罩前围板		空调冷暖工作系统/温度效果
	行李箱盖/后围板		油箱、行李箱、前盖锁止机构
	前后保险杠		点火起动状况及风窗雨刮器
	车轮/车轮装饰盖		离合器、刹车、油门踏板行程
	车顶、顶边、ABC 柱	引擎盖下侧	前围/前纵梁及翼子板内侧
	前后全车灯罩		发动机怠速运转状况/点火正时
	全车风窗玻璃		变速箱状况/离合器换挡/油面
	全车门密封条及装饰条		方向机助力系统/液压管路
	发动机、车架号牌铭牌标牌		冷却及空调管路系统
车厢内部及静态检查	车内饰顶/内饰板/遮阳板/储物箱		点火系统/蓄电池/保险丝盒
	四座椅及其功能		四轮制动性能及刹车助动系统
	仪表装置及指示灯/车内外照明		四避震系统驱动半轴横拉杆
	全车门锁拉手及儿童锁止装置		四轮胎/钢圈/轮罩帽
	收音机/CD 及音响喇叭系统	其他	底盘大梁/消声器/三元催化
	电动窗机及天窗装置		后盖箱/备胎/随车工具
路试检查	启动离合器分离能力加速 – 手/自动换挡质量 – 转向 – 刹车 – 怠速 – 手刹车 – 喇叭 – 速度表 – 空调暖气 – 轮胎振动 – 发动机运转温度		机油/空气/汽油滤清器/前后制动刹车片（鼓）等易损易耗件

新车市场价：	当地牌照费用：	评估价格：	此价格　　天内有效。
估价员签名：	车辆出售者签名：		
备注：			

2. 认证车源要求

（1）车龄：车辆首次上牌日起4年以内。

（2）行驶里程：小于8万km。

（3）车辆用途：非营运车辆（营运车辆包括出租、租赁等）。

（4）非事故车，不涉及法律纠纷的车辆。

（5）未经东风悦达起亚同意对车辆改装后造成车辆底盘、动力总成等重要部件的技术参数严重改变的车辆或保养维修历史记录与实际里程表读数严重不符的车辆均不符合要求。

3. 申请认证文件

（1）《二手车36项鉴定估价表》。

（2）车辆行驶证或登记证。

（3）《二手车108项技术检查表》。

（4）车辆正斜方数码全身和里程表显示的实际公里数的彩色数码照片各一张。

4. 车辆认证申请方式

1）申请认证

经销商申请认证文件用扫描仪扫描或数码照片拍摄后，通过电子邮件发往东风悦达起亚。

2）东风悦达起亚审批认证申请

（1）东风悦达起亚收到申请后对文件审批。

（2）如东风悦达起亚同意认证，将以电子邮件形式告知经销商审批结果，包含申请认证车辆的二手车质量认证号，即二手车质量认证书编号。

3）二手车质量认证书打印

（1）经销商负责打印二手车质量认证书（图4-1-7）。

东风悦达起亚·二手车 质量认证书

起亚·二手车	发动机型号：_____ 车辆识别号VIN：_____
	首次上牌时间：_____ 车型：_____ 发动机排量：_____
	里程数：_____ 颜色：_____ 变速箱：_____
	车型配置： 安全配置：
	所有信息均有东风悦达起亚汽车或东风悦达起亚特约经销商提供 东风悦达起亚保留进一步解释权

图4-1-7 二手车质量认证书

（2）经销商将认证车辆的二手车质量认证号和相关信息输入东风悦达起亚提供的打印模板，打印出二手车质量认证书。

5. 二手车认证管理规定

（1）经销商必须严格保证二手车认证和销售时的公里数相差不超过 100km，并确保认证二手车的质量在销售时车辆状况一致。

（2）经销商在未获得东风悦达起亚的审批结果（即回复二手车质量认证号）前，必须保证申请认证车辆还在经销商处，为了不影响二手车销售，申请认证期间允许经该二手车经销商进行销售，但如该车辆因虚假认证等原因发生严重索赔事件，东风悦达起亚将视具体情况实施不同程度惩罚，东风悦达起亚也将不定期到经销商处检查认证车辆 108 项技术检查情况。

（3）二手车质量认证号具有唯一性，未经东风悦达起亚书面同意不得改动和取消。

（4）车辆申请认证前，经销商应确认该车的《用户手册》在车上；如遗失要通过维修站订购"二手车质量认证书"正本随车交于客户，经销商应复印存档。

（5）经销商应妥善保管未使用的二手车质量认证书；认证书如少于 3 张，应及时与东风悦达起亚联系增发。

4.1.4 二手车的质量担保与索赔

二手车的质量担保就是在二手车销售的同时，销售商承诺对车辆进行有条件、有范围、有限期的质量担保，并切实履行承诺的责任和义务，让二手车客户享受到与新车一样的完整的售后服务，从而提高授权经销商竞争力，提升汽车品牌形象，促进认证二手车和新车销售。

二手车的质量担保是二手车销售环节中的一个不可或缺的重要环节。没有质量担保的二手车销售是不完整的销售。

1. 二手车质量担保的意义

1）保护消费者权益

二手车消费者（包括现实的和潜在的）最难以把握的也最担心的就是车辆的技术状况，尤其是各种故障在短时间内连连发生，使消费者对二手车的质量可靠性心存疑虑。因此，消费者普遍希望二手车销售商能提供质量担保。

为二手车消费者提供质量担保，是销售商保护消费者权益的具体体现，也是一种社会责任。

2）促进二手车行业的规范发展

以前，二手车买卖成交后，销售商的责任即告结束，对此后车辆出现的各种故障全不负责。事实上，二手车交易中大多数纠纷是由售后发现质量问题而引起的。

随着社会的发展和人们生活水平的提高，二手车交易也日益兴旺。但二手车青睐者的购车热情往往被对车况难以把握的畏惧心理所阻碍。实行二手车质量担保可以从根本上消除这种畏惧心理，从而激发这些潜在的购买力。这样既规范了行业的交易行为，又促进了市场的发展，是个一举多得的措施。

二手车的质量担保是二手车行业规范发展的一个重要内涵。量的发展要与质的规范同步提升。行业的发展对二手车经营企业提出了更高的要求，在鼓励、扶持那些诚实守信、规范运作的经营企业的同时，行业管理部门还将规范、监督和约束那些不讲信誉、不讲服务的销售行为，逐步净化二手车的消费环境，提升行业的社会形象。

3）有利于经营品牌的创立

（1）二手车交易是一个与服务密切相关的经营行为。就二手车的质量范畴而言，如实展示并介绍车辆的客观现状、存在的缺陷。

（2）销售商向购车者做出质量担保承诺，让购车者买放心车。前者是销售商诚信的体现，当然对购车者也有一定的车辆专业知识要求。后者则是销售商信誉的保证，对销售商的要求更高。相对而言，后者更重要。为保护购车者的利益，如果二手车的隐蔽故障损害购车者的利益，二手车经营企业给予经济赔偿是十分必要的。这也可以作为鉴别二手车经营企业之间诚信差异、品牌优劣的重要标志。

二手车经营企业实行二手车质量担保，将服务延伸到售后，切实履行保护消费者利益的责任，有利于经营品牌的创立。这方面的工作谁做得好，谁将赢得市场。

4）有利于开辟新的交易方式

在二手车交易中，通常采用到有形市场现场看车的方式来确定车辆状况。这种方式对买卖双方均耗时、费力、效率低，是一种较原始的方式。随着社会车辆的逐渐增多，二手车交易的日趋活跃，这种低效率的交易方式对提高交易量的制约影响将日益突现。

致力于交易方式的拓展将是一个现实的课题，如开展网上交易形式等，将有形市场与无形市场相结合，以利于日后的集中交易模式的形成。其中一个重要的前提是经营企业诚信体系的建立、二手车质量担保的承诺以及社会及消费者对此承诺的高度认同。达到这种程度，二手车交易将会又一次由量变引起质变，必将会对活跃交易方式，提高交易能力，促进行业发展起到相当大的推动作用。

5）有利于二手车消费信贷

尽管近两年有些银行开展了二手车的消费贷款，但从总体来看，此项业务开展得并不顺利，原因之一是银行对车辆质量状况把握不了。于是，纷纷抬高贷款门槛或干脆暂停此项业务。但也有不少消费者中希望能得到银行贷款，以解决一时的手头拮据问题。因此，实行二手车质量担保既解除了银行的后顾之忧，又可帮助消费者实现购车愿望，可起到一石多鸟之效果；尤其是《汽车金融公司管理办法》的出台，对二手车的消费信贷也将起到推动作用。

2. 待售二手车基本技术条件

尽管故障的突发性、零件寿命的差异性等因素给二手车的质量担保工作带来一定的困难，但从方便购车者挑选查验、现场试车以及道路行驶的安全性、环保性和车辆配置的完整性等方面必须制定出待售二手车的基本技术条件。这是二手车销售和质量担保的前置条件。

1）车辆清洁

（1）车辆外表无油渍，无泥土。

（2）发动机室内无污垢，水箱、冷凝器外表无积土，发动机各部件应达到"铁见黑，铜见黄，铝见白"的程度。车架号和发动机号应清晰可辨。

（3）驾驶室、后备厢内清洁无杂物。

2）车身

（1）车身饰条饰板应齐全，门窗防水防尘橡胶条应齐全有效。

（2）前后保险杠，前后车牌、轮盖、消声器等应安装牢固，不松旷。

（3）车门启闭自如无碰剐，门锁、后备厢锁、油箱盖锁、门销应齐全有效。

（4）车身玻璃、后视镜应完整清晰不耀眼，门窗玻璃升降平顺无卡滞。

（5）车身外表应无大于 100~200cm² 的凹陷变形，烂穿面积总和不大于 50~100cm²（客车取上限，卡车取下限）。

（6）轿车车身面漆应无明显色差，露底划痕总长不大于 50cm，面漆脱落或起泡面积总和不大于 100cm²。

（7）车体周正，对称高度差小于 4cm。前纵梁应无明显的弯曲、折皱变形。

3）发动机

（1）发动机各种罩、盖、皮带、管件等附件应齐全有效，机脚安装牢固。

（2）发动机应无点滴状漏油、漏水及漏电、漏气（俗称"四漏"）现象。

（3）发动机应能在3次内依靠起动机顺利起动。各缸均能正常工作，不得缺缸。

（4）各缸汽缸压力不小于原厂标准的75%。

（5）发动机在各种状况下，应无明显异响。

（6）怠速时应无放炮或回火，怠速运转应平稳，转速差不应高于原厂标准的15%。

（7）润滑油、冷却液（冬天应为防冻液）液面应达规定限度。

（8）废气排放符合要求。

4）转向系

（1）转向盘的自由转动量≤10°，转动时无卡阻现象。

（2）横、直拉杆球销无裂纹、无明显松旷，连接牢固，锁止有效。

(3)转向助力泵运转正常无异响,助力泵油无滴漏,液面正常。

(4)路试中,各速度段应无方向摆振及明显跑偏。

5)制动系

(1)制动总泵、分泵以及管接头连接处应无明显滑油,制动液面正常。严禁采用不同牌号的制动液添加补充。

(2)真空助力泵能正常工作,真空管连接良好不漏气。

(3)制动蹄片间隙应符合原厂要求,回位应迅速,无明显涨鼓夹盘现象。

(4)路试方法检验制动减速度和制动稳定性应符合要求。

(5)驻车制动的最大效能应产生在全行程的3/4以内。车辆空载时,在20%的坡道上采用驻车制动时,5min内车辆不应发生溜坡,或在发生最大驻车制动效能时,车辆挂二挡不能起步。

6)传动系

(1)离合器应结合平稳,分离彻底,起步时无异响、抖动和打滑现象。离合器踏板的自由行程和工作高度应符合要求。

(2)离合器总泵、分泵以及管路连接处应无点滴状漏油现象,液面高度符合要求。

(3)手动变速器应挡位清晰,路试时应无异响,不跳挡,不乱挡。

(4)自动变速器应挡位显示准确,无明显漏油现象,油液高度符合要求。车辆挂挡后应有起步蠕动感。路试时换挡平顺,无明显冲击。

(5)传动轴应连接牢固,十字节无明显松旷。路试中,左右打足方向,球笼应无异响。

7)行驶系

(1)轮胎螺丝紧固,轮胎气压符合要求。

(2)轮胎花纹深度:轿车≥1.6mm,其他车前轮≥3.2mm。轮胎上不得有25mm以上的割伤,帘布层不外露。

(3)两前轮应配置同品牌、同型号、同花纹、花纹深度相近的轮胎。

(4)轮胎应无异常偏磨,前束符合原厂要求。

(5)减振器应无明显松旷、滑油现象,减振弹簧或钢板完好。

(6)托架及球销等连接牢固,不松旷。

(7)两边前后轴距离差≤5mm。

8)电系、仪表

(1)各种灯光应完好,能正常工作并安装牢固。

(2)刮水器、喇叭工作正常。

(3)车速表、里程表、发动机转速表、水温表、汽油表等仪表工作正常。机油灯、充电灯、水温灯等状态指示灯应工作正常。ABS(制动防抱死系统)、SRS(安全气囊系统),发动机故障指示灯等在打开点火开关时应显亮，经数秒钟（或发动机起动）自检后自动熄灭。

（4）电线不裸露，电路静态漏电量< 15mA。

9）备件

（1）备有完好备胎、千斤顶和轮胎螺丝扳手。

（2）备有有效灭火器。

对于汽车品牌 4S 店的二手车质量认证，另有各自的标准，如上海通用二手车，需进行七大类 106 项测试，才能得到上海通用汽车的认证，成为可以销售的二手车。

3. 二手车质量担保的基础工作

1）售前车辆检测

二手车售前车辆检测是二手车质量担保的一项重要的基础工作。二手车质量担保的潜在风险可以通过周密的售前检测加以规避。因此，经营企业必须对待售二手车按《待售二手车基本技术条件》进行全面、认真、细致的检测，做到知根知底，充分把握车辆现状，并做好详细记录，建立单车档案。

2）先行维修

对制动系统、转向系统、起动系统、传动系统、灯光系统等系统中检测出的严重缺陷和故障，经营企业应先行修复，以使车辆具备基本的试车条件。

3）客观展示，如实介绍

待售二手车应客观展示，既不应油迹斑斑、灰头垢面，也不提倡采用外表翻新的手段掩人耳目，使人辨不清其新旧成色。展示证上应标明车辆的详细情况，除了厂牌车型、初证日期、使用年限、行驶里程、销售价格等基本信息，还应标明该车辆存在的明显的或已知的内在缺陷。经营企业应在销售过程中，应客观介绍车辆情况，将会大大降低二手车的质量纠纷。对于一些非严重的缺陷和故障，可采用售后提供维修服务的方法给予修复。

4）公示、告知制度

经营企业应在广告等形式上向社会公开二手车质量担保承诺，一来有利于提升企业自身品牌形象，二来有利于净化二手车市场的消费环境，展示证上应标明该车辆企业是否承诺质量担保以及质量担保的范围、期限等具体内容。在企业的经营场所，应将企业的质量担保条例公示上墙，告知用户。

5）报送统计资料，配合行业管理

行业兴则企业兴，中国的二手车行业是一个新兴行业，也是一个朝阳行业。企业应服从并服务于行业发展与规范大计，主动、如实统计并上报有关二手车质量担保工作的各项数据，为行业管理积累经验。同时，行业也将据此作为评定和授予企业信用等级的参考条件之一。

4. 二手车质量担保的适用范围

二手车的质量担保既可参照新车质量担保，但又绝对不同于新车质量担保。就行业的发展情况而言，目前不可能制定一套适合所有车型的比较全面的整车质量担保标准。但作为基本要求，提出有条件、有范围地进行有限的质量担保是切实可行的。各企业可根据自身特点等，在基本要求的基础上，再进行有选择的扩充担保，形成企业的经营特色。

下面以上海二手车交易管理协会制定的二手车质量担保条例为例，介绍二手车质量担保的主要内容。

1）适用对象

以5年以内或已行驶里程在8万km以内（两项应同时满足）的非营运性车辆为对象。出租车、租赁车、专业货运车辆、特种机械车辆等暂不列入担保范围。

2）品牌选择

可对交易量大、交易频次高、维修方便、维修成本较低的品牌车型进行担保。

3）担保期限

担保期限一般为30天或3000km（两项应同时满足），任一项超出，担保期限即结束。

对于汽车品牌4S店的二手车，其质量担保期限一般较长，如经过上海通用汽车认证的别克诚新二手车，其质量保证期限为6个月或10000km，时间与公里数以先到达为准。

4）应列入质量担保的零部件

从消除购车者对隐蔽性故障的担忧这一角度出发，下列零部件或总成应给予质量担保。

（1）发动机冷却系中的水泵、水温表以及水箱等。

（2）发动机润滑系中的机油泵、机油压力表（灯）等。

（3）发动机供油系中的汽油泵、汽油表等。

（4）发动机点火系中的点火线圈、分电器等。

（5）发动机起动系中的点火开关、起动机等。

（6）传动系中的离合器压板、传动轴十字节、球笼等。

（7）制动系中的真空助力泵、制动鼓（盘）、制动总泵、制动分泵的工作效能等。

（8）转向系中的方向助力泵、横直拉杆球销等。

（9）空调系统中的冷媒、风机等。

系统中各零部件工作状况的好坏以使该系统能正常工作为原则。如果由于某一零部件损伤而致使该系统无法正常工作（如水泵漏水致使发动机冷却水减少导致水温过高），则该零部件必须及时修复或更换。

5）不属质量担保的零部件

与新车质量担保中的非保件相同，有些零部件因在使用中存在突变性，不能列入质保范围。

（1）易磨损件，如制动片、离合器片等。

（2）易爆件，如轮胎、灯泡、玻璃等。

（3）电化学件，如蓄电池等。

6）合约补充

以上仅作为二手车质量担保的基本形式和条件，企业可在此基础上，根据企业和车辆的具体情况，有选择地进行扩充，并以合约形式表明。

7）免责情形

（1）由于使用不当、保养不当或不规范操作引起的零部件损伤。

（2）隐匿了实际使用里程的车辆。

（3）缺油少水（润滑油、制动液、冷却水）引起的零部件损伤或故障。

（4）质量担保期内用于营运、教练等用途的车辆。

（5）肇事、冰冻、浸水车辆所涉及的零部件损伤。

（6）在质量担保期内经其他修理厂或自行修理过的零部件及系统。

有以上情形之一的车辆，销售企业可免除质量担保责任，但以上免责情形应事先告知购车者。

8）注意事项

（1）认证车的索赔是有限的质量索赔，和新车是有区别的。

（2）认证车质量保证范围，目前规定如下：

$$认证车的完整质保期 = 新车剩余质保期 + 认证车质保期$$

即车辆在出售、交付客户时，原新车质保期如尚有效，车主可在这之后，再享受认证车的有限质量保证。

（3）认证车质保日期是从该车销售之日起，不是从认证批准日期开始。

（4）认证车质保服务提供方仅为该车的售车经销商，这是与新车有区别的。

（5）在索赔清单，应与新车索赔清单区分，一般应加盖"二手车"标记。

（6）若该认证二手车仍在新车质保期内，则按新车索赔流程进行操作。认证二手车索赔期限从新车质保期结束后开始计算并实施二手车索赔操作。

4.1.5 二手车交易合同的签订

二手车交易合同是指二手车经营公司、经纪公司与法人、其他组织和自然人相互之间为实现二手车交易的目的，明确相互权利义务关系所订立的协议。

1. 二手车交易合同的种类

二手车交易合同按当事人在合同中处于出让、受让或居间中介的不同情况，可分为二手车买卖合同和二手车居间合同。

1）二手车买卖合同

（1）出让人（出售方）：有意向出让二手车合法产权的法人或其他组织、自然人。

（2）受让人（购车方）：有意向受让二手车合法产权的法人或其他组织、自然人。

2）二手车居间合同（一般有三方当事人）

（1）出让人（出售方）：有意向出让二手车合法产权的法人或其他组织、自然人。

（2）受让人（购车方）：有意向受让二手车合法产权的法人或其他组织、自然人。

（3）中介人（居间方）：合法拥有二手车中介交易资质的二手车经纪公司。

2. 二手车交易合同订立的基本原则

1）合法原则

订立二手车交易合同，必须遵守法律和行政法规。法律法规集中体现了公众的利益和要求，合同的内容及订立合同的程序、形式只有与法律法规相符合，才能得到国家的认可，才会具有法律效力，当事人的合法权益才可得到保护。任何单位和个人都不得利用经济合同进行违法活动，扰乱市场秩序，损害国家利益和社会利益，牟取非法收入。

2）平等互利、协商一致

订立合同的当事人法律地位一律平等，任何一方不得以大欺小、以强凌弱，把自己的意志强加给对方，双方都必须在完全平等的地位上签订二手车交易合同。二手车交易合同应当在当事人之间充分协商、意见表示一致的基础上订立，采取胁迫、乘人之危、违背当事人真实意志而订立的合同都是无效的，也不允许任何单位和个人进行非法干预。

3. 交易合同的主体

二手车交易合同主体是指为了实现二手车交易目的，以自己名义签订交易合同，享有合同权利、承担合同义务的组织和个人。

我国合同当事人从其法律地位来划分，可分为以下几种。

1）法人

法人是指具有民事权利能力和民事行为能力，依法独立享有民事权利和承担民事义务的组织。它必须具备以下条件：①依法成立；②有必要的财产或经费；③有自己的名称、场所和组织机构；④能够独立承担民事责任。

它包括企业法人、机关法人、事业单位法人和社会团体法人。

2）其他组织

其他组织是指合法成立、有一定的组织机构和财产，但又不具备法人资格的组织。

3）自然人

自然人是指具有完全民事行为能力，可以独立进行民事活动的人。

4. 交易合同的内容

1）主要条款

（1）标的。标的指合同当事人双方权利义务共同指向的对象。标的可以是物也可以是行为。

（2）数量。

（3）质量。质量是标的内在因素和外观形态优劣的标志，是标的满足人们一定需要的具体特征。

（4）履行期限的地点和方式。

（5）违约责任。

（6）根据法律规定的或按合同性质必须具备的条款及当事人一方要求必须规定的条款。

2）其他条款

交易合同的其他条款包括包装要求、某种特定的行业规则、当事人之间交易的惯有规则等。

5. 违约责任

违约责任指交易合同一方或双方当事人由于自己的过错造成合同不能履行或不能完全履行，依照法律或合同约定必须承受的法律制裁。

1）违约责任的性质

（1）等价补偿。凡是已给对方当事人造成财产损失的，就应当承担补偿责任。

（2）违约惩罚。合同当事人违反合同的，无论这种违约是否已经给对方当事人造成财产损失，都要依据法律规定或合同约定，承担相应的违约责任。

2）承担违约责任的条件

（1）要有违约行为。要追究违约责任，必须有合同当事人不履行或不完全履行的违约行为。它可分为作为违约和不作为违约。

（2）行为人要有过错。过错是指当事人违约行为主观上出于故意或过失。故意是指当事人应当预见自己的行为会产生一定的不良后果，但仍用积极的不作为或者消极的不作为希望或放任这种后果的发生。过失是指当事人对自己行为的不良后果应当预见或能够预见到，而疏忽大意没有预见到或虽已预见到但轻信可以避免，以致产生不良后果。

3）承担违约责任的方式

（1）违约金。违约金指合同当事人因过错不履行或不适当履行合同，依据法律规定或合同约定，支付给对方一定数额的货币。违约金分为法定违约金和约定违约金。

（2）赔偿金。赔偿金指合同当事人一方过错违约给另一方当事人造成损失超过违约金数额时，由违约方当事人支付给对方当事人的一定数额的补偿货币。

（3）继续履行。继续履行指合同违约方支付违约金、赔偿金后，应对方的要求，在对方指定或双方约定的期限内，继续完成没有履行的那部分合同义务。

违约方在支付了违约金、赔偿金后，合同关系尚未终止，违约方有义务继续按约履行，最终实现合同目的。

6. 交易合同的变更和解除

1）交易合同的变更

交易合同的变更，通常指依法成立的交易合同尚未履行或未完全履行之前，当事人就其内容进行修改和补充而达成的协议。

交易合同的变更必须以有效成立的合同为对象，凡未成立或无效的合同，不存在变更问题。交易合同的变更是在原合同的基础上，达成一个或几个新的合同作为修正，以新协议代替原协议。

变更作为一种法律行为，使原合同的权利义务关系消灭，新权利义务关系产生。

2）交易合同的解除

交易合同的解除指交易合同订立后，没有履行或没有完全履行以前，当事人依法提前终止合同。

3）交易合同变更和解除的条件

合同法规定，凡发生下列情况之一，允许变更或解除合同。

（1）当事人双方经协商同意，并且不因此损害国家利益和社会公共利益。

（2）不可抗力致使合同的全部义务不能履行。

（3）由于另一方在合同约定的期限内没有履行合同。

7. 合同纠纷处理方式

合同纠纷指合同当事人之间因对合同的履行状况及不履行的后果所发生的争议。我国合同纠纷的解决方式一般有协商解决、调解解决、仲裁和诉讼4种方式。

1）协商解决

协商解决是指合同当事人之间直接磋商，自行解决彼此间发生的合同纠纷。这是合同当事人在自愿、互谅互让基础上，按照法律、法规的规定和合同的约定解决合同纠纷的一种方式。

2）调解解决

调解解决是指由合同当事人以外的第三人（交易市场管理部门或二手车交易管理协会）出面调解，使争议双方在互谅互让基础上自愿达成解决纠纷的协议。

3）仲裁

仲裁是指合同当事人将合同纠纷提交国家规定的仲裁机关，由仲裁机关对合同纠纷作出裁决的一种活动。

4）诉讼

诉讼是指合同当事人之间发生争议，而合同中未规定仲裁条款，或发生争议后也未达成仲裁协议的情况下，由当事人一方将争议提交有管辖权的法院按诉讼程序审理作出判决的活动。

知识拓展

国内外二手车交易的异同

1. 评估过程的不同

在我国的二手车市场中，对二手车的评估是由二手车评估师完成的，虽然评估师的资格取得要经过严格的考核，而且评估师具备在行业内足够的工作经验，对各种车型都有所了解，但车主对自己要卖的车其实并不是很了解，只能凭空根据相似车龄的车辆的交易价格做参考，并没有可供参考的行业标准，这样评估师以及二手车收购方的主动性就很大。在国外，车主在准备卖车前可以找到行业标准，基本上可以自己先估出售价，同时可以根据标准中的细节进行售前"改良"，以期修补后可以卖个好价钱。在二手车交易公司，由专门负责这种车的厂家派来的技师进行评估，这样一来透明度和评估的准确度大大提高。

2. 交易方式不同

当车主同意由二手车交易公司来帮助处理后续事情后，国内外都有两种形式，一种是收购，另一种是寄售。如果是寄售的这种形式，没有太大区别，但如果是收购，又会有所不同。在我国，我们可以看到二手车交易公司外会挂着大幅的"现金收购"的字样，也就是说，如果双方同意交易，那么双方签订"二手车买卖合同"后，车主就可以拿到相应的现金。但这里就存在一个问题，即所有权与使用权的分离。签订买卖合同后，交易公司并不会直接办理好过户，这时车辆的使用权转到了二手车交易公司，但所有权依然为原车主。实际上这种所有权与使用权是在玩一种"擦边球"的游戏，对双方都没有切实的法律保证，都可能影响双方的利益。在国外，人们普遍采用的是"置换"的方式，即便不采用这种方式,国外的二手车价格相对于新车的价格要低很多,这样即便车主要彻底卖掉该部车,交易公司所支付的款额对于交易公司也不会形成太大资金波动。

3. 二手车交易利润来源不同

近几年来,我国在许多领域已经逐步完善了个人信贷体系,买房、买新车,甚至买手提式电脑也可以采取分期付款的方式。但在购买二手汽车这个领域,基本上仍采取现金买卖的方式。在国外,无论买新车还是二手车,人们普遍采取的交易方式都是分期付款。这里我们要注意,国内外的二手车交易的利润来源不同,我国的二手车交易利润主要来源于交易过程中的"服务费",而国外的二手车交易的利润来源于卖车后的贷款利息,这是二手车市场发展的最大障碍,需要金融机构对二手车经营主体发生了哪些改变予以重视。

单元 4.2 二手车营销

学习要点

1. 二手车的收购定价;
2. 二手车的销售定价;
3. 二手车的置换;
4. 二手车的拍卖。

相关知识

4.2.1 二手车的营销模式

1. 二手车特许经营体系

特许经营又称特许连锁或加盟连锁,是一种较直营连锁更具活力、较自由连锁更具约束力的经营模式,被誉为第三次商业零售革命、21世纪的主导商业模式。

特许经营是双方一种持续的合作关系，特许总部提供一种被经许可的商业经营特权，并在组织、培训、商业计划和管理、分销上提供支持，以从加盟者处获得报酬。特许经营是一种营销产品、服务和技术的体系，是基于在法律和财务上分离和独立的当事人（特许人和他的受许人）之间紧密而持续的合作基础之上的经营、服务和技术的体系，依靠特许人授予其受许人权利，并附以义务，以便其使用特许人的概念进行经营。此项权利经由直接或间接财务上交流，给予或迫使受许人在双方一致同意而制定的书面特许合同的框架之内，使用特许人的商号、商标、服务标记、经营诀窍、商业和技术方法、持续体系及其他工业和知识产权。

特许经营系统是以扩展的社会营销系统为基础，使用系统的方法来考察营销组织的所有活动及其相互作用。这个系统中特许人拥有管理经验、专有技术、知识产权、市场推广与组织能力等方面的优势；供应商具有生产能力和资源等优势；受许人则熟悉当地的市场需求、资源分布、法律法规，而且和当地的政府机构、社会团体有较好的关系。特许经营系统以契约方式将供应商、特许人、受许人紧密地联系起来，形成一个开放的系统。在系统内部通过价值链的重整，对系统的要素加以整合，形成供应商、特许人、受许人三方的协作分工体系，从而使系统内部各成员（特许人、受许人、供应商）以及系统外界各个要素（客户、竞争对手、政策环境）的信息、货币、产品和服务进行高效率的交换。供应商进行产品生产和原材料的供应，受许人按照合同规定使用特许人的商标、品牌和经营模式，特许人向受许人提供培训、广告、促销等一系列专业化的支持和服务。一个特许经营系统是期望通过特许人、受许人、供应商之间的合作形成一种产权分配状态，使特许人、受许人、供应商在系统内资源共享的基础上，围绕产品、顾客、地域为核心形成三维网络体系，进而为消费者创造具有某种特定价值的产品和服务，由此实现利益的最大化和利益的合理分配，达到特许人、受许人、供应商和消费者的"多赢"。

二手车市场竞争激烈、成本压力大、购车人的要求不断提高，使现有二手车交易市场的运行模式受到严峻的挑战。二手车经纪人公司发展潜力有限，对市场发展的推动作用非常微弱。只有建立二手车特许经营体系，才能满足购车人的服务需要，才能极大地推动交易市场的正常有序健康地发展。建立二手车特许经营体系后，二手车销售公司可以对特许经销商进行审核，提供统一完善的管理和营销制度，建立"销售、维修、服务、信息"四位一体的二手车营销网络。特许经营的二手车的调配是利用计算机信息系统调动总部、分销中心、特许经销商的库存，利用仓储流动资金调控的物流体系。特许经营网络能够有效地组织各种媒体参与广告战，快速有效地进行市场人员培训，提高二手车销售公司的品牌知名度。

2. 二手车品牌营销

品牌意味着市场定位，意味着产品质量、性能、技术、装备和服务的价值，最终体现了企业的经营理念。品牌形象来源于消费者的认同。品牌营销有利于集中人力和物力研究市场、开拓市场，有利于规划、发展和管理营销网络，有利于增加经销商的服务功能，也有利于制定灵活的营销政策。从广义上说，品牌是消费者或潜在消费者因看到或听到品牌名称或标志而产生的有关产品、技术、企业实力、保障、承诺、文化精神等一切联想和认知印象的总和。从狭义上说，品牌就是消费者和产品服务的关系。关系的紧密程度将影响消费者购买的决策。品牌资产中的知名度、品质认可度、品牌联想提升了忠诚度与溢价能力，可以使品牌具有赢利能力。换言之，打造高知名度、高品质认可度与发展丰富的品牌联想可以使汽车产品卖得贵、卖得多、卖得快、卖得久。汽车品牌经营的典型销售模式是集中销售、维修、配件、服务等多位一体的汽车专卖店或汽车4S店。它有统一的外观现象、统一的标志、统一的管理标准，只经营单一品牌，具有统一的文化理念。品牌分开，是品位分开，消费用户分开，因为品牌是一种价值的象征，是一种功能的体现。

3. 二手车超市

二手车超市又称汽车商店，与品牌营销最大的不同之处在于二手车超市可以代理多家汽车产品，也就是一家商店可以提供多种品牌的选择和服务。二手车超市的特点是以汽车服务贸易为主体，开拓增值服务，使服务效益最大化。

二手车品牌繁杂、数量有限，正适合汽车超市的特点，二手车超市云集多种二手车品牌以及二手车经销商品牌，是一种全新的二手车销售模式。二手车超市具有样板示范的作用，它将成为二手车销售公司实验各种二手车销售模式的场地。

在二手车超市购买二手车的优点是可选择范围广、质量较好，缺点是价格较高。二手车超市出售的二手车一般是明码标价的，不太会有讨价还价的余地，有的二手车超市还会收取一定的手续费。大部分二手车超市可以进行二手车的以旧换新，买卖双方经过当场评估车况，协商价格后按差价付款即可，二手车超市再把置换来的二手车摆出销售。

4. 二手车网络营销

网络营销，也称在线营销，是以互联网为营销环境，传递营销信息，与消费者沟通需求的信息化营销过程。网络营销是汽车产业面临的新的经济环境、新的经营战略和新的运行模式。网络营销是利用互联网技术，优化产品供应链及交易管理，优化客户服务体系。网络营销包括以下内容。

（1）企业应用现代信息技术——互联网。

（2）建立终端优化交易流程和供货源以降低成本。

（3）建立网络二手车公司信誉度，准确发布车源信息和客户需求信息。

（4）开展网络二手车评估程序、网络交易程序和网上支付程序。

（5）扩大二手车市场覆盖面，提供直接和广泛的客户服务。

（6）形成庞大的销售网络，达到信息资源的共享和二手车仓储、物流调配的优化。

根据企业对互联网的作用的认识及应用能力的划分，网络营销可以划分为五个层次，即企业上网、网上市场调研、网络联系、网上直接销售和网络营销集成。在二手车交易网站，个人和车行都会选择在网上发布二手车信息。买方可通过品牌、车型、价格、行驶里程、使用年限、买卖双方距离等选项搜索出自己的目标车辆。

4.2.2 二手车销售流程

二手车交易市场一般包括二手车交易中心、评估公司或评估中心、检测站、驻场职能部门、维修中心、市场管理部和二手车经纪人公司。二手车交易中心包括二手车经营公司、服务部、财务部、办公室和过户部。交易中心主要负责市场服务，提供场地、管理服务、信息发布和后勤保障。二手车经纪人公司自主经营主要开展收旧供新、收购出售、委托寄售、委托拍卖等业务。

二手车销售流程主要包括二手车的进项和二手车的出项。

1. 二手车的进项流程

如图4-2-1所示为二手车的进项流程。二手车的车源主要来自机关、企业、出租车公司、车辆运输公司和私家车主。刑侦审核是公安部门车辆管理所进行机动车资料审核，确认机动车的合法身份，以防盗抢车、拼装车、走私车、报废车进入市场交易。二手车评估公司或指定的具有专业资质的评估机构对二手车进行公开、公正的评估，出具客观合理的二手车评估报告。二手车经营公司根据二手车评估报告以合理价格进行收购。

2. 二手车的出项流程

如图4-2-2所示为二手车的出项流程。二手车经营公司将收购的二手车进行简单的维修（大维修会影响车辆价值不升反降）、维护和美容后，提高二手车的市场经济价值，在客观合理的二手车评估报告的基础上进行再次评估，确定二手车的销售价格，以保证二手车销售的差价利润。建立二手车档案，准备二手车过户资料。二手车经纪人公司是购车人和二手车经营公司的信息联系的中介。购车人可以通过经纪人公司、经营公司或拍卖公司等多种方式选购二手车。二手车交易后由交易中心提供过户、上牌、代收保险和税费等一系列服务。

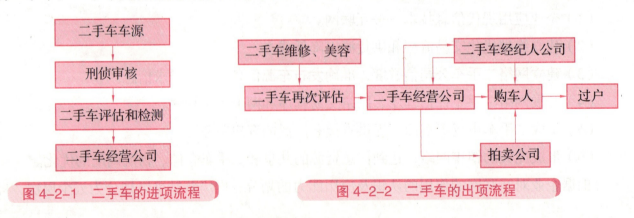

图4-2-1 二手车的进项流程　　图4-2-2 二手车的出项流程

4.2.3 二手车市场发展趋势

1. 二手车数量迅速增长

二手车交易的市场潜力巨大，二手车交易量正以每年 25% 的速度增长。交易模式的多样化和市场交易的完善，促使二手车交易规模不断扩大，前景十分广阔。

2. 二手车销售模式多元化

随着二手车市场的不断繁荣和发展，二手车的销售会不断引入先进的经销理念。例如，二手车品牌销售，二手车交易也是品牌汽车的品牌形象延伸，加之二手车利润丰厚，二手车品牌销售会得到进一步的发展。各大知名品牌汽车企业有效利用现有的 4S 店，将同品牌的新车与二手车分区展示销售，并提供与新车相似的售后服务。

3. 二手车市场经营管理逐步规范

二手车市场要加强法治化、标准化建设，促进市场规范化运行；要制定完善有效的二手车经营资格认证制度、车辆流通制度和二手车销售服务体系。经营管理体制的完善，有利于二手车市场的发展，保证了买方的合法利益，将有效地促进二手车市场的健康发展。

4. 二手车评估和交易程序标准化

有关部门有必要制定一个科学、完善的二手车评估系统，任何二手车的估价必须遵循这一套较科学的评估办法来确定。评估制度应包括评估项目、内容、检测手段、评估价（基本评估价、市场价格、标准维修费用、销售调整点范围及行情价差推算等）系列计算标准。

二手车评估标准统一有利于二手车异地交易，保证二手车交易的公正性。交易前必须出具《机动车登记证书》《二手车鉴定评估书》《二手车技术勘察表》，在确认已缴应交的各项费用后，方可进入交易程序。只有证件齐备的二手车才允许进入市场交易，这样可以杜绝非法二手车入场交易。

4.2.4 二手车的收购定价

在市场经济体系下，价格是一个非常重要的要素。它直接影响到企业产品的销售和企业的利润，同时也是企业实现其经营目标的主要手段，关系到企业的生死存亡。因此，必须切实加强定价决策工作，以便扩大市场占有率和追求长期的利润目标。二手车流通企业在确定二手车的收购和销售价格时，应充分考虑影响二手车收购和销售定价的诸多因素，以市场营销的理念，科学公正地确定二手车的收购与销售价格，既要考虑顾客需求和社会利益，又要兼顾企业的利润和发展。

1. 二手车的四种价格

在二手车的交易过程中，经常遇到的二手车的价格有四种：评估价、收购价、标价和交易价格。

（1）评估价。它是指缴纳二手车过户费（也称交易费，市场服务管理费）的基准价。评估价是由评估机构确定的，以防止交易双方谎报成交价而逃避应缴税费。根据《二手车流通管理办法》，政策上已取消强制评估，如何收取过户费各地执行情况也有所不同。

（2）收购价。如果原车主将车卖给车市，则为车市的收购价；如果卖给二手车经纪公司，则为经纪公司的买入价。

（3）标价。标价为二手车市或经纪公司的卖出价。选购二手车的消费者到二手车市场上会发现，旧车上会有一个标价，这个标价是车市出让这款车的理想价格，一般会高于最终成交价。

（4）交易价格。交易价格为最终成交价。一般情况下，一辆二手车从收购到最终交易会在1~2个星期内完成，售价较高的二手车可能会超过一个月。如果由于各种原因超过了这个周期，经销公司的利润就会大大缩水，有些甚至会亏本。

收购价、标价、交易价格和评估值或评估价没有必然的关系，纵使没有评估值，经销公司的收购人员仍然要确定收购价；经销公司的标价通常要高于最终成交价。

2. 二手车收购定价的影响因素

二手车收购价格的最大影响因素是该车的市场行情和车况及手续的齐全情况，除此之外，还要考虑下列因素。

（1）汽车收购后应支出的费用。旧机动车收购除了支付车辆产品的货币，还要支出的可能费用有公路养路费、保险费、年审费（交易日超出了年审有效期，必须年审后才能过户），一定要支出的费用有日常维护费、停车费、收购支出的货币利息等。车辆滞留在公司的时间越长，收购后应支出的费用越大。

（2）市场宏观环境的变化。二手车收购要注意国家宏观政策、国家和地方法规的变化及这些影响导致的经济性贬值。如果国内燃油价格的上升，这对汽车的消费，无论是新车还是二手车，其影响不容忽视。

（3）市场微观环境的变化。这里所说的微观环境主要指新车价格的变动和新车型的上市。新车一旦降价，同品牌的二手车收购价格肯定会下降。

（4）经营的需要。二手车经营者经常根据库存车辆的多少来调节车辆的收购价，假如某种车型畅销，出现了断档，则经营者会马上提高该车型的收购价以保证库存的稳定；反之，如果某车型出现积压，就要降低收购价以减少库存。

（5）品牌知名度和维修服务条件。即便档次差不多，不同品牌的二手车由于其品牌知名度和售后服务质量的不同，也会影响到收购价格。一些品牌二手车一直是交易的主要车型，市场占有率接近一半。这些车多年来以良好的质量、品牌知名度、广泛的售后服务网络和维修费用低赢得消费者认同。车商也乐于交易，因为这些车型价格稳定，价值容易评估，虽然赚得不多，但收入稳定。

3. 二手车收购估价与二手车鉴定估价的区别

（1）二者估价的主体不同。鉴定估价的主体是独立性的鉴定评估师，在技术鉴定的基础上，力图公正地反映车辆的客观价值，其结果不能随意改动。收购估价的主体是车市（经销公司）的车辆收购人员，他是以买者的身份与卖方进行价格估算和洽谈，根据供求价格规律可以讨价还价，自由定价。

（2）二者估价的目的不同。二手车鉴定估价是受委托人委托，在将要发生的经济行为中给被评估对象提供价值依据，它是以服务为目的的；而收购估价是购买者当事人估算车辆价格，以把握事实真相，心中有数地与卖方讨价还价，它是以经营为目的的。

（3）二者估价的思路和方法不同。二手车鉴定估价要求严格遵守国家颁布的有关评估法规，按特定的目的选择与之相适应的评估标准和方法，具有约束性。收购估价接受国家有关评估法规的指导，根据估价的目的，参照评估的方法进行，具有灵活性。

（4）二者估价的价值概念不同。虽然鉴定估价和收购估价其价值概念都具有交易价值和市场价值的含义，但收购价格受快速变现原则的作用，其价值大大低于"市场价格"。

4. 二手车收购价格的确定

二手车收购价格的确定，仍采用重置成本法、现行市价法与快速折旧法。

【例4-2-1】陈先生欲转让一辆吉利帝豪轿车，经与二手车交易中心洽谈，由交易中心收购该车辆。该车的初次登记日期为2018年6月。转让日期为2021年12月，已使用了3年6个月。

该型号的现行市场购置价为8万元，计划使用年限为15年，残值忽略不计。试用快速折旧法计算收购价格。

解：①采用年份数求和法计算其累计折旧。根据年份数求和法计算公式，其计算结果如表4-2-1所示。

表4-2-1 用年份数求和法计算累计折旧额

年数	重置价格/元	递减系数	年折旧额/元	累计折旧额/元
2018年2月—2019年1月	80 000	15/120	10 000	10 000
2019年2月—2020年1月		14/120	9 333	19 333
2020年2月—2021年1月		13/120	8 667	28 000
2021年2月—2022年1月		12/120	8 000	36 000

由于车辆已使用3年6个月，则累计折旧额为

$$\frac{28\,000+36\,000}{2}=32\,000（元）$$

②采用余额递减折旧法计算其累计折旧。根据余额递减折旧法计算公式，计算结果如表4-2-2所示。折旧率 α 为直线折旧率的2倍。即

$$\alpha=\frac{2}{N}=\frac{2}{15}=13.3\%$$

由于车辆使用3年6个月，则累计折旧额为

$$\frac{24\,733+29\,560}{2}=27\,167（元）$$

表4-2-2 用余额递减折旧法计算累计折旧额

年数	重置价格/元	折旧率/%	年折旧额/元	累计折旧额/元
2018年2月—2019年1月	80 000	13.3	10 640	10 640
2019年2月—2020年1月	69 360	13.3	7 998	18 638
2020年2月—2021年1月	61 362	13.3	6 135	24 773
2021年2月—2022年1月	55 227	13.3	4 787	29 560

③其他费用。根据技术状况鉴定，左前轮行驶偏摆，右前轮的轴承失效换件，需维修费700元，变速器漏油失效换件，需维修费1 200元。

上述费用合计为

700+1 200=1 900（元）

④收购评估。

用年份数求和法计算收购评估为

80 000−32 000−1 900=46 100（元）

用余额递减折旧法计算收购评估为

80 000−27 167−1 900=50 933（元）

根据收购价格评估，与车主最后协商后，确定收购价格为48 000元，经维修后销售，获利3000元。

4.2.5 二手车的销售定价

二手车流通企业在二手车的收购与销售经营活动中，二手车的销售价格是决定收入和利润的唯一因素。决定价格是一件十分复杂又充满风险的事，它往往决定企业的命运。因此，企业必须根据成本、需求、竞争及国家方针、政策、法规并运用一定的定价方法、技巧和艺术来对其产品制定切实可行的价格政策。为了使定价工作能够有效、顺利地进行，保证定价

工作的规范化，按以下五个步骤进行，即分析定价因素、确定定价目标、选择定价方法、制定定价策略、确定最终价格（图4-2-3）。

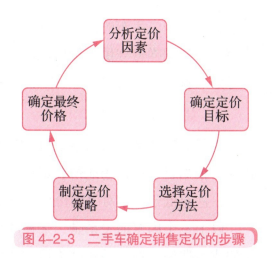

图4-2-3 二手车确定销售定价的步骤

1. 二手车销售定价应考虑的因素

1) 成本因素

企业在给二手车的销售定价时，首先考虑的因素是成本，成本因素是影响二手车销售价格的基本因素。二手车的销售价格如果不能补偿成本，企业的经营活动就难以继续维持。在确定某二手车的销售价格时，应考虑收购该车的总成本费用，总成本费用由固定成本费用和变动成本费用之和构成。

（1）固定成本费用与固定成本费用摊销率。固定成本费用是指在既定的经营目标内，不随收购车辆的变化而变动的成本费用，如分摊在这一经营项目的固定资产的折旧、管理人员的基本工资等项支出。对一个二手车市场或设在市场内的二手车经销（纪）公司而言，经营项目一般就是二手车的买卖，只有一个单一的项目，不存在分摊的问题。在一定的时期内，比如一年，该市场或经销公司的场地租金、设备折旧、人员的固定工资等不随收购车辆的变化而变动的各项费用之和就是总的固定成本费用。假如场地租金是每年6万元，每个月就是5 000元。

固定成本费用摊销率是指单位收购价值所包含的固定成本费用，即总的固定成本费用与收购车辆总价值之比。例如，某企业根据经营目标，预计某年度收购100万元的车辆价值，总固定成本费用1万元，则单位固定成本费用摊销率为1%；又如花费4万元收购一辆旧捷达，则应该将400元计入固定成本费用。

（2）变动成本费用。变动成本费用指收购车辆随收购价格和其他费用而相应变动的费用。主要包括收购车辆的费用、运输费、保险费、日常保养费、维修费、占用资金的利息等。

在变动成本费用中包括一定要支出的费用，如购车所支付给原车主的货币费用、日常保养维修费（包括收车后对车辆进行的美容、整容费用）、购车资金占用的利息等；有些是可能会出现的费用如运输费、保险费等，当这些费用未发生时，就不计入变动成本费用。

由上面的成本分析可知，一辆旧机动车收购的总成本费用是这辆车应分摊的固定成本费用与变动成本费用之和，用数学式表达为

$$总成本费用 = 收购价格 \times 固定成本费用摊销率 + 变动成本费用$$

2) 供求关系

通俗地讲，供求关系就是指市场行情。二手车的销售定价，一方面必须补偿所付出的成本费用并保证一定的利润空间，另一方面也必须适应市场对该产品的供求变化，能够为购买

者接受，否则二手车的销售价格，便陷于一厢情愿的境地而难以被接受。二手车的销售同其他商品一样同样遵守供求价格规律。作为一个有经验的收购人员，在确定收购价格时，首先要考虑的就是市场行情。

3）竞争状况

为了稳定维持自己的市场份额，二手车的销售定价要考虑本地区同行业竞争对手的价格状况，根据自己的市场地位和定价的目标，确定自己的价格水准，如选择与竞争对手相同的价格，甚至低于竞争对手的价格进行定价。

以上三个因素的关系是，某种产品的最高价格取决于市场需求，最低价格取决于这种产品的成本费用，在产品最高价格和最低价格的幅度内，企业能把产品价格定多高，则取决于竞争者同种产品的价格水平。

2. 二手车销售定价的目标

二手车销售定价的目标是指二手车流通企业通过制订价格水平，凭借价格产生的效用来达到预期目的要求。企业在定价以前，必须根据企业的内部和外部环境，制定出既不违背国家的方针政策，又能协调企业的其他经营目标的价格。企业定价目标类型较多，二手车流通企业要根据自己树立的市场观念和市场微观、宏观环境，确立自己的销售定价目标。二手车销售企业常见的销售定价目标有以下几种。

（1）追求利润最大化的定价目标。这种定价目标指的是企业希望获得最大限度的销售利润或投资收益，这几乎是所有企业的共同愿望和追求的目标。这种定价目标是对需求和成本的充分了解，从而制定确保当期利润最大化的价格。

（2）获取适度利润的定价目标。适度利润目标又称满意利润目标，是一种使企业经营者和股东（所有者）都感到比较满意，比较适当的利润目标，利润既不太高，也不太低。采用这种定价目标，企业通常是在以下几种情况：在市场竞争中，为保全自己，减少风险，抛弃高利企图，维持平均利润；根据企业自身的实力，追求适度的利润水平，比较合情、合理、合法；其他的定价目标，难以保证相应利润水平和营销目标的实现。

（3）取得预期投资收益为定价目标。预期投资收益目标又称目标投资利润目标，这种定价目标是指企业确定一定的投资收益率或资金利润率，使产品定价在成本的基础上加入企业预期收益。企业预期销售实现了，预期收益也就实现了。

（4）保持或扩大市场占有率的定价目标。对于二手车流通企业来说，市场占有率即某企业二手车的销售量或销售额在同行业市场销售量中的比例。市场占有率是企业经营状况和企业竞争力的直接反映。企业只有在市场份额逐渐扩大、销售逐渐增加、竞争力逐渐增强的情况下，才有可能得到正常发展。这种定价目标，以较长时间的低价策略来保持和扩大市场占有率，增强企业竞争实力，最终获得最优利润。

3. 二手车销售定价的方法

定价方法是企业为实现其定价目的所采用的具体方法，根据企业的定价目标，价格的计算方法有成本导向定价法、需求导向定价法和竞争导向定价法三大类，每一大类中又有多种具体方法。根据二手车销售的实际，下面选择性地介绍以下几种方法。

（1）成本加成定价法。成本加成定价法是成本导向定价法大类中的一种方法，它是按照单位成本加上一定百分比的加成来制定产品的销售价格。其计算公式为

$$二手车销售价格 = 单位完全成本 \times (1 + 成本加成率)$$

采用成本加成法的关键在于确定成本加成率，前面讲过二手车的需求弹性较大，应该把价格定得低一些，加成率宜低，由此薄利多销。

若用进货成本来衡量，加成率 = 毛利（加成）/ 进货成本。

单位完全成本是指一辆二手车的总成本费用，它包括这辆车应摊销的固定成本和变动成本之和。

（2）需求导向定价法。这种定价方法又称顾客导向定价法、市场导向定价法。它不是根据产品成本状况来定价，而是根据市场需求状况和消费者对产品的感觉差异来确定价格。其特点是，产品的销售价格随需求的变动而变化。

（3）竞争导向定价法。这种定价方法是企业根据自身的竞争力、参考成本和供求情况，将价格定得高于、等于或低于竞争者价格，以实现企业定价目标和总体经营战略目标，谋求企业的生存和发展的一种方法。

上述定价方法中，成本加成定价法深受企业界欢迎，主要是由于：①成本的不确定性一般比需求的变化小，将价格盯住单位成本，可以大大简化企业定价程序，而不必根据需求情况的瞬息万变而做调整。②只要行业中所有企业都采取这种定价方法，则价格在成本与加成相似的情况下也大致差不多，价格竞争也会因此减至最低限度。③许多人感到成本加成定价法对买方和卖方来讲都比较公平，当买方需求强烈时，卖方不利用这一有利条件谋取额外利益仍能获得公平的投资报酬。因此，推荐用成本加成定价法来对二手车销售进行定价。

4. 二手车销售定价的策略

二手车销售定价策略是指二手车流通企业根据市场中不同变化因素对二手车价格的影响程度采用不同的定价方法，制定适合市场变化的二手车销售价格，进而实现定价目标的企业营销战术。

在二手车的市场营销中，尽管非价格竞争作用在增长，但价格仍然是影响销售的重要因素。定价是否恰当，不仅直接关系到二手车的销量和企业的利润，还关系到企业其他营销策略的制定。营销中定价策略的意义在于有利于挖掘新的市场机会，实现企业的整体目标。在市场经济条件下，价格决策已成为企业经营者面临的具有现实意义的重大决策课题。

（1）阶段定价策略。阶段定价策略就是根据产品寿命周期各阶段不同的市场特征而采用

不同的定价目标和对策。投入期以打开市场为主，成长期以获取目标利润为主，成熟期以保持市场份额、利润总量最大为主，衰退期以回笼资金为主，另外还要兼顾不同时期的市场行情，相应修改销售价格。

（2）心理定价策略。不同的消费者有不同的消费心理，有的注重经济实惠、物美价廉，有的注重名牌产品，有的注重产品的文化情感含量，有的追赶消费潮流。心理定价策略就是在补偿成本的基础上，按不同的需求心理确定价格水平和变价幅度。例如，尾数定价策略就是企业针对消费者的求廉心理，在二手车定价时有意定一个与整数有一定差额的价格。这是一种具有强烈刺激作用的心理定价策略。价格尾数的微小差别，能够明显影响消费者的购买行为，会给消费者一种经过精确计算的、最低价格的心理感觉，如某品牌的二手车按定价方法算出的价格是 100 010 元，但标价 99 800 元，这就是一种策略。

（3）折扣定价策略。二手车流通企业在市场营销活动中，一般按照确定的目录价格或标价出售商品。但随着企业内外部环境的变化，为了促进销售者、顾客更多地销售和购买本企业的产品，往往根据交易数量、付款方式等条件的不同，在价格上给销售者和顾客一定的减让，这种生产者给销售者或消费者的一定程度的价格减让就是折扣。灵活运用价格折扣策略，可以鼓励需求、刺激购买，有利于企业搞活经营，提高经济效益。

4.2.6 二手车置换

汽车置换从狭义上来说就是以旧换新，经销商通过二手车的收购与其旧车或新车的对等销售获取利益。广义的汽车置换，是指在以旧换新业务的基础上，还同时兼容二手车整新、跟踪服务、二手车再销售乃至银行按揭贷款等项目的一系列业务组合，从而使之成为一种有机独立的营销方式。

1. 汽车置换的基本原则

二手车进行置换时应考虑以下几项原则：

（1）对在用车辆不满意。一些消费者在购买之前没有对车辆进行全方面的了解，等到使用了一段时间之后，才发现并不喜欢这辆车，如车的内部空间不合适、动力不够强劲、油耗高等都有可能成为放弃该车的理由。当市场上有了自己比较合适的车型时，就可以用原来的车来置换新车。

（2）尽量不要选择同档次车型。如果对自己的车不是很满意，在置换的时候最好要选择更高一个档次的车型。更高档次车型当然会带来更好的享受，随着生活品质提高了，所开车辆的感觉也应该有所改变。

（3）贷款车可以置换。如果置换新车时希望贷款购买的，那么旧车可以抵作首付款，差额费用则按贷款办理。若旧车评估的价格不足以抵付首付款，还要用现金补齐。

如果原有旧车的贷款还未还清，那么有些经销商可以预先垫付所差的贷款，其款项可以折合到新车的款项当中。

（4）新车可以用原来的"牌"。置换新车后如果还想继续使用原来旧车的牌照，则需要办理原车退牌、新车上牌的手续，这些业务许多4S店的经销商也可以帮助办理。

2. 汽车置换的服务流程

1）办理置换业务所要提交的证件

（1）车主身份证（单位车辆还应提供法人代码证、介绍信等证件）。
（2）机动车产权登记证。
（3）机动车行驶证。
（4）车船购置税缴纳凭证。
（5）委托他人办理置换的，须持原车主身份证和具有法律效力的委托书。

2）置换车辆的条件

（1）各种车辆手续齐全，非盗抢、走私车辆。
（2）在国家允许的汽车报废年限之内，且尾气排放符合要求。
（3）无机动车产权纠纷，分期付款的车辆要付清全部亏款，拿回所有的车辆手续。

3）二手车置换流程

汽车置换包括旧车出售和新车购买两个环节。不同的汽车置换授权经销商对汽车置换流程的规定不完全一样。国内汽车置换的一般程序如下。

（1）顾客通过电话或直接到汽车置换授权经销商处进行咨询，也可以在汽车置换授权经销商的网站进行置换登记。
（2）汽车评估定价。
（3）汽车置换授权经销商销售顾问陪同选订新车。
（4）签订旧车购销协议以及置换协议。
（5）置换旧车的钱款直接冲抵新车的车款，顾客补足新车差价后，办理提车手续，或由汽车置换授权经销商的销售顾问协助在指定的经销商处提取所订车辆，汽车置换授权经销商提供一条龙服务。
（6）顾客如需贷款购新车，则置换旧车的钱款作为新车的首付款，汽车置换授权经销商为顾客办理购车贷款手续，建立提供因汽车消费信贷所产生的资信管理服务，并建立个人资信数据库。
（7）汽车置换授权经销商办理旧车过户手续，顾客提供必要的协助和材料。
（8）汽车置换授权经销商为顾客提供全程后续服务。

一汽大众认证二手车置换流程如图4-2-4所示，一汽奥迪二手车置换流程如图4-2-5所示，上海通用二手车置换流程如图 4-2-6 所示。

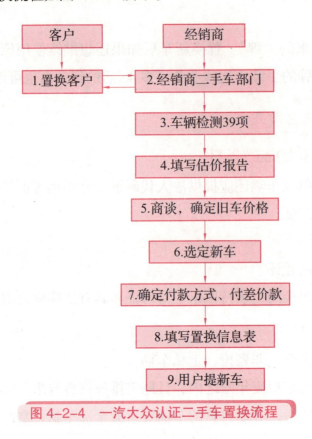

图 4-2-4　一汽大众认证二手车置换流程

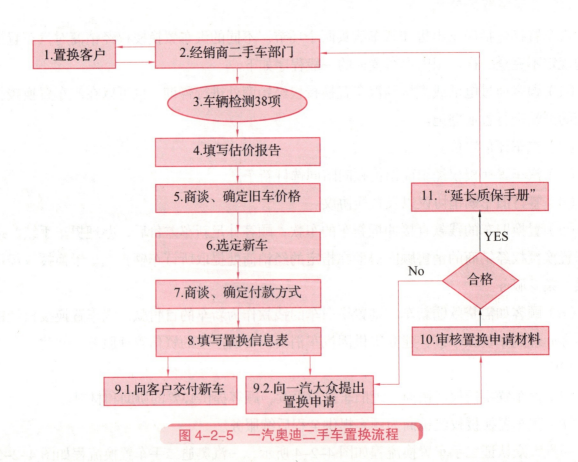

图 4-2-5　一汽奥迪二手车置换流程

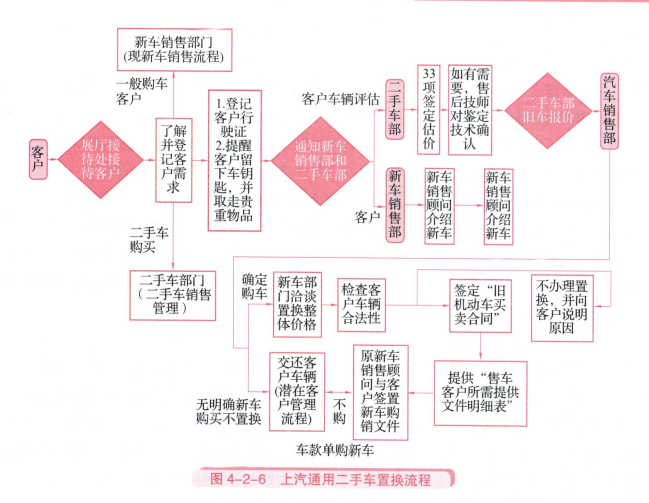

图 4-2-6　上汽通用二手车置换流程

4）汽车置换的注意事项

（1）新车牌照：新车仍使用原二手车牌照的，经销商代办退牌手续和新车上牌手续；新车上新牌照的，经销商可代办手续。

（2）新车需交钱款 = 新车价格 − 旧车评估价格。

（3）贷款置换：如果旧车贷款尚未还清，可由经销商垫付还清贷款，款项计入新车需交钱款。

（4）售后服务：商家提供可选择的替换车、救援、异地租车等多项个性化增值服务。

3. 汽车置换的运作模式

1）汽车置换模式

从国内的交易情况来看，目前在我国进行汽车置换有以下 4 种模式。

（1）用本厂旧车置换新车（即以旧换新）。如厂家为"一汽大众"，车主可将旧捷达车折价卖给一汽大众的零售店，再买一辆新宝来。

（2）用本品牌旧车置换新车。如品牌为"大众"，假设拥有一辆旧宝来轿车的车主看上了帕萨特轿车，那么他可以在任何一家"大众"的零售店里置换到一辆他喜欢的帕萨特轿车。

（3）只要购买本厂或本厂家的新车，置换的旧车不限品牌。国外基本上采用的是这种汽车置换方式。上海通用汽车诚新二手车开展的就是这种汽车置换模式。消费者可以用各种品牌的二手车置换别克品牌的新车。

如果考虑买车人的选择余地和便利程度，当然是第三种方式最佳。不过，这种方式对厂商和经销商而言非常具有挑战性。这是因为中国的车主一般既不从一而终地在指定维修点维护修理，也不保留车辆的维修档案，车况极不透明；不同品牌、不同型号的车在技术和零部件上千差万别；对于个别已经停产车型更换零部件将越来越麻烦。

（4）委托寄卖。目前，我国出现了委托寄卖等置换新模式。我国的委托寄卖主要分为：一是自行定价型，即由消费者自行定价，委托商家代卖，等到成交后再支付佣金；二是二次付款型，它是由商家先行支付部分费用，等到成交后再付余款，佣金以利润比例来定；三是周期寄卖型，由商家向车主承诺交易周期，车价由双方共同确定，而佣金则以成交时间和成交金额双重标准来定。

2）汽车置换授权经销商

车辆更新对于车主来说，是一个烦琐的过程，首先要到二手车市场把车卖掉，其中要经历了解市场行情、咨询二手车价格、与二手车经纪公司讨价还价直至成交、办理各种手续和等待回款，至少要好几天，等拿到钱后再到新车市场买新车，又是一番周折。对于车主来说更新一部车比买新车麻烦得多。在生活节奏日益加快的今天，人们期盼能否有一种便捷的以旧换新业务，使他们在自由选择新车的同时，很方便地处理要更新的旧车。因此，具有汽车置换资质的经销商作为中介的重要作用就显现出来。

汽车置换授权经销商是我国汽车置换运作的中介主体。汽车置换授权经销商的车辆置换服务将消费者淘汰旧车和购买新车的过程结合在一起，一次完成甚至一站完成，为用户解决了先要卖掉旧车再去购买新车的麻烦。我国汽车置换授权经销商的汽车置换服务一般具有以下特点。

（1）打破车型限制。与以往的一些开展汽车置换的厂家或品牌专卖店不同，汽车置换授权经销商对所要置换的旧车以及选择购买的新车，都没有品牌及车型的限制，可以任意置换。汽车置换授权经销商采用汽车连锁超市的模式经营新车的销售，连锁超市中经营的汽车品牌众多，可以满足消费者的不同需求，也可根据顾客的要求，到指定的经销商处，为顾客购进指定的车辆，真正做到了无品牌限制的置换。

（2）让利置换，旧车增值。汽车置换授权经销商将车辆置换作为顾客购买新车的一项增值服务，与顾客将旧车出售给二手车经纪公司不同，汽车置换授权经销商通常是以二手车交易市场二手车收购的最高价格甚至高出的价格，确定二手车价格，经双方认可后，置换二手车的钱款直接冲抵新车的价格。

汽车置换授权经销商有自己的二手车经纪公司，同时与二手车交易市场中的众多经纪公司保持联系，保证市场信息渠道的畅通，以及所置换的旧车能够有快速的通路。车况较好的旧车，汽车置换授权经销商经过整修后，补充到租赁车队中投放低端租车市场，用租赁收入弥补旧车的增值部分后，到二手车市场处置；或者发挥汽车置换授权经销商租车网络优势，在北京周边中小城市租赁运营。

（3）"全程一对一"的置换服务。汽车置换授权经销商汽车连锁销售提供的车辆置换服务，是一种"全程一对一"的服务模式。由于汽车置换授权经销商的业务涉及汽车租赁、销售、汽车金融以及二手车经纪，因此顾客在汽车置换授权经销商选择置换的购车方式后，从旧车定价、过户手续，到新车的贷款、购买、保险、牌照等过程都由汽车置换授权经销商公司内部的专业部门完成，保证了效率和服务水准。

（4）完善的售后服务。在汽车置换授权经销商通过置换购买的新车，汽车置换授权经销商将提供包括保险、救援、替换车、异地租车等服务在内的完善的售后服务。对于符合条件的顾客，汽车置换授权经销商还提供更加个性化的车辆保值回购计划，使顾客无须考虑再次更新时的车辆残值，安心使用车辆。顾客自行更新车辆同汽车置换授权经销商车辆置换服务的比较如表4-2-3所示。

表4-2-3　顾客自行更新车辆同汽车置换授权经销商车辆置换服务的比较

对比	自行更新车辆	汽车置换授权经销商置换服务
办理过程	处置旧车和购买新车由车主本人分别办理	车辆以旧换新，汽车置换授权经销商为顾客全程办理
接触的公司或个人	亲自与不同的二手车经纪公司打交道，咨询旧车价格；亲自与新车经销商打交道，选订新车	汽车置换授权经销商"全程一对一"置换服务销售顾问协助到底
旧车定价	与不止一家经纪公司讨价还价，旧车出售价格低于市场价格，经纪公司从旧车交易中获利	汽车置换授权经销商置换旧车，促进新车销售，旧车定价为市场最高价格或高出市场价格、利用租赁运营收入弥补旧车增值
新车价格	自行购车，新车价格优势不明显	汽车置换授权经销商集团采购，价格优势明显，置换旧车、购买新车，一次实现，让利消费者
市场信息	旧车、新车市场信息完全由消费者自行获得，信息的效率和及时准确性不够	汽车置换授权经销商具有市场信息收集反馈体系，旧车及新车市场信息准确及时，作为顾客的置换顾问提供高效的信息供顾客参考
精力投入	耗时费功	品牌保证质量，省时省力
售后服务	厂家提供车辆保修及售后服务	厂家提供车辆保修及售后服务；汽车置换授权经销商提供可选择的替换车、救援、异地租车等多项个性化增值服务
购车方式	全款购车，银行分期付款购车	贷款购车，分期付款购车，以租代购、长期租赁产权奉送，个性化的购车方案，期满同样可以旧换新

3）二手车置换的 4S 模式

在欧美国家，消费者初次购买的往往是二手车，二手车交易量往往是新车交易量的 2~3 倍，可见国内二手车交易还有很大的上升空间。但仅仅依靠传统的二手车市场来完成这部分交易，显然有很多弊端。于是，一些有远见的汽车厂家纷纷推出品牌二手车置换服务，只不过名称各不相同，如"诚新二手车""认证二手车""特选二手车"等。4S 店经销商则是在厂家的授权下经营二手车品牌置换业务。4S 店经销二手车具有以下优势。

（1）二手车跨品牌置换可以促进新车销售。所谓二手车跨品牌置换，就是厂家专卖店允许用户用其他品牌的旧车来置换本品牌的新车。其实厂家进行跨品牌二手车置换的目的很好理解：一是促进新车销售，增加新利润点；二是扩大市场份额，打击竞争对手。

（2）置换将成 4S 店赢利新点。很多置换来的旧车，是放到二手车市场里销售的。置换收车与一般二手车交易不同，新旧置换过程中卖出新车本身能实现一定的利润，经销商现在收来的二手车在卖的时候保本就可以。

厂家和经销商置换来的二手车的车型比较统一，车况经过专业的鉴定后一般也都不错，所以有很多的经销商把这些车直接卖给汽车租赁公司，从而解决很大部分的库存。其他的车基本是在二手市场上销售，因为不需要追求过多的利益，所以置换收来的车很快就能销售出去，除了维持基本的库存，不会形成积压。

二手车置换业务的继续发展不仅能够促进汽车的销售，还将为今后的全面更新换代铺平道路，同时也是 4S 店很重要的新盈利点。

4.2.7 二手车拍卖

二手车拍卖是指二手车拍卖企业以公开竞价的形式将二手车转让给最高应价者的经营活动。二手车拍卖的目的是提高二手车市场交易透明度，打造最专业的二手车流通平台；提高二手车交易双方的满意度，使二手车交易更规范；提高二手车成交率，为客户提供更多的成交机会。

二手车交易的类型依据交易双方行为和参与程度的差异分为二手车的经销、拍卖和直接交易。二手车拍卖是二手车经营行为的一种。目前，二手车拍卖的方式是许多国家普遍采用的一种交易方式，拍卖具有公开、公正、公平的特点，由此产生的价格比较接近于市场价格。在美国、日本等发达国家大多数二手车交易都是通过拍卖的方式完成的。国内新的二手车政策中也提到今后发展二手车拍卖的交易方式趋势。

二手车竞价拍卖以其直观、交易周期短、兑现快以及成交价最贴近市场真实价格等优势博得市场青睐。地区差异、核心能力差异及专业化分工，使二手车在经营企业间通过拍卖方式实现流通；拍卖还是政府机关、大型团体、租赁公司等集团用户进行车辆更新换代的有效途径。

二手车拍卖公司通过定期组织现场拍卖和网络竞价，将进一步提高二手车交易的速度，降低交易成本，可有效限制人为因素导致的不正常交易行为。因此，二手车拍卖市场潜力巨大。

二手车拍卖必须在国家规定的二手车交易市场或其他经合法审批的交易场所中进行。与拍卖相关的术语见表4-2-4。

表4-2-4 与拍卖相关的术语

术语	解释
竞买人	参加竞购标的的公民、法人或者其他组织。法律、行政法规对拍卖标的的买卖条件有规定，竞买人应当具备规定的条件。竞买人可以自行参加竞买，也可以委托其代理人参加竞买
买受人	以最高应价购得拍卖标的的竞买人。买受人应当按照约定支付拍卖标的的价款，未按照约定支付价款的，应当承担违约责任
底价	称拍卖标的的保留价，指拍卖标的的最低价格，如果应价低于这一价格则拍卖标的不予出售。保留价应当由委托人提出
起拍价	拍卖时就某一标的的开始拍卖时第一次报出的价格。起拍价可能低于保留价，可以等于保留价，也可以高出保留价

1. 各方当事人的权利和义务

1）拍卖人权利和义务

（1）拍卖人的权利。

①拍卖人有权要求委托人说明拍卖标的的来源和瑕疵。

②委托人、买受人可以与拍卖人约定佣金的比例。未作约定时，拍卖成交的，拍卖人可以向委托人、买受人各收取不超过拍卖成交价5%的佣金。

（2）拍卖人的义务。

①拍卖人应当向竞买人说明拍卖标的的瑕疵。

②拍卖人对委托人交付拍卖的物品负有保管义务。

③拍卖人接受委托后，未经委托人同意，不得委托其他拍卖人拍卖。

④委托人、买受人要求对其身份保密的，拍卖人应当为其保密。

⑤拍卖人及其工作人员不得以竞买人的身份参与自己组织的拍卖活动，并不得委托他人代为竞买。

⑥拍卖人不得在自己组织的拍卖活动中拍卖自己的物品或者财产权利。

⑦拍卖人应于拍卖日7日前发布公告。拍卖人应在拍卖前展示拍卖车辆，并在车辆显著位置张贴《拍卖车辆信息》。车辆的展示时间不得少于2天。

⑧拍卖成交后，买受人和拍卖人应签署《二手车拍卖成交确认书》。

⑨拍卖成交后，拍卖人应当按照约定向委托人交付拍卖标的的价款，并按照约定将拍卖标的移交给买受人。

2）委托人权利和义务

（1）委托人的权利。

①委托人可以自行办理委托拍卖手续，也可以由其代理人代为办理委托拍卖手续。

②委托人有权确定拍卖标的的保留价并要求拍卖人保密。

（2）委托人的义务。

①委托人委托拍卖物品或者财产权利，应当提供身份证明和拍卖人要求提供的拍卖标的的所有权证明，或者依法可以处分拍卖标的的证明及其他资料。

②委托人应当向拍卖人说明拍卖标的的来源和瑕疵。

③委托人撤回拍卖标的的，应当向拍卖人支付约定的费用；未做约定的，应当向拍卖人支付为拍卖支出的合理费用。

④委托人不得参与竞买，也不得委托他人代为竞买。

⑤按照约定由委托人移交拍卖标的的，拍卖成交后，委托人应当将拍卖标的移交给买受人。

3）竞买人权利和义务

（1）竞买人的权利。

①竞买人是指参加竞购拍卖标的的公民、法人或者其他组织。

②竞买人可以自行参加竞买，也可以委托其代理人参加竞买。

③竞买人有权了解拍卖标的的瑕疵，有权查验拍卖标的和查阅有关拍卖资料。

（2）竞买人的义务。

①法律、行政法规对拍卖标的的买卖条件有规定的，竞买人应当具备规定的条件。

②竞买人一经应价，不得撤回，当其他竞买人有更高应价时，其应价即丧失约束力。

③拍卖成交后，买受人和拍卖人应当签署成交确认书。

④竞买人之间、竞买人与拍卖人之间不得恶意串通，损害他人利益。

4）买受人权利和义务

（1）买受人的权利。

①买受人是指以最高应价购得拍卖标的的竞买人。

②买受人未能按照约定取得拍卖标的的，有权要求拍卖人或者委托人承担违约责任。

③其他权利与竞买人的权利相同。

（2）买受人的义务。

①买受人应当按照约定支付拍卖标的的价款；未按照约定支付价款的，应当承担违约责任，或者由拍卖人征得委托人的同意，将拍卖标的再行拍卖。拍卖标的再行拍卖的，原买受人应当支付第一次拍卖中本人及委托人应当支付的佣金。再行拍卖的价款低于原拍卖价款的，原买受人应当补足差额。

②买受人未按照约定受领拍卖标的的，应当支付由此产生的保管费用。

2. 二手车拍卖规则

对于二手车拍卖没有统一的标准，但是为了规范拍卖行为，维护拍卖秩序，保护在拍卖活动中各方当事人的合法权益，使拍卖顺利进行，二手车拍卖要严格按照《拍卖法》及国家的相关政策法律法规的指导进行。以《天津市机动车拍卖中心拍卖规则》为例，在拍卖规则中应包含下列内容。

（1）拍卖人拍卖日期与场所。
（2）拍卖标的及保留价。
（3）拍卖标的的展示时间及场所。
（4）竞买人权利和义务。
（5）保证金交纳约定。
（6）拍卖方式。
（7）买受人的权利和义务。
（8）拍卖标的清点移交。
（9）违约责任。
（10）其他。

3. 二手车拍卖所需资料

委托拍卖时，委托人应提供身份证明、车辆所有权或处置权证明及其他相关材料。具体材料如下。

1）二手车委托拍卖所需材料

车辆行驶证、购置证、养路费通行费缴费凭证、车船税证、车辆所有人证件（私人为身份证、户口本；企事业单位为企事业单位代码证）。

2）二手车参加竞买所需材料

竞买人身份证明（私人为身份证；企事业单位为企事业单位代码证）和保证金（按每次拍卖会规定的标准交付）。拍卖人接受委托的，应与委托人签订委托拍卖合同。

《二手车交易规范》第三十条规定委托人应提供车辆真实的技术状况即《车辆信息表》，拍卖人应如实填写《拍卖车辆信息》。如对车辆的技术状况存有异议，拍卖委托双方经商定可委托二手车鉴定评估机构对车辆进行鉴定评估。

4. 二手车拍卖流程

对于二手车拍卖流程没有统一的标准，但拍卖业务应由拍卖师、估价师和有关业务人员组成，才能够从事拍卖业务活动。二手车拍卖委托流程如图4-2-7所示，二手车拍卖竞买流程如图4-2-8所示。

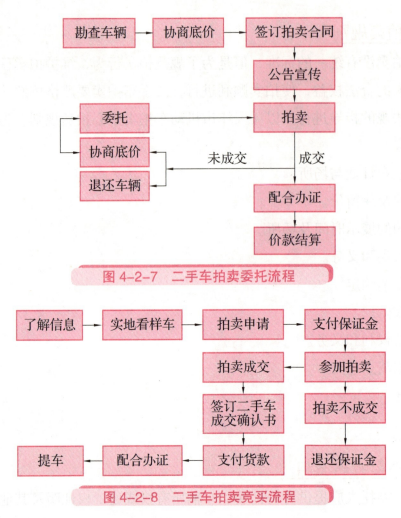

图4-2-7 二手车拍卖委托流程

图4-2-8 二手车拍卖竞买流程

1）接受委托

（1）审查车辆来源的合法性。对委托拍卖车辆的行驶证、产权证、销售发票、企业代码或身份证等有关证件资料进行真伪鉴别，并对这些证件资料逐一登记，填写《拍卖车辆信息表》，以便进一步核实。

（2）审查车辆的处置权。在接受委托拍卖前，必须对车辆的处置权进行审核，审查委托人是否对委托拍卖的机动车具有处理权。

（3）审查车辆的手续、证照及缴纳的各种税费是否齐全。对委托拍卖车辆的各种手续要审查是否齐备，特别是进口车和罚没车要审查是否带有海关进口证明书、商检局检验证书、罚没证明、法院的有关裁决书及有关批文等；检查车辆的附加费、养路费、保险等是否齐全；落实要取得行驶权需要办理哪些手续、缴纳哪些税费以及税费数额。

（4）对车辆进行静态和动态检查。对委托拍卖的车辆要进行详细的静态和动态检查，并对每项检查做好登记记录，填写《车辆情况表》，主管人员要签字审核。

（5）确定委托保留价（即拍卖底价）。在对车辆手续和车辆检查完毕并确定符合拍卖条件后，由评估师、拍卖师和委托人三方根据当前市场行情确定拍卖底价，但是底价不作为成交价。

2）签订《机动车委托拍卖合同》

检查工作完成后，拍卖人如果决定接受委托人的拍卖委托，应与委托人签署《机动车委托拍卖合同》，一式两份，需要补充说明的应提前声明，一经确认不得悔改。

3）机动车拍卖公告的发布

拍卖人应于拍卖日7日前发布公告。

拍卖公告应通过报纸或者其他新闻媒体发布，并载明下列事项：①拍卖的时间、地点；②拍卖的车型及数量；③车辆的展示时间、地点；④参加拍卖会办理竞买的手续；⑤需要公告的其他事项，如号牌号码、初次登记时间、拍卖咨询电话和联系人等，并详细告之。

4）车辆展示

（1）在机动车拍卖前必须进行至少2日的公开展示，并在车辆显著位置张贴《拍卖车辆信息》。在展示期间必须要有专业人员在现场进行解答，并做好宣传工作。

（2）如有意参加拍卖会，经审核符合竞买人要求，则必须提前办理入场手续，如交验竞买人的个人资料，填写竞买登记表、领取拍卖手册、入场号牌等。

5）拍卖实施

在拍卖实施当天，竞买人经工作人员审查确认后，方可提前半小时进入会场。拍卖方法可根据车辆情况及竞买人到场情况，以有声增价拍卖的方式进行，但最后的成交价不得低于委托人的保留价。拍卖成交后，以拍卖人的"成交确认书"作为交易市场开具交易发票的价格依据。

6）收费

（1）拍卖成交后，收取委托方和买受方一定的佣金（收费标准按成交价的百分比确定）并开具拍卖发票。

（2）拍卖车辆在整个拍卖活动中发生的相关费用由委托人和买受人双方分别承担（以成交确认作为界定，成交前由委托人承担、成交后由买受人承担）。

7）车辆移交

（1）机动车拍卖成交后，买受人和拍卖人应签署《二手车拍卖成交确认书》，在买受人付清全部货款后，方可办理车辆移交手续。

（2）车辆移交时，应填写《机动车拍卖车辆移交清单》。

（3）车辆移交方式（含办理过户、转出、转入等相关手续）由委托人、买受人和拍卖人商议具体移交方式。

根据《二手车交易规范》规定，拍卖人应如实填写《拍卖车辆信息》。

5. 二手车拍卖须注意问题

二手车由于价格低廉，具有相当的吸引力，同时也具有相当的风险。有些到了报废期的汽车转让，买主买车后到公安管理部门不予办理；有些车缺乏保养，车子存在各种故障使用几年后出售，二手车买主用车后需支付高额维修费等。因此，拍卖二手车除了对汽车性能要有基本的了解，还必须具备一定的法律和经济知识，以避免拍卖使用过度的轿车而遭受不必要的损失。

1）拍卖现场注意事项

竞买人在拍卖公告规定的咨询、展示期限内，有权了解拍卖车辆的有关情况，实地察看拍卖车辆。进入拍卖会场，即表明已熟知竞买车辆的所有情况。竞买人看车认购，责任自负。车辆拍卖时，拍卖师不再回答竞买人提出的任何问题。

竞买人应按拍卖公告规定的时间、地点准时出席拍卖会。拍卖会凭竞投号牌和入场券进场，一个竞投号牌只允许一人参加拍卖会，并在会场指定的区域对号就座；同时，还应遵守拍卖会场秩序，不得恶意串通或以其他方式干扰拍卖会的正常进行，否则将取消竞买资格，并视情节追究其责任。

拍卖成交后，买受人当场与拍卖行签订《拍卖成交确认书》，竞投号牌立即收回，买受人保证金自动转为定金。

2）了解汽车报废时限和价格计算

作为二手车拍卖者，首先要了解两个基本问题，一个是报废时限，另一个是价格计算方法。

3）二手车检查

拍卖二手车，现场察看非常重要。由外往里地从车身→发动机→传动→底盘→试车等步骤逐项察看。

4.2.8 二手车的经营实体

我国现在二手车市场经营模式主要是二手车交易中心。二手车经营实体类型包括二手车评估公司、二手车检测公司、二手车经营公司、二手车经纪人公司和拍卖公司。

1. 二手车交易中心

按照《二手车交易规范》和《二手车流通管理办法》的规定，二手车交易中心的申请和审批实行分级管理制度，国务院商品流通行政主管部门负责直辖市、省会城市、计划单列市二手车交易中心的审批。省、自治区、直辖市、计划单列市商品流通行政主管部门负责各地级市旧机动车交易中心的审批，并报国务院商品流通行政主管部门备案，原则上每个地级以上城市批准设立一个。对未经国家批准的二手车经营单位经营的二手车，工商行政管理部门不予验证盖章，公安部门不予办理过户、转籍手续。

2. 二手车评估公司

二手车评估公司对交易前的车辆进行公正、公平的评估，根据二手车市场行情、二手车的车型、实际使用状况、静态和动态标准评价得出客观合理的价格。二手车评估公司根据评估结果向二手车经营公司或个人出具二手车评估报告。二手车评估公司应是独立于车主、二手车经营公司以外的实体，以确保二手车评估的公平性、合理性。

3. 二手车检测公司

针对二手车交易中的车辆质量状况设置检测项目，运用检测仪器对购车前的二手车进行检测，对车辆出具检测报告。公平、公正、公开地反映车辆的真实质量状况。

4. 二手车经营公司

二手车经营公司拥有一定的注册资金、销售金额、经营场所和流动资金，可以进行二手车的收购、销售、新旧置换、办证、过户等二手车经销功能。根据二手车客观评估价格，对二手车进行维修和美容提高其市场评估价格，确定其销售价格。建立二手车档案为销售提供必要的过户材料。

5. 二手车经纪人公司

二手车经纪人公司是从事二手车交易中介服务公司，是车主、购车者和二手车经营公司的纽带，应当具有二手车从业资格，主要业务是提供车辆信息、二手车代购、二手车代销。目前市场中部分交易方为无证的"黄牛"，他们借助其他正规的经纪人公司开取发票而开展业务。

6. 拍卖公司

拍卖公司是对收购的部分高价值车型或具有收藏等特殊意义的二手车进行拍卖。随着二手车交易中心的发展，拍卖公司已经成为二手车交易中心不可缺少的组成部分。

知识拓展

二手车售后服务（服务营销）

二手车售后服务流程基本可以概括为7个步骤：预约、准备工作、接车/签订委托书、维修作业、检验试车、交车/结算和质量跟踪服务。

1. 预约

预约主要是指在适当的时间通过电话服务提醒客户去给车做维护。但是随着工作的不断改进，预约的内容包括首次维护、缺少备件到货通知等。

2. 准备工作

准备工作和预约联系最为紧密。它包括预约前和预约后两方面的准备工作。预约前准备工作主要是指维护客户车辆档案，具体指维护好客户车辆维护间隔里程及预约时间。预约后的准备工作是指在预约之后车辆来维修之前所做的一系列工作，如工具、备件准备，人员安排等。

3. 接车／签订委托书

接车／签订委托书主要是业务接待的工作范围，也就是给前来维修的车辆制定一份维修任务委托书，然后交给车间，以便维修工对该车进行详细诊断和维修。在拟定委托书之前，首先要询问客户是否预约过，是否需要替换车。然后必须听取客户对车辆故障的详细描述，以及对车辆进行全面初步检查，发现问题需向客户提出并建议维修。随后详细登记车辆信息和客户信息，以便今后的联系。制定出维修任务委托书，经过客户在委托书上签字认可后方可将车送至车间维修。

4. 维修作业

车辆送入车间后，首先是由调度员根据实际情况将车辆派到某个班组维修，在维修过程中工作人员必须严格按照维修协议内容实施维修和调换配件，在整个维修过程中，所有问题都要和客户进行沟通后再决定解决方案。用户可以在交付前进行试车，如有不满意可再次维修。

5. 检验试车

在每一项维修内容完成后，需要操作者签字然后交由班组长检验；班组长确定无误后，签字再交由检验员进行路试、终检，在确定无技术问题并做好整理清洁工作后，将车停在竣工区，并将维修任务委托书交还给业务接待。在这个过程中，检验员、班组长直到班组成员都要签字，目的是今后万一车辆出现维修质量问题，引起纠纷时，追查起来就能有依据，以落实责任到人。

6. 交车／结算

服务顾问在接到修竣车辆的委托书后，应及时通知客户来提车，并打印好结算单。结算单上的具体费用由业务接待向客户解释清楚，客户签字认同后，再开维修发票结账。业务接待人员陪同客户去提车，并目送用户离去。

7. 质量跟踪服务

质量跟踪服务其实就是对前几项内容的总结。它作为二手车售后服务工作流程的最后一个环节，其重要程度也正如预约服务一样。质量跟踪服务过程中需询问的内容主要有以下几个方面。

（1）维修人员能否正确诊断出故障。

（2）维修人员能否正确解决诊断出的故障。

（3）是否满意维修的质量。

（4）维修人员是否为客户提供中肯的建议。
（5）维修时是否增加了客户未要求的项目。
（6）是否满意工时价格、材料价格。
（7）维修人员对维修过程的解释是否清楚。
（8）对结算单的解释是否满意。
（9）服务接待人员是否快速登记到达车辆。
（10）维修服务是否遵守约定的维修时间。

二手车售后服务流程是随着二手车售后服务体系的完善而逐渐丰富的。二手车售后服务流程是一个有计划、服务程序完备的带有信息反馈的闭环系统。与客户经常的沟通，建立良好的关系，有利于从二手车客户中获得各种信息，有利于二手车售后服务的完善和发展。

实践训练

【实训4-1】模拟办理二手车交易过户业务操作。

【实训4-2】模拟办理二手车车辆转移登记操作。

【实训4-3】模拟办理二手车其他税、证变更操作。

【实训4-4】某5座家用轿车的初次登记日期为2006年6月。转让日期为2009年12月，该型号的现行市场购置价为10万元，规定使用年限为15年，残值忽略不计。试用快速折旧法计算收购价格。试进行二手车收购定价计算。

【实训4-5】给定一辆在用轿车，注册登记日期为2008年12月15日；年审检验合格至2011年9月；有车辆购置税完税证明。2011年5月被某4S店收购，收购价格为5.10万元。

该车计划在2011年10月销售，其中：

（1）该车实体价格即为收购价格，5.10万元。

（2）收购车辆时的运输费用合计为120元。

（3）从收购日起到预计的销售日，分摊在该车上的日常维护费用约300元。

（4）该车收购后，维修翻新费用合计3 500元。

（5）车辆存放期间，银行的活期存款利率为0.36%。

试进行二手车销售定价计算。

巩固练习

1. 二手车交易完成后，卖方应向买方交付哪些手续？
2. 请简要说明二手车直接交易的一般程序。
3. 网上进行二手车拍卖应注意哪些事项？
4. 二手车质量保证有什么意义？
5. 简述二手车收购的基本过程。
6. 二手车交易主要有哪些形式？
7. 简述二手车收购定价方式。
8. 简述影响二手车收购定价的因素。
9. 简述二手车收购时应注意防范的风险。
10. 二手车收购渠道主要有哪些？
11. 简述二手车置换的基本过程。
12. 4S店开展置换业务比二手车市场有哪些优势？
13. 简述二手车销售的基本过程。
14. 简述二手车销售定价方式。
15. 简述二手车拍卖的基本过程。
16. 简述二手车过户的基本流程。

参考文献

[1] 邱官升. 二手车鉴定评估与交易实务[M]. 成都：西南交通大学出版社，2019.

[2] 王国强，王一斐. 二手车鉴定评估与交易[M]. 长沙：中南大学出版社，2016.

[3] 赵培全，周稼铭. 二手车鉴定、评估、交易全程通[M]. 北京：化学工业出版社，2016.

[4] 庞昌乐. 二手车评估与交易实务[M]. 北京：北京理工大学出版社，2017.

[5] 李智. 二手车交易与评估[M]. 西安：西北工业大学出版社，2016.

[6] 喻媛媛，熊其兴. 二手车鉴定评估[M]. 南京：东南大学出版社，2015.

参考文献

[1] 韩伟. 电子商务物流与配送[M]. 北京:清华大学出版社, 2019.
[2] 李明主. 电子商务物流管理[M]. 北京:中国人民大学出版社, 2016.
[3] 张铎, 鲍新中. 电子商务物流管理[M]. 北京:清华大学出版社, 2016.
[4] 张铎. 电子商务物流管理[M]. 北京:高等教育出版社, 2015.
[5] 王宁. 电子商务物流[M]. 西安:电子科技大学出版社, 2016.
[6] 杨坚争. 电子商务物流[M]. 北京:电子工业出版社, 2015.